Freerk Huisken
Nichts als Nationalismus
Deutsche Lehren aus Rostock und Mölln
Ein antirassistisches Tagebuch

VSA-Verlag Hamburg

© VSA-Verlag 1993, Stresemannstr. 384a, W-2000 Hamburg 50
Alle Rechte vorbehalten
Druck: Druckerei Runge, Cloppenburg
ISBN 3-87975-631-7

Inhalt

Vorwort: Deutschland und seine Ausländer 7

August

Rostock: Ein heißer deutscher Spätsommer 12
Die Botschaft von Rostock: »Asylanten raus – jetzt erst recht!« . . . 18
Die schweigende Mehrheit bricht ihr Schweigen: »Zugabe!« 25
Warum werden Zonis rechtsradikal? 27
Was ist Rechtsextremismus? 31
Ausländer und Inländer: Eine gar nicht harmlose
Menschensortierung, die den Rechtsextremen sehr einleuchtet 36
Gibt's den häßlichen Zoni? 38
Die zwei durchgesetzten Unwahrheiten zur Asylpolitik:
Einfach zu viele und auch noch Scheinasylanten 41
Ich habe persönlich gar nichts gegen Ausländer, aber 49
Undeutsch 52

September

Die Rechtsruckdebatte 54
Der Rechtsruck (Teil I) 57
Zigeunerdeportationsvertrag mit Rumänien 68

Oktober

Ein Staatsnotstand droht (Der Rechtsruck, Teil II) 74
Der Stand der Debatte zum Asylrecht 81

November

Berlin, 8. November: Angetreten zum Demonstrieren 88
Die deutsche Würde ist unverletzlich:
Offener Brief an R. v. Weizsäcker 90
Die gestörte Inszenierung der »good-kraut-production« 95
Ein einig Volk von Ausländerfreunden 100
Rechts- und Links-Terrorismus 104
Bonn, 14.11.: »Für die Erhaltung des Art. 16« 107
SPD-Sonderparteitag: Gleich oder erst sofort abschieben? 108
Rechtsextremismus in Ost und (!) West 110
Mölln, 22.11.: Die Falschen verbrennen die Falschen 115
Was trennt eigentlich Demokraten von den Rechtsradikalen? 119
Über die Unfähigkeit von Demokraten,
rechtsextreme Urteile zu kritisieren 123
Bonn ist nicht Weimar 128
Was tun gegen Rechtsextremismus? (Teil I) 130
Ansehen von, Scham über und Stolz auf Deutschland 133
Deutsche Großbetriebe dulden keine Neonazis 136
Der DGB ist ausländerfreundlich:
»Du brauchst deutsche Kohle und deutschen Stahl« 139

Dezember

Der Asyl-»Kompromiß«:
Deutsche Fortschritte beim Ordnen der Welt 142
Flucht(-ursachen) bekämpfen 151
München leuchtet: Was tun gegen Rechtsextremismus? (Teil II) .. 153
Nachtrag: An die Adresse »der Linken« gerichtet 155
Auf zur neuen Nationalerziehung, oder:
Wie man den Teufel mit dem Beelzebub austreiben will 159
Ein aktueller Nachtrag aus gegebenem Anlaß:
Neue Wehrpolitik für gewachsene Verantwortung 165

Nation als Lage
oder: Die Wahrheit über die Ausländerfrage
10 Thesen mit einem Zusatz zum Schluß 170

Abkürzungen 181
Anmerkungen 181
Anhang 183

Deutschland und seine Ausländer

Lange Zeit gab es *in* Deutschland (West) nur gute Ausländer. Zunächst und von heute auf morgen hatten diejenigen Deutschen und die Ausländer aus Nordamerika, Frankreich, Großbritannien usw. gut Freund zu werden, die sich gerade noch wechselseitig und mit unterschiedlichem Erfolg totgeschossen hatten. Das lag nicht an über Nacht gewachsener Sympathie, sondern daran, daß die Feinde Deutschlands den Krieg gegen das faschistische Deutschland gewonnen hatten und deswegen leicht als Befreier von der Hitlerei und als Beender eines »sinnlos gewordenen Krieges« zu feiern waren. Daß sie dann hier als Besatzungsmächte einzogen, durfte dem Beginn dieser wundervollen Ausländerfreundschaft keine größeren Steine in den Weg legen. Zumal sie, und zwar vor allem in Gestalt der Hauptsiegermacht USA, dafür standen, daß mit dem militärischen Sieg über den Faschismus dieser als so ziemlich ausgerottet galt und mit Dollarkrediten der Wiederaufbau begonnen werden konnte. Das war zwar kein reiner Freundschaftsdienst der USA, sondern ein kalkulierter Beitrag zum Aufbau Deutschlands zu einem militärisch gut ausgerüsteten Bollwerk gegen den alten-neuen Hauptfeind, den Kommunismus. Doch stieß das weltpolitische Anliegen, für das die Siegermächte Deutschland einsetzten, hierzulande durchaus auf viel Sympathie. Es wurde eher »Dollarsegen«, »Wirtschaftswunder«, »Exportnation« und »Wiedervereinigung« als »Schlachtfeld Deutschland« oder »Dritter Weltkrieg« buchstabiert. Und selbst die Kleinen übersetzten sich die Dollarmacht damals kindgerecht in Chewing-gum, Cigarettes und Coca Cola. So kam es, daß diese Ausländerfreundschaft bis auf den heutigen Tag recht stabil geblieben ist. Ausländern, die ein Interesse daran hatten, den Kriegsverlierer Deutschland wieder zu weltpolitischen Ehren kommen zu lassen, konnte man nicht böse sein, selbst wenn sie als Besatzer auftraten.

Auch die zweite große Gruppe von Ausländern, die in Deutschland auflief, stieß auf ungeteilte Sympathie. Sie wurde sogar derart wohlwollend betrachtet, daß man sie mit der deutschen Staatsbürgerschaft beschenkte, selbst wenn keiner von ihnen einen Antrag gestellt hatte und dies völkerrechtlich vielleicht etwas gewagt war. Als Brüder und Schwestern sollten sie den Westdeutschen gelten. Dieses Musterbeispiel von zupackender Völkerfreundschaft – es liegt auf der Hand, wovon die Rede ist – galt selbst jenen Bürgern des anderen, des ostdeutschen Staates, die gar nicht vorhatten, ihre Heimat zu verlassen. Daß solche Masseneinbürgerung bei den Ulbrichts und Honeckers nicht auf

Gegenliebe stieß, konnte den west-deutschen Staat nicht in seiner Menschenliebe irritieren. Auch politisch Verfolgte aus den Staaten des übrigen sozialistischen Ostblocks waren gerngesehene Gäste. Deutschland ließ sich von dieser seiner Ausländerfreundlichkeit auch nicht abbringen, als Moskau und Ost-Berlin sich Fluchthilfeunternehmungen der vielfältigsten Art als illegale Einmischung in die innerstaatlichen Angelegenheiten verbaten.

Die nächste größere Welle an Ausländerfreundlichkeit brandete über Deutschland, als mit Hilfe des Dollarsegens das sogenannte Wirtschaftswunder zum Abschluß gebracht, der Menschenfängerei aus dem Osten Deutschlands ein Ende gemacht war und trotzdem der Arbeitsmarkt noch Nachschub gebrauchen konnte. Jetzt hatten die Deutschen zu Freunden von Italienern, Spaniern, Jugoslawen, Griechen und vor allem Türken zu werden, die – nach entsprechenden Abkommen zwischen in- und ausländischem Staat – hier bei der Sicherung und dem Ausbau des deutschen Wirtschaftswunders helfen durften. Obwohl diese Ausländer den Deutschen auch schon damals genauso viel oder genauso wenig Arbeitsplätze wegnahmen wie heute, die Arbeitslosigkeit von Deutschen und bald dann auch die von Ausländern sich als gewünschte und lohnsenkende Bildung einer Reserve von Arbeitskräften herausstellte, tat dies lange Zeit der von oben verfügten Ausländerfreundschaft kaum Abbruch. Im Gegenteil, der millionste Ausländer wurde noch mit einem Moped beschenkt. Und jeder Inländer, der schon damals im Ausländer eben nur den Ausländer sah, hatte das gefälligst für sich zu behalten.

So wurde Deutschland zu einer multikulturellen Oase und zu einem Exportweltmeister. Die Deutschen, die etwas zu meckern hatten über Besatzer und die Überfremdung Deutschlands, die konnten nicht landen. Der nationale Erfolg gab der Ausländerfreundschaft recht. Dies hielt so lange vor, bis dann in den Siebzigern die Zahlen der Arbeitslosen signalisierten, daß die für den Kapitalstandort Deutschland (West) nötige Reservearmee gut aus der nationalen Arbeiterklasse gebildet werden konnte. Jetzt durften die Deutschen sich erstmals in der Nachkriegszeit mit offizieller Vorgabe als gemäßigte Ausländer*feinde* aufführen. Sie durften sich für die Rücksendung von Türken stark machen, die als Arbeitskräfte nicht mehr gebraucht wurden und deshalb »als Menschen« hier nichts mehr verloren hatten. Das davon betroffene Ausland konnte dieser Maßnahme deswegen wenig entgegensetzen, weil der ökonomische Riese längst kein politischer Zwerg mehr war.

Ab Mitte der achtziger Jahre durfte dann erstmals die Woge der Ausländerfeindlichkeit gegen »Gastarbeiter« anschwellen. Die Bundesregierung tat alles, um ihr den Nährboden mit »Rückkehrförderungsgesetzen« und ähnlichem zu entziehen. Die Freiheitskämpfer aus dem Osten waren von ihr noch ausgenommen. Nach der Wiedervereinigung wurde die Ausländerfreundlichkeit gegenüber den Bürgern der Zone überflüssig und durch eine neue Art von Inländerfeindlichkeit ersetzt. Schließlich gerieten dann um das Jahr 1990 auch immer mehr politisch Verfolgte in den Verdacht, deutsche Gastfreundschaft nur ausnutzen zu wollen. Der Osten hatte inzwischen das Handtuch geworfen und seine Grenzen geöffnet.

Der Kalte Krieg war gewonnen. Die Ausländerfreundlichkeit hatte sich ausgezahlt. Deutschland war der Hauptgewinner und hatte deswegen ab sofort »mehr Verantwortung in der Welt«. Doch die Ausländer dankten es dem Sieger nicht. Nach Deutschland strömte eine »Flut« von unerwünschten und unberechtigten Flüchtlingen aus der Welt wie aus dem Ostblock – also von überall her, wo Deutschland sich eingemischt hatte. Das machte den sofortigen Kampf gegen die Welle von Scheinasylanten, die das deutsche Boot zum Kentern bringen würden, nötig. Da hatte man ihnen 40 Jahre lang hilfsbereit den kleinen Finger entgegengestreckt und nun wollten sie ausgerechnet nach ihrer Befreiung die ganze deutsche Hand! Die deutschen Bürger hatten auch mit dieser Umstellung keine Schwierigkeiten. Sie waren schon immer der Meinung gewesen, daß ... Eher schon damit, daß die deutschen Politiker ihre ausländerfeindlichen Programme nicht einzulösen schienen: Hoyerswerda, Hünxe, Rostock usw.

Es ist schon paradox: Deutschland hat es in 40 Jahren vom Besiegten zum Sieger gebracht, sogar ohne Krieg – was gewiß nicht an westlichem Friedenswillen gelegen hat. Deutschland ist von einem Staat mit begrenzter Haftung für sich selbst und international beaufsichtigten Souveränitätsrechten zu einem Staat avanciert, der nicht nur seine volle Souveränität wiedergewonnen hat, sondern mit ihr auch etwas anfangen kann. Und parallel dazu hat Deutschland seine Haltung gegenüber den Ausländern, die es ins Wirtschaftswunderland zog, geändert. Je mehr Deutschland es mit Hilfe von Ausländern der einen und der anderen Art geschafft hatte, sich zum ökonomischen und politischen Riesen zu mausern, desto unerwünschter waren sie. Je größer die Möglichkeiten waren, Mittel zur Eingliederung von ausländischen Flüchtlingen bereitzustellen, desto knauseriger wurde mit ihnen verfahren. Desto mehr konnten es sich deutsche Ausländerpolitiker leisten, den »Fluten« im In- und Ausland entgegenzutreten, ohne erneut geächtet zu werden. Das hat nichts mit Undankbarkeit zu tun, sondern mit gewachsener, neu fundierter und mit zusätzlichen Ansprüchen ausgestatteter Souveränität.

Was Ausländer im deutschen Inland treiben, das ist eben noch nie eine Frage ihrer privaten Wünsche und Sorgen gewesen. Immer ist es eine Frage der Entscheidung eines Souveräns. Denn der hat sie zu Ausländern erklärt. Und wie die Entscheidung ausfällt, das hängt davon ab, was er sich von den Ausländern für sich verspricht, was die Herkunftsstaaten von dem fremdstaatlichen Einsatz ihrer Bürger halten und inwieweit das den Staat, der sich der Ausländer bedient oder sie an Grenzen abweist, kümmern muß. Wenn im Inland »Ausländerprobleme« geschaffen oder bereinigt werden, dann hängt vom Verhältnis der betroffenen Staatsgewalten ab, was daraus wird. Gemütlich geht's dabei in keinem Fall zu, schon gar nicht für die Ausländer, aber häufig genug auch nicht für die Inländer.

Vom 22. August, mit den Überfällen der Skins und Neonazis auf Asylantenheime, bis zum 6. Dezember, dem Tag der Lichterkette in München und des Bonner Asylrechtbeschlusses, ist in Deutschland einiges an Ausländerpolitik gelaufen. Die deutsche Regierung hat mit ihr unmißverständlich klargemacht, was der Inhalt deutscher Souveränität in Zukunft zu sein hat und wofür sie benutzt werden soll: Wo es um Mitsprache bei der anstehenden Neuordnung der Welt geht, da muß die Stärkung deutscher Souveränität oberster Tagesordnungspunkt sein. Und das deutsche Volk hat diesem Programm mit dem Ruf »Asylanten raus!« mehrheitlich seinen Segen erteilt.

Bremen, den 20. Februar 1993

AUGUST

Rostock: Ein heißer deutscher Spätsommer

In Rostock-Lichtenhagen versuchen am 22.8.92 mehrere hundert Jugendliche, Skins, Neonazis und andere, die Zentrale Aufnahmestelle für Asylbewerber (ZAST) zu stürmen, in der sich vor allem Roma und Sinti aus Rumänien befinden. Gut tausend Rostocker Bürger feuern sie dabei an. Steine und Brandsätze fliegen. Es kommt zu Zusammenstößen mit der Polizei. Es gibt Verletzte. Streifenwagen brennen. Aber auch Trabis von Lichtenhagenern. Die Asylbewerber werden am 24.8. demonstrativ nach Hinrichshagen verlegt. Die Jugendlichen geben keine Ruhe. Sie glauben nicht, daß Lichtenhagen »ausländerfrei« ist und liefern sich erneut Straßenschlachten mit der Polizei.

Der Höhepunkt dieser Neuauflage von Hoyerswerda steht noch bevor: Seit Tagen sind alle TV-Kanäle vor Ort präsent und warten auf Opfer. Das ZDF-Team erwischt es in der Nacht zum 25.8. fast selbst. Dabei will es nur aufzeichnen, wie die in der Nachbarschaft der ZAST untergebrachten Vietnamesen – zwar Ausländer, aber keine Asylbewerber – von Skins abgefackelt werden. Daraus wird zwar nichts.

Trotzdem bzw. deswegen gelingt die Reality-Show eindrucksvoll. Ein »Live-Krimi« sozusagen mit unscharfen und verwackelten Bildern aus dem brennenden Haus, die Authentizität 'rüberbringen. Action bis weit nach Mitternacht. Mit Happy-end für die deutsche Pressefreiheit. Das Fernsehteam wird vom eingeflogenen Bundesgrenzschutz gerettet. Auch die knapp einhundert Vietnamesen vergißt man nicht.

Soweit der Sachverhalt.

Wir bilden uns zu Rostock eine freie Meinung

Rostock füllte die ersten Seiten der Zeitungen. Wer sich mit ihrer Hilfe seine freie Meinung bilden wollte, wurde bedient. Eine große Auswahl stand allerdings nicht zur Verfügung. Der deutsche Pluralismus gönnte sich eine Pause. Einheitsmeinung war angesagt. Selbst moderate, noch ganz von Betroffenheit gekennzeichnete Urteile zur Sache standen zum Zwecke der freien Meinungsbildung nicht zur Verfügung. Nirgendwo stand etwa zu lesen:
›Was ist eigentlich los in Deutschland? Was haben denn die Asylbewerber den Bürgern in Hoyerswerda und Rostock angetan? Was begründet diese zu Gewalttätigkeiten bereite Feindschaftserklärung unserer Mitbürger? Ist hierzulande das Mitleid mit diesen Kreaturen denn vollständig ausgestorben? Was können sie denn dafür, daß sie in einer Weise untergebracht werden, die von vielen Bürgern als Belästigung empfunden wird? Ihnen wären andere Unterkünfte doch auch lieber. ...‹

Auch zaghafte Hinterfragungen des Art. 16 der folgenden Art ließen sich nicht finden:
›Wenn es in Deutschland zum Volkssport wird, Asylbewerber zu vertreiben, wenn dies unter dem Beifall deutscher Bürger abläuft, wenn die Hilfe der Polizei für die Bedrängten auf sich warten läßt, dann kann es mit dem humanistischen Anliegen des Art. 16 GG, das alle Parteien des deutschen Bundestages preisen, nicht allzuweit her sein ...‹

Erst recht gab es keinen Verweis auf die deutlich gewordene Kumpanei zwischen Politik und frechen Bürgern:
›Deutsche Bürger nehmen die Asylpolitik rabiat in die eigenen Hände. Sie erzwingen den Abtransport von Asylbewerbern. Offensichtlich haben sie verstanden, worauf es gegenwärtig in der Ausländerpolitik ankommt. Mit Angriffen auf Flüchtlinge, die keine Rücksicht auf deren Leib und Leben nehmen, nötigen sie deutsche Ordnungskräfte zum Eingriff. Der gilt eher der Erfüllung der Bürgerwünsche als dem Schutz der Roma und Sinti. Denn im nächsten Lager droht diesen unerwünschten Ausländern dasselbe ...‹

Und schon gar nicht anzutreffen waren Andeutungen über weitergehende Zusammenhänge:
›Asylbewerber, die sich aufmachen und in Deutschland Schutz suchen, haben sich schwer verrechnet. Sie müssen erkennen, daß die freigesetzte und wenig behinderte Ausländerfeindlichkeit von deutschen Bürgern ihnen nur die Alternative läßt zwischen dem Märtyrerschicksal in der Heimat und der Verfolgung in dem Land, das ihnen mit dem Asylrecht wenigstens vorübergehend Schutz versprochen hat. Das liegt wahrscheinlich daran, daß sie in ein Land geflohen sind, das nicht ganz unbeteiligt an der Lage in ihrer Heimat ist. Wer einen Vorteil daraus zieht, daß Länder der Dritten Welt so zugerichtet werden, daß großen Teilen ihrer Bevölkerung die Mittel zum Überleben genommen werden, der hat auch nicht vor, den zu sich abtransportierten Reichtum ausgerechnet wieder den Flüchtlingen zukommen zu lassen. Denn deren Armutsschicksal haben sie in Kauf genommen, als es um die Ausräuberung ihrer Heimatländer ging ...‹

Fehlanzeige auf der ganzen Linie.

Halali zur inneren Mobilmachung

Die für das zeitgemäße Meinen zuständigen Zeitungen wußten übereinstimmend, was tatsächlich in Rostock die Uhr geschlagen hatte. Stellvertretend z.B. die Frankfurter Rundschau:
»Kapitulation der Staatsgewalt
Millionen Zuschauer in Deutschland und der Welt haben es live am Fern sehschirm miterlebt: Im Rostocker Stadtteil Lichtenhagen steckten Neona-

zis mit Molotowcocktails ein Haus in Brand, in dem sich mehr als hundert Menschen aufhielten, ohne daß die Polizei einschritt, ohne daß die Feuerwehr gleich anrückte. Daß alles glimpflich ablief, niemand von den Flammen verletzt wurde und darin umkam, ist glücklichen Zufällen zuzuschreiben und nicht einer umsichtigen Einsatzleitung der Polizei. Jetzt sind Erklärungen wohlfeil: Man habe gerade Hundertschaften der Polizei, über zwanzig Stunden im Einsatz, ausgetauscht; man habe angenommen, das Haus sei leer, man hatte doch rechtzeitig geräumt, um den Randalierern keine Geiseln zu überlassen; und was es an Entschuldigungen noch geben wird. Doch alles geschwätzige Drumherumreden kann nicht darüber hinwegtäuschen: Zum ersten Mal seit der deutschen Einheit hat sich die demokratisch legitimierte Staatsgewalt vor dem Mob der Straße zurückgezogen, hat der Rechtsstaat kapituliert und die ›weiße Fahne‹ gehißt.« (FR 26.8.)

So hat der Bürger über Rostock zu denken. Seine einzige Sorge hat der Frage zu gelten, wie die *deutsche Staatsgewalt* bei den Angriffen der Rechtsradikalinskis auf Asylbewerber abgeschnitten hat. Es ist schon verblüffend, welcher Gesichtspunkt als der Sache allein angemessen gilt. Und es ist noch verblüffender, daß die deutsche Presse ihn wie gleichgeschaltet zum Hauptmotiv erklärt.

Geht dabei nicht einiges durcheinander? Der demokratische Rechtsstaat soll das Opfer sein? Und was ist mit den Sinti, Roma und Vietnamesen, die nur knapp mit heiler Haut den Anschlägen entkommen sind? Hatten es nicht die Rostocker Skins und Neonazis auf die Ausländer abgesehen? Hätten die Rechtsradikalen nicht glatt deren Tod in Kauf genommen?

Der Rechtsstaat soll sogar *kapituliert* haben? Sind Kohl oder die Innenminister zurückgetreten? Hat die Schweriner Landesregierung das Tuch geworfen? Sind die Skins ins Rathaus von Rostock eingezogen? Der Kommentator weiß doch, wie eine Kapitulation aussieht. Warum dann dieses überzogene Bild?

Eine aparte Sichtweise der Ereignisse dient uns da die Presse an. Wer warum wem ans Leder will, das interessiert dann nicht, wenn sie sich sicher ist, daß das mordlüsterne Interesse der rechten Straßenkämpfer nicht durch ein Recht legitimiert ist. Dann regiert der »Mob«. Und der »Mob«, das ist bekanntlich ein Menschenhaufen, der zu einer Gewalttat schreitet, obwohl es ihm an (richtigen) Uniformen und (richtigem) Einsatzbefehl mangelt. Und wenn er nicht gleich abgeräumt wird, dann herrscht Unordnung, was nur auf die mangelhafte Fähigkeit des Rechtsstaats, die Ordnung herzustellen, zurückzuführen ist. Und das ist der gravierendste Mangel, den man sich beim Rechtsstaat vorstellen kann; weswegen er auch in Rostock »kapituliert« hat.

So sieht das die Journaille: Wo die Staatsgewalt die Ordnung nicht vollständig im Griff hat, da existiert sie schlichtweg nicht. Dazwischen gibt es –

selbst für den Schreiber eines liberalen Blattes – nichts! Entweder ist von einem »Mob«, also von einem außerparlamentarisch agierenden Interesse weit und breit nichts zu sehen oder es hat die Staatsgewalt eben kapituliert! Vermißt wird das Zuschlagen einer sich ganz abstrakt an Ordnung orientierenden, also recht totalitär vorgestellten Staatsgewalt. Das kann ja heiter werden, wenn die Herren von Justiz und Polizei sich diesen Stiefel anziehen.

Keine Existenz-, sondern eine Vertrauensfrage

Der ehemalige Innenminister Schäuble stellt sofort klar, wie solche Gemälde eines Untergangs von Recht und Ordnung in Deutschland (Ost) für ihn Sinn machen:
»*Durch den ›Mordanschlag‹ auf Vietnamesen in der Nachbarschaft des Asylbewerberheims sei das ›Zutrauen der Menschen in den demokratischen Rechtsstaat‹ stark beschädigt worden*«, ließ Schäuble verbreiten. (FR 26.8.)
Der weiß, wie das mit der »Kapitulation des Rechtsstaats« zu übersetzen ist. Von »weißer Fahne« kann natürlich keine Rede sein. Aber es konnte der Eindruck entstehen, der Rechtsstaat sei nicht mehr Herr der Lage. Und so ein *Eindruck* ruft bei allen gut erzogenen Deutschen der Nachkriegsdemokratie (leider) überhaupt keine Begeisterung hervor. Da kennt der Schäuble seine guten Deutschen und diese ihn. Das Vertrauen in den Rechtsstaat wird bei Bürgern nicht etwa durch die Erfahrung beschädigt, daß die Anrufung des Rechts ihnen keine einzige *ihrer* Sorgen abnimmt. Das Zutrauen der Bürger schwindet vielmehr, wenn der Rechtsstaat seine *eigenen Ordnungsanliegen* nicht effektiv wahrnimmt. Natürlich sind die immer gegen irgendwelche Bürger gerichtet. Gegen wen auch sonst? Doch geht das schon in Ordnung, weil bereits der Einsatz der zuständigen Ordnungskräfte die Mächte der Unordnung ins Unrecht setzt. Das soll in diesem Fall besonders einleuchten. Denn es handelt sich um »randalierende rechte Gewalttäter« und diejenigen, »die die Gewalttaten schweigend oder zustimmend billigten«.

Dabei ist es noch gar nicht lange her, daß der Wunsch nach einem »starken Staat« verpönt war. Rief er nicht Assoziationen an ein Reich hervor, für das die Nachkriegsdeutschen sich kollektiv zu schämen gelernt hatten? Gab es in der deutschen Nachkriegsgeschichte nicht Phasen, in denen »mehr Demokratie gewagt« werden sollte und die »Bereitschaft zur offenen Austragung von Konflikten« hohes Ziel der politischen Bildung war? Sollte nicht gerade die – natürlich immer nur relative – Schwäche des Staates seine postfaschistische Stärke sein?

Auch anderen Ministern ist die von der vierten Gewalt verkündete Kapitulation des Rechtsstaates noch nicht aufgefallen. Im Gegenteil. Sie sehen sich

durch die Ereignisse von Rostock zunächst einmal in ihrer Asylpolitik bestätigt:
»*Bonn sieht im Asylrecht Hebel gegen Gewalt. Regierung will ›Nährboden austrocknen‹.*

Nach vier Nächten ausländerfeindlicher Krawalle und Gewalttaten in Rostock sieht die Bundesregierung ihre vordringlichste Aufgabe darin, eine einschränkende Änderung des Rechts auf Asyl im Grundgesetz herbeizuführen. Dies sei ein ›ganz wesentlicher Beitrag‹ dazu, den ›Nährboden‹ für Gewalttaten gegen Ausländer und Asylbewerber auszutrocknen, sagte Kanzleramtsminister Friedrich Bohl (CDU) am Mittwoch in Bonn. Die steigende Zahl von Asylbewerbern überfordere die Menschen, die Polizei, die wirtschaftlichen und Wohnungsressourcen, meinte Bohl. ›Dieser Überforderung müssen wir begegnen. Das wird nur dadurch geschehen können, daß wir dem Mißbrauch des Asylrechts begegnen.‹« (FR 27.8.)
Die »steigende Zahl von Asylbewerbern überfordert die Menschen«. Welche Menschen? Natürlich die deutschen Menschen. Die »Grenzen des Zumutbaren« (Kohl) sollen erreicht sein. Bei wem? Nicht bei Asylbewerbern, die wochenlang genötigt werden, im Freien zu kampieren, sondern bei den Deutschen, die davon »betroffen« sind. Was ist zu tun? Schluß mit dem Asylmißbrauch! Änderung des Grundgesetzes! Die vergleichsweise kühne Art, in der die Lichtenhagener Überfälle als Beleg für die Notwendigkeit christdemokratischer Asylpolitik interpretiert werden, läßt dabei durchaus den Verdacht aufkommen, in dieser Fraktion mache sich jene »klammheimliche Freude« breit, die von den des Heuchel-Jargons noch nicht so mächtigen Politikern der alten DDR gelegentlich so offen ausgesprochen wird, daß die Journaille nicht umhinkommt, sie zu notieren:
»*... eine begrenzte Eskalation der Geschehnisse in Lichtenhagen sei von vornherein riskiert worden, um in Bonn den politischen Drucktopf Asylrecht am Kochen zu halten.*« (WK 27.8.)
Und es geht weiter mit den gezielt eingeführten Verwechslungen: Der »Nährboden« für rechtsextreme Gewalttaten, das sind die Asylbewerber selbst! Das sitzt! Schafft man die Asylbewerber außer Landes, dann haben die Rechten kein Angriffsziel mehr. Folglich wäre dann der »Nährboden ausgetrocknet«. Die Logik beherrschte Friedrich Zimmermann, ehemaliger CSU-Innenminister schon 1985: Willst Du etwas gegen die Fremdenfeindlichkeit der Deutschen tun, entferne die Fremden! Politikern der SPD bleibt es vorbehalten, die jetzt unumgänglich werdende schärfere Gangart in der Asylpolitik zugleich als »Schutz der Asylbewerber vor den rechtsextremen Auswüchsen« zu deklarieren. Oskar Lafontaine rückte zu diesem Zwecke Deutschland gar in die Nähe von »Verfolgerstaaten«.

Damit sind alle Verwechslungen beisammen:
– Nicht bei Asylbewerbern, sondern bei *deutschen* Anwohnern von ZASTs

sind die Grenzen des Zumutbaren erreicht, wenn Asylanten von deutschen Behörden drangsaliert werden. Weswegen nicht nur Verständnis für einen Bürgerprotest geboten ist, der die zuständigen Organe um das Abräumen von Asylbewerbern bittet. Deswegen passen natürlich die geplanten Asylrechtsänderungen wie die Faust aufs Auge der Bürger und ihrer freundlichen Wünsche. Bürger rufen und Politiker beeilen sich, den Ruf zu erhören. Das ist doch mal bürgernahe *Demokratie*.

– Das Abräumen von Asylbewerbern ist leider unumgänglich, da Deutschland den »Schutz« von Asylbewerbern offensichtlich nicht mehr garantieren kann. Wenn deutsche Skins Ausländerwohnheime anzünden, dann müssen die nicht etwa daran gehindert werden, sondern dann haben die angegriffenen Ausländer Deutschland zu verlassen! Damit ist die Deportation der Flüchtlinge letztlich ein Dienst in derem Interesse. Werden sie doch so vor den Übergriffen der häßlichen Deutschen geschützt. So geht *Humanität!*

– Und ein Akt des *Antifaschismus* ist es dazu, wenn der »Nährboden«, auf dem der Rechtsextremismus wächst, auf diese Weise »ausgetrocknet« wird. Ausländer raus! So wehrt man heute den Anfängen. So wird das ausländische Opfer zum Grund für die Taten der radikalen Ausländerfeinde erklärt.

– Schließlich sei nicht vergessen, was das oberste Herzensanliegen der öffentlichen Meinung ist: Die *Erhaltung des Rechtsstaates* durch seine *Stärkung* ist das Gebot der Stunde. Denn vor allem dieser ist in Gefahr, wenn Ausländer von Unbefugten angegriffen werden.

In Lichtenhagen ist kaum Ruhe eingekehrt, da steht eines schon felsenfest: Asylanten raus – jetzt erst recht! Zugleich wird vor einem neuen Schub an Nationalismus gewarnt. Begründung: Es sind Neonazis in Rostock beteiligt gewesen. Dabei besteht die neue Welle von Nationalismus gar nicht aus den Krawallen der rechten Jugendgangs, sondern aus der entschlossenen und im Kern einheitlichen Reaktion aller Kräfte, die in Deutschland das Sagen haben, auf ein selbst verfertigtes Asylproblem und auf den dadurch gesponserten Rechtsextremismus. Sie sind es, die die Asylbewerber zur Bedrohung von Deutschland in seinen rechtsstaatlichen Grundfesten verfabeln und die Eskalation der Übergriffe auf sie zum schlagenden Beweis dafür erklären. Deshalb sollen es auch die Asylanten selbst ausbaden – wenigstens diejenigen, die das Asylrecht mißbrauchen. Deutschland muß vor dem Abgleiten in Unordnung gerettet werden, so heißt die neue Parole, die von deutschen Zeitungsschreibern – mal wieder – in vorauseilendem Eifer bei der Erfindung von Notständen ausgegeben wird. Das klingt ein bißchen anders als die Rede vom »vollen Boot«: Nichts mehr mit »leider«. Nichts mehr mit der Ausbreitung von »Unmöglichkeiten«. Das nationale Gewissen wird zur Offensive gebeten. Und damit es auch dem letzten Ausländerfreund leichtfällt, sich der Forderung nach einem asylantenfreien Deutschland anzuschließen, darf er sich einbilden, seine Zustimmung im Namen von so unwiderstehlichen nationalen Werten wie Demokratie, Humanität, Antifaschismus und Verteidigung der Rechtsstaatlichkeit zu geben.

Die Botschaft von Rostock: »Asylanten raus – jetzt erst recht!« Vier nicht zufällige Verwechslungen

1. »Die Überforderung der Bürger beenden«

Bürgernah

Erstaunlich: Politiker erklären öffentlich, Fehler gemacht zu haben, weil sie mit der Einrichtung von ZASTs und der Unterbringung von Asylbewerbern mitten in rein deutschen Wohngebieten die Grenzen des für ihre Bürger Zumutbaren überschritten hätten. Politiker erklären weiter, diese Fehler korrigieren, den Bürgern das Unzumutbare vom Hals schaffen zu wollen.

Seit wann ist denn der Bürgerprotest das Maß der Politik? Haben sich die Waigels, Kohls und Möllemanns jemals durch Bürgerproteste von ihren Griffen ins Portemonnaie deutscher Einkommensbezieher, die sich in der letzten Zeit gehäuft haben und bei denen noch kein Ende abzusehen ist, abhalten lassen? Haben sie das, was sie fälschlicherweise ihre »Sparpolitik« nennen, zu einem Irrtum erklärt, weil sie in der Bevölkerung nicht auf Gegenliebe stößt? Haben die Proteste der ostdeutschen Arbeiter gegen die Schließung ihrer Betriebe dazu geführt, daß die Treuhand reumütig Fehler eingeräumt und Arbeitsplätze subventioniert hat? Haben die Proteste gegen die Übertragung westlicher Wuchermieten auf ostdeutsche Wohnungen auch nur eine Wohnung billiger gemacht?

Bürgerprotest ist auch in diesem Fall nicht das Maß der Politik. Die Damen und Herren Politiker gehen nur dann auf ein Bürgervotum ein, bekennen sich nur dann zu Fehlern, wenn ihnen der Protest gegen ihre Politik in den Kram paßt. Wenn der Bürger etwas anmahnt, was die Politiker ohnehin beschlossen haben, dann führen sie sich auf, als hätten sie nie etwas anderes vorgehabt, als den Bürgern alle Wünsche von den Lippen abzulesen. Und in diesem Fall paßt's: Wenn Asylbewerber dezimiert werden sollen, dann liegt der Bürgerwille selbst dann richtig, wenn er sich diesem Urteil politikkritisch anschließt. Wenn der Bürgerprotest nicht auf Linie liegt, dann wird er mit den bekannten Verurteilungen abgeschmettert. Dann sind dieselben Deutschen plötzlich verwöhnt und kennen keine Solidarität. Dann folgt die Politik unabweisbaren Sachzwängen oder handelt im Interesse der Nation, also notwendigerweise gegen ein Privatinteresse! Dann ist der Protest kein ordentlicher, sondern der des Mobs, des Pöbels, der Straße, von der Stasi gelenkt oder gleich Kommunismus...

Unzumutbar

Was hat es eigentlich mit dem Urteil, daß die »Grenzen des Zumutbaren erreicht« sind, auf sich? Was ist denn so unerträglich an dem, was den Bürgern zugemutet wird? Was ist es denn, was sie so grenzenlos stört in Lichtenhagen und anderswo? Was ist der Gehalt dieser Beschwerden – ganz getrennt von ihrer nützlichen »Wahrheit«, die sie für das politische Interesse der Asylpolitiker besitzen?
Eine Betroffene berichtet zur Sache:
»Natürlich war das kein Zustand mit den wochenlang herumlungernden Roma, mit aggressiver (!) Betteleі, Belästigungen von Frauen und Kindern, Diebstählen‹, meint Helga (44) (Frau, also sensibel; erwachsen, also urteilsberechtigt!) *aus der unmittelbaren Nachbarschaft des Asylbewerberheimes* (betroffen, also kompetent!)*.«* (WK 28.8.)
Da lagern ganze Heerscharen von Roma und anderen Asylbewerbern tage- und wochenlang im Freien auf Grünflächen, was diese, nämlich die Grünflächen, – wie sollte es auch anders sein – nicht unbeschadet überstehen. Wie nach jedem deutschen Stadtteilfest, nach jeder Rocknacht oder jeder bayerischen Kirmes sieht es da aus. Klar doch: Die Grenze des Zumutbaren ist erreicht! Für die deutschen Bürger, die das mit ansehen müssen. »Die Menschen tun mir so unsäglich leid!«, leidet Noelle-Neumann in Talk im Turm und meint die deutschen Anwohner. Was noch: Da urinieren Zigeuner in die öffentlichen Anlagen, anstatt sich ihr kleines oder großes Geschäft bis zur Zeit nach ihrer Abschiebung zu verkneifen. Unzumutbar! Da »betteln sie aggressiv«, anstatt wie die vorbildlichen Somalier ergeben zu warten, bis ihnen jemand etwas reicht oder auch nicht. Da hocken sie in den überbelegten ZASTs, mehr als 50 Personen dürfen sich ein Waschbecken, eine Kloschüssel und einen Zweiflammenherd teilen. Und dann streiten sie sich auch noch. Schon wieder leiden die Deutschen, diesmal unter der Lärmbelästigung. Da greifen Asylbewerber schon mal bei Plus und Aldi ins Regal, bedienen sich, ohne zu bezahlen, weil sie kein Geld und trotzdem unverschämterweise Hunger, Durst oder den Wunsch nach einem neuen Hemd haben. Und schon fühlt sich jeder Deutsche beklaut. (Übrigens: Wollte man all jene Deutsche deportieren, die bei Horten oder Karstadt schon mal etwas haben mitgehen lassen, dann wäre Deutschland entvölkert, das »Boot leer« und Platz für alle Asylbewerber!)

Wie sagte doch die nette Bäckersfrau aus Lichtenhagen im Fernsehen so freimütig:
»*Dieses Elend vor der eigenen Haustür ständig vor Augen zu haben, das kann man auf die Dauer nicht aushalten; zumal wir als Ostdeutsche wirklich genug eigene Probleme haben.*«
Stimmt, gute Frau! Und das »zumal« ist gelungen. Zumal sich auch an diesem Elend auf absehbare Zeit nichts ändern wird. Das Elend im Fernsehen vorgeführt, das geht gerade noch, und das braucht es gelegentlich, damit wir wissen, daß es uns »doch immerhin ...« geht. Außerdem folgt nach Somalia der Sport oder das Wetter. Notfalls kann man den Kanal wechseln. Aber Zigeuner vor der eigenen Haustür. Da hilft keine Multifunktionsfernbedienung. Da müssen erst tatkräftige Glatzen in Springerstiefeln kommen. Die wirken dann wie eine Fernbedienung. Und das Elend verschwindet, wenigstens vor der Haustür und aus dem Blickfeld von Helga (44), Frau, also sensibel.

Nirgendwo ist ein größerer oder irgendwie aus dem Rahmen des Gewohnten fallender materieller Schaden zu erblicken, der da den Deutschen angetan würde: Den Lichtenhagenern gehört Aldi nicht. Über Lärm und Dreck, über Enge und Streit regt sich sonst niemand groß auf. Umgekehrt: Eine Ansammlung verelendeter Zigeuner wird im Urlaub als pittoreske Idylle genossen, fotografiert und auch in Rostock an die Wand gepinnt. Der vermeintliche Widerspruch löst sich schnell auf: Denn ein materieller Schaden wird gar nicht beklagt. Es stört an *denen* eben *alles*. Das ganze Gemälde dient nur zur Ausmalung des rassistischen Urteils, daß dieses nichtdeutsche Gesindel in der Nähe deutscher Vorgärten nichts zu suchen habe. Bei diesen deutschen Bürgern sind nicht etwa Erfahrungen der Ausgangspunkt für ihre ausländerfeindliche Beschwerde. Umgekehrt: Von der gehen sie aus und suchen sich dann ziemlich beliebig ihr Material zusammen. Sie werden immer irgendwo fündig. Da können die Beweise noch so absurd sein. »Asylanten nehmen uns unsere Wohnungen weg!«, sagen Bürger und deuten auf die Roma, die deutsche Grünanlagen verunzieren. »Asylanten nehmen uns unsere Arbeitsplätze weg!« sagen sie und beschweren sich über das »faul herumlungernde Pack«.

Auf diese Weise stellt sich bei einigen Bürgern sogar richtige Angst ein. An der ist kein Ausländer schuld, sondern der Maßstab ihres eigenen Urteils: Man muß sich nur fest einbilden, daß Sinti und Roma eines Nachts die Deutschen überfallen, sie aus ihren Wohnungen vertreiben und so den Spieß umdrehen! Und man muß ganz fest daran glauben, daß deutsches Asyl- und sonstiges Recht den Asylbewerbern die gewaltsame Aneignung deutschen Wohnraums einfach deshalb durchgehen läßt, weil sie welchen brauchen! Dann bekommt man natürlich Angst! Vor den Glatzen mit Baseballschlägern und Mollies muß man als Lichtenhagener keine Angst haben! Komisch ist das nicht. Denn dieses tatsächlich gewalttätige Gesindel besteht ja aus Originaldeutschen!

Schlimm aber passend: Das rassistisch-nationalistische Gejammer über Asylbewerber bekommt von allerhöchster Seite auch noch recht. Denn aus ihm läßt sich politisches Kapital schlagen. Und die Rostocker dürfen sich sogar einbilden, es würde auf sie gehört. Nur eines sollten sie tunlichst vermeiden: auf mehr zu hoffen. Mehr als das bekommen sie nicht. Wenn die Politiker ihnen versprechen, sie würden sich um ihre Sorgen kümmern, dann ist das genauso ernst zu nehmen, wie sie im Bürgerprotest ihre eigenen »Sorgen« entdecken. Wer sich vom Abtransport von Asylbewerbern tatsächlich Wohnraum und Arbeit für Ossis versprochen hat, ist selbst schuld. Doch es trifft sich gut: In der Regel bildet sich so etwas niemand ein. Den Rostockern ging es darum, daß 80 Sinti aus ihrem Plattenbauviertel verschwinden. Ihnen konnte geholfen werden.

2. »Abschiebung von Asylbewerbern – der beste Schutz vor deutschen Rowdies«

Die zweite Verwechslung ist nicht minder merkwürdig: Da werden rechtsgewirkte deutsche Jugendliche gegen Ausländer gewalttätig. All dies findet statt unter dem Beifall von braven deutschen Bürgern – die sich durch die deutsche Asylpolitik ermuntert fühlen. Und die erste Konsequenz, die in Deutschland einhellig gefordert wird, lautet: Asylanten raus! Nicht *für* Asylbewerber, denen nicht nur in ihrer Heimat, sondern gleichfalls in ihrem Zufluchtsland Deutschland übel mitgespielt wird, muß etwas getan werden, sondern *gegen* sie muß etwas unternommen werden. So will es der glasklar schlußfolgernde politische Verstand.

In der Sache wird mit diesem Urteil den rechten Schlägertrupps recht gegeben. Die ausländischen Opfer der Randale werden abtransportiert und dürfen sich zudem auf ein Abschiebungsverfahren gefaßt machen. Genau das wollen die rechten Jugendgangs und ihre Claqueure. Allerdings trägt sich diese asylpolitische Maßnahme theoretisch nicht als das vor, was sie praktisch ist. Sie gibt sich nicht als die Parteinahme für das Anliegen der Glatzen und Neonazis aus. Gänzlich umgekehrt gilt Asylpolitik ab sofort als Schutzmaßnahme für Ausländer! In Sicherheit will die angeblich rührend um rumänische Roma besorgte Asylpolitik diese Menschen bringen – und zwar vor Deutschen und deren Neigung zur Gewalt.

Mies ist so etwas, egal ob es von Sozial-, Christdemokraten oder von Schönhuber kommt. Wenn es um Schutz von Asylbewerbern ginge, dann wären nicht sie, sondern die deutschen Jugendlichen abzuräumen – was bekanntlich weder in Hoyerswerda noch jetzt in Rostock Praxis war. Wer

Sinti, Roma, Tamilen oder Ghanaern helfen will, der verfrachtet sie kaum ins nächste Lager, wo ihnen mit Sicherheit die gleichen Anfeindungen durch Deutsche drohen. Und es kann wohl schlecht als Akt von Humanität gewertet werden, ihnen die zügige Abwicklung ihrer Asylbewerbung, und das heißt die zügige *Ablehnung* ihres Asylantrags, zu versprechen. Zumal ihnen dann in Rumänien durch ihre rumänischen Landsleute mindestens dasselbe Schicksal droht: Verfolgung, Vertreibung und Ausgrenzung von allen Gelegenheiten, sich seinen Lebensunterhalt zu verdienen. So sieht der Schutz aus, den deutsche Asylpolitik gewährt!

3. »Wehret den Anfängen – werft Asylanten raus«

Diese Menschenschinderei wird als Beitrag zum Antifaschismus vorgetragen. Das gibt noch eine deutschspezifische Steigerung her: Asylanten müssen raus, um dem Rechtsextremismus den »Nährboden« zu entziehen. Das sind gerade »wir Deutschen uns schuldig«! Damit gibt man die Erfüllung der Forderung der Lichtenhagener Rechten gar als Mittel zu ihrer Bekämpfung aus. Das ist zur einen Seite hin so ungefähr dasselbe wie ein Antifaschismus, der das »Judenproblem« von sich aus »endlösen« will, nur um dem Faschismus keine Gelegenheit zu geben, sich an Juden zu vergreifen. Zur anderen Seite hin verbirgt sich dahinter die verdrehte These, daß die Asylanten irgendwie selbst schuld sind an Übergriffen, die allein ihnen galten. *Mit ihnen* wächst die Saat der rechten Gewalt *gegen sie!* Beweis: Wären sie nicht hier, würden sie von den rechten Banden nicht überfallen werden können! Das Opfer als Grund für die Tat, das kennt man. Z.B. aus deutscher Rechtsprechung: Hätte die Frau sich nicht geschminkt, wäre sie nicht allein in die Disco gegangen, dann wäre sie nicht vergewaltigt worden...

Warum löst diese Tour, die Bedienung der völkischen Parolen als Beitrag zum Antifaschismus auszugeben, in hiesigen Breiten keinen Schrei der Empörung aus? Mit dem deutschen Antifaschismus scheint es nicht weit her zu sein, wenn nicht mehr zur Kenntnis genommen wird, mit welchen Maßnahmen den »Anfängen gewehrt« werden soll. Sollte der moralisch am höchsten stehende Titel der Verantwortlichkeit für das neue demokratische Deutschland auch die Linke vollständig blind gemacht haben gegenüber der Praxis, die sich mit dieser Moral schmückt? Oder löst sich der Antifaschismus ganz in eine Demonstration für die deutsche Demokratie auf, für deren Verteidigung – auch gegen erfundene Angriffe – ihm einfach jedes Mittel recht ist? Wie auch immer. Es ist auf jeden Fall ein gelungener Einfall der Asylpolitik, auf diese Weise die Zustimmung auch noch der letzten kritisch-reservierten Deutschen für die nationale Aufgabe Nr. 1 – Asylanten raus! – einzuwerben. Nötig hätte sie das wirklich nicht. Aber bequem findet sie es. Und außerdem war die Gelegenheit zum vollständigen Schulterschluß zwischen Führung und Volk noch nie so günstig wie jetzt. Immerhin sieht ja selbst der Ausländer*freund* inzwischen ein, daß es so nicht weitergehen kann ...

4. »Asylanten brennen – Rechtsstaat tot«

Schließlich die Sache mit der Kapitulation des Rechtsstaates vor dem Mob der Straße.

Die Wahrheit über das Vorgehen der arg gescholtenen Ordnungshüter in Rostock ist der Befund über ihre angebliche Unfähigkeit sowieso nicht. Da mag vom polizeitechnischen und -taktischen Standpunkt aus tatsächlich die eine oder andere Panne passiert sein, deren Behebung alle Fans effektiver deutscher Ordnungskräfte getrost der Polizeiführung und -gewerkschaft überlassen können. Ansonsten paßte die Mischung aus Zuschlagen und Zuschauen sehr gut zu »Übergriffen«, an denen weniger die ausländerfeindliche Absicht, als vielmehr die Anmaßung staatlicher Gewaltausübung durch unbefugte Privatmenschen gerügt wird. Was ist denn für den Asylpolitiker, der sich ein Ausländerrecht zurechtnovelliert hat, das Asylbewerber abschrecken soll, so schrecklich, wenn sich freiwillige Hilfskräfte daran beteiligen? Und warum sollte es ihn stören, wenn auf diese Art und Weise seinem politischen Anliegen die nötige und auch in die korrekte Richtung weisende öffentliche Aufmerksamkeit dauerhaft zuteil wird? Natürlich ist diese »Politik der Straße« nicht sein unmittelbares Werk. Die rechte Szene ist nicht von Undercover-Agenten des Bundesinnenministeriums auf Trab gebracht worden. Das ist ja für Seiters, Schäuble und Co. das Schöne, daß sie einerseits dem Treiben in Lichtenhagen verständnisvoll wohlwollend zusehen und sich andererseits von ihm immer distanzieren können. Und natürlich auch wollen. Denn so viel ist gewiß: Bei aller Sympathie der Politik für das Anliegen der rechten Streetfighter, bei all ihrem Verständnis dafür, daß bei dem asylbewerbergetränkten »Nährboden« der demokratisch ungefestigte Ex-FDJler zum Skin werden kann – einfach den Ausländerpolitikern die Arbeit abnehmen dürfen sie noch lange nicht. Die ungebetenen Hilfskräfte staatlicher Asylpolitik maßen sich ein Recht auf Gewaltausübung an, das sie nicht besitzen und das ihnen nicht gebührt. Das geht dem Inhaber des staatlichen Gewaltmonopols zu weit. So ist das mit »aller Gewalt«, die »vom Volke ausgeht«, nicht gemeint.

Es sind also politisch durchaus kalkulierte Formen der *Machtausübung,* die im schönen August des Jahres 1992 für die verwöhnte Presse einhellig die *Ohnmacht* des Staates belegen. Und gerade deswegen fallen Politiker in das von diesen Schreiberlingen angezettelte Gejammer auch nur sehr gebremst mit ein. Sie wissen, daß dies nicht wahr ist. Sie wissen, daß das Gegenteil der Fall ist. Und sie wissen, daß ihnen so ein Urteil erst einmal

Minuspunkte beim Volk beschert – auch wenn sie es verstehen, aus solchen falschen Anschuldigungen Kapital zu schlagen.

Das Resultat

Die Aufarbeitung von Rostock durch Politik und Presse verfolgt nur ein Ziel: Vollzug der Ziele der beschlossenen deutschen Asylpolitik. Das Szenario ›Rostock‹ ist für diese Politik willkommener Anlaß. Im Ziel selbst scheint sich ganz Deutschland einig zu sein: Schulterschluß. Denn zur Zeit besteht die Hauptsorge deutscher Bürger darin, sich den Kopf über ein asylantenfreies Deutschland zu zerbrechen. Sie rufen die Politik zu Taten gegen Asylbewerber auf, die – wahrgemacht – die Angriffe auf die Heime in ihrer Brutalität in den Schatten stellen werden. Andere Sorgen, die den Alltag von Ossi und Wessi ausmachen, werden zurückgestellt. Für diese Bürger sortiert sich die Menschheit nur noch nach Ausländern und Inländern, Asylanten und Deutschen. Alle anderen Unterschiede zwischen Menschen, die dieses deutsche Territorium bevölkern, werden dann zweitrangig: Unterschiede in der politischen Auffassung, Gegensätze in der Verfügung über gesellschaftlichen Reichtum, in der Teilhabe an Macht usw. treten zurück hinter der für jedermann auch noch gänzlich zufälligen Staatsangehörigkeit.

Mit anderen Worten: Nationalismus beherrscht das Denken, ist durchgesetzte deutsche Staatstugend geworden. Und obendrein ist er zur unverdächtigen Tugend avanciert, da er vereinbar gemacht worden ist mit dem Wertekatalog der deutschen Demokratie. Sogar im Namen des Antifaschismus tritt er auf. Nationalismus kann sich heute als Kampf gegen die schlimmste Form des Nationalismus ausgeben. Ganz schön paradox: Nationalismus, in seiner demokratischen Spielart, wird hoffähig, wo er als Kampf gegen Nationalismus der rechtsextremen Spielart auftritt. Mit antifaschistischem Fähnchen wird er unverdächtig, so daß man sich zu ihm bekennen kann, ohne daß die Nase gerümpft wird oder sorgenvoll auf das Ausland und was es wohl dazu sagen mag, geschielt wird: »Deutschland, find' ich gut...« Das darf man wieder mit stolzem Unterton verkünden. Und je nachdem kann man hinzufügen: »... ohne Scheinasylanten!« Oder: »... ohne Rechtsextremismus!« Oder: »... ohne beides!« Also total gereinigt von allem Undeutschem!

Das ist der neue Schub von Nationalismus, den Rostock bringt. Er besteht weniger im Potential der offen agierenden Rechtsextremen als vielmehr in der auf diese Weise inszenierten deutschen Einheitsfront gegen unerwünschte Ausländer und gegen übertriebenen Rechtsextremismus.

Die schweigende Mehrheit bricht ihr Schweigen: »Zugabe!«

In Rostock sind die Anwohner der Asylantenheime in die Schußlinie geraten, als sie mit Beifall für die Molotowcocktails nicht geizten. So etwas kennt man von der »schweigenden Mehrheit« nicht. Ist es eigentlich ein Lob oder ein Tadel, der schweigenden Mehrheit zugerechnet zu werden? Ein bißchen von beidem: Wer sich über das Schweigen der Mehrheit beklagt, der hat sie für das eigene Anliegen bereits vereinnahmt, ist also so gesehen zufrieden mit ihr. Die Beschwerde betrifft allein das fehlende Engagement der Mehrheit: Sie lasse es an deutlicher Unterstützung für die gute Sache fehlen, hinter der sie doch eigentlich stehe – obwohl bzw. weil davon nichts zu spüren ist. So hat sich die Friedensbewegung einst mehrheitsfähig geredet. Natürlich diente im Raketenstreit dieselbe schweigende Mehrheit auch dem Kanzleramt oder dem Parlament als Berufungsinstanz. Das ist eben das Praktische: Auf ihr Schweigen kann sich ein jeder berufen. Der Nachrüstungsgegner kann es als Beleg dafür hernehmen, daß die Deutschen mehrheitlich *gegen* Raketen, aber zu eingeschüchtert sind, um ihrer Gegnerschaft Ausdruck zu verleihen. Die Nachrüster werten das Schweigen als *Zustimmung* loyaler Bürger, die wissen, daß ihre gewählten Volksvertreter richtig handeln und deswegen Straßenaktionen vollständig überflüssig sind. Wengleich demokratischen Politikern nichts besser in den Kram paßt, als eine Mehrheit, deren Schweigen als Unterstützung ihrer Politik gedeutet werden kann, sehen es regierende Demokraten gelegentlich ganz gern, wenn die Bevölkerung etwas mehr als nur ihre Pflicht tut, also arbeitet, lernt, die Familie pflegt, richtige Parteien wählt und sich ansonsten die passende Meinung zu allem abholt, was ihr paßt und was ihr nicht paßt. Gelegentlich und nur nach Aufforderung soll sie sich auch einmal demonstrativ hinter einer nationalen Sache versammeln: Die Maueröffnung beispielsweise war so eine Gelegenheit, bei der die schweigende Mehrheit ihr Schweigen brechen und die Wiedervereinigung auf der Straße als Erfüllung eines Herzenswunsches aller Deutschen feiern durfte.

Gute Deutsche auf falschem Gleis

In Rostock hat die schweigende Mehrheit nun erneut ihr Schweigen gebrochen und lautstark ein weiteres Straßenfest gefeiert. Allerdings ohne (direkte) Aufforderung von oben. Und es hat bei den zuständigen Begutachtern der Volksmeinung gar keine Begeisterung ausgelöst. Ihr – in diesem Fall sogar ehrlicher – Schrecken hatte sich auch Tage danach noch nicht gelegt. Die sorgsam notierten Rufe größerer Teile der Anwohner nach Zugabe gerieten zwischenzeitlich sogar zum Hauptskandal. Dabei machte die Medien weniger die unverhohlene Begeisterung betreten, mit der diese braven Deutschen die jugendlichen Skins zum Pogrom an Ausländern aufforderten. Vielmehr wurde daran registriert, daß die schweigende Mehrheit auf einmal aus der ihr in der Demokratie zugewiesenen Rolle fiel. Ungeniert hatten nämlich diese Bürger aus Rostock und anderswo das gewalttätige Treiben der randalierenden Jugendlichen genossen, sie regelrecht zur Eskalation animiert und die gelungene Umsiedelung als Sieg über die Politik und ihre Organe volksfestartig gefeiert – wo es sich doch gehört hätte, eine allenfalls klammheimliche Übereinstimmung mit den rechten Krawallos in der Sache mindestens um eine Portion öffentlicher Distanzierung von der »Gewalt der Straße« zu ergänzen.

Das kannte man in Deutschland bisher noch nicht. Bei jedem Stein, der in der Vergangenheit gegen eine Kaserne, ein bewachtes Raketendepot oder gegen die befestigten Entsorgungsanlagen geflogen war, wußte jedermann die schändlichen Urheber zu benennen: Staatsfeindliche Linke waren am Werk, denen mit aller Härte das Handwerk gelegt werden mußte. Keine Demo gegen deutsche Aufrüstung oder überfüllte Hörsäle, die nicht mit dem freundlichen Bürgeraufruf, sich »nach drüben« zu begeben oder »erst einmal zu arbeiten«, begleitet worden wäre. Kein Wasserwerfer- oder Knüppeleinsatz, bei dem die Staatsschützer sich nicht der ziemlich vollständigen Sympathie der Bevölkerung sicher sein konnten. In Rostock lagen nun auf einmal die Sympathien eindeutig auf der anderen, der falschen Seite!

Natürlich hat es nicht an Versuchen gefehlt, diese gut-deutschen Claqueure öffentlich zu rehabilitieren. Denn was nicht sein darf, das nicht sein kann. Doch erst als die kurzmähnigen Straßenkämpfer die längst ins nächste Lager abtransportierten Ausländer aus dem Auge verloren hatten und sie nur noch die »Schwäche« der deutschen Polizei entlarven wollten, als dabei deutsche Trabis und deutsche Müllcontainer in Flammen aufgingen, wurde es auch einigen der Anrainer zuviel. Sie durften sich selbstkritisch gegen die Randale aussprechen und erklärten doch immer nur das Abfackeln von Ausländern für unbedenklich:

»Deutsche Autos anzuzünden, das ist doch wirklich das letzte. Was hat denn das noch mit Ausländerfeindlichkeit zu tun?« (FR 28.9.)

Von einer Selbstkritik der Rostocker kann also keine Rede sein. Wieder einmal wird demonstrative Scham mit Kritik verwechselt; eine Scham übrigens, zu der sich die Rostocker mehr durch die allseits schlechte Presse, die sie erhielten, als durch eigene Bedenken gegen die ausländerfeindlichen Aktionen bewegen ließen. Da kamen ihnen die »Entgleisungen« der rechten Jugendlichen dann gerade recht: In der Tat hört der Spaß dort auf, wo *deutsche* Jugendliche *deutsche* Trabis anstelle von *Ausländern* anzünden. Demonstrativ wurde diese Distanzierung ausgestaltet, weil die Rostocker gemerkt hatten, daß die Ausländerpolitik von unten nicht den ungeteilten Beifall der Ausländerpolitik von oben fand. Ihre Ausgrenzung aus dem nationalen Konsens wollten sie nicht auf sich sitzen lassen und gaben bereitwillig zu verstehen, daß die öffentlichen Beurteilungsmaßstäbe für die rechte Randale nun auch die ihren seien.

Das Anliegen der Fernsehfritzen, eine wieder voll funktionierende Volkseinheit vorzuführen, war deutlich. Die Sortierung der Deutschen in eine große gute Mehrheit und in eine kleine böse radikale Minderheit, in das problemlose »Einstellungspotential« und in das problematische »Handlungspotential«, wie Verfassungsjuristen das nennen, ging allerdings nicht so ganz auf. Ein Unbehagen blieb:

Wissen Ossis wirklich schon, wie westliche Demokratie funktioniert?

Die Verwandlung der »Ausländerfrage« in eine der »Inneren Sicherheit« Deutschlands ist keine »Ablenkungsstrategie«, sondern zeigt, was Deutschlands Politikern welche »Sorgen« bereitet. Wer weiß denn schon, was in den Köpfen von Leuten vor sich geht, die ihrem alten Staat abgeschworen haben und sich von dem neuen verraten fühlen! Ganz jenseits aller apokalyptischen Visionen von der Kapitulation der Staatsgewalt ist Kohl, Seiters und Engholm bei dem Gedanken wirklich nicht ganz wohl, es in der Ex-Zone vielleicht mit Dauerkrawallen zu tun zu bekommen; sich also nicht mit letzter Sicherheit darauf verlassen zu können, daß die zu ziemlich dauerhafter 2. Klasse-Armut verurteilten Zonis ihren Protest nur auf Stimmzetteln und dort bei den richtigen Parteien abladen. Das wäre wirklich etwas Neues im Nachkriegsdeutschland: Der »Pöbel randaliert«, und die Ordnungskräfte haben den Bürger, die schweigende Mehrheit, nicht bedingungslos auf ihrer Seite. Das »Vertrauen in den Rechtsstaat« muß also dringend hergestellt werden – gerade bei den Zonis. So die Konsequenz der Hüter des Rechtsstaates.

Warum werden Zonis rechtsradikal?

Eine Frage, die schon ihre Antwort ist

Die Frage ist ein Hit – jetzt nach Rostock. Rechte Krawalle in der Ex-Zone, erst in Hoyerswerda, dann in Leipzig, Eberswalde, Schwerin, Bitterfeld usw. und jetzt in Rostock. Das *kann* doch nur an der *Zone* liegen. Mit der Frage ist also die Antwort bereits gegeben. Und nur deswegen wird sie aufgeworfen. Nicht Erklärung von Rechtsextremismus, sondern von Rechtsextremismus *in der DDR* ist der neue Schlager der politologischen Feuilletons und Talkshows. Die Publizisten sind sich ziemlich einig, daß sie es hier eindeutig mit einer Altlast des SED-Staates zu tun haben. Und selbst die Importtheoretiker möchten ohne den Verweis nicht auskommen, daß erst 40 Jahre SED-Herrschaft den Boden für westlichen Rechtsextremismus-Export fruchtbar aufbereitet hätten.

Also um antikommunistische Schuldzuweisungen geht es, um sonst nichts. Das belegt eindrucksvoll die hämische Begeisterung, die bei den konservativen westdeutschen Politologen und bei solchen, die sich von links außen seit kurzem auf den Weg in dieses Lager machen, ausgebrochen ist: Jetzt erblicken sie den Beweis dafür, daß sie mit ihrer Rot-gleich-Braun-Totalitarismustheorie doch immer richtig gelegen haben. Das Urteil vom Faschismus, der in der DDR mit Stumpf und Stiel ausgerottet worden sein soll, hatte ihnen über lange Jahre hinweg doch etwas zu schaffen gemacht. In der Tat waren drüben keine Neonazis ausfindig zu machen. Statt ›Rot-gleich-Braun‹ wurde drüben eine andere Gleichung präsentiert: Rot steht für den erfolgreichen Kampf gegen Braun. Im Westen dagegen gab's die Nazis noch und schon wieder! Und ab 1968 bekam sogar kritische Wissenschaft vorübergehend Konjunktur, die mit Horkheimer die Gegenthese präsentierte: »Wer vom Kapitalismus nicht reden will, soll vom Faschismus schweigen!«

Dabei hatten die konservativen Politologen natürlich nie geglaubt, was sich ihnen in der DDR präsentierte. Außerdem: Wozu brauchten sie auch DDR-Nazis, wenn doch drüben die andere Spielart von Totalitarismus, der Stalinismus, sein Unrechtsregime vorführte? Trotzdem triumphieren sie jetzt: Hurra, jetzt gibt's endlich Zonen-Neonazis! Und wenn der Feind selber die Munition zum Feindbild liefert, dann ist das schon einen Asbach-Uralt wert.

Der SED-Staat war's!

Wie schön, daß man der DDR auch das noch anhängen kann. Allerdings muß man zu diesem Zweck einige theoretische Klippen umschiffen.

Die erste Klippe besteht in dem Phänomen, daß sich der Rechtsradikalismus überhaupt erst *nach* der Wiedervereinigung zeigt. Kein Problem für geübte Denker: Vorher war er nur *unterdrückt* worden. Ein Dank an die Erfinder der »Latenz«-Theorie: Was jetzt passiert, das passiert nur deswegen, weil es vorher *latent* präsent war. Beweis: Man hat reinweg nichts davon bemerkt!

Damit haben sie sich die nächste Hürde errichtet: Nun möchte man es einem Staatswesen nicht unbedingt zum Vorwurf machen, daß es gegen faschistische Regungen seiner Bürger vorgeht und sie unterdrückt. Man weiß doch, wo die Grenzen der Meinungsfreiheit verlaufen; und außerdem sind die Neonazis im gelobten Westteil von Deutschland auch nicht erlaubt. Macht nichts: Wenn er unterdrückt werden mußte, dann war er da und ist auf jeden Fall drüben *entstanden*. Quod erat demonstrandum. Doch wodurch, wo sich die DDR-Erziehung auf ihren Antifaschismus so viel zugute gehalten hat? Gelobt sei der Einfall des berufsbeleidigten Antifaschisten R. Giordano: Gerade der »verordnete Antifaschismus« habe die Brüder und Schwestern so anfällig gemacht. Sie müssen sich alle den Biermann zu Herzen genommen haben: Was verboten ist, das macht uns gerade scharf! Herr Giordano, darf man Sie darauf verweisen, daß es nach diesem Strickmuster in Westdeutschland von Kommunisten nur so wimmeln müßte? Bei dem verordneten Antikommunismus! Und daß es unter den Bürgern des Staates Israel eine Massenbewegung von Propalästinensern geben müßte! Usw. Ließen Sie sich – ganz ohne Polemik – vielleicht zu dem Eingeständnis bewegen, daß sich ein Ärger über *verordneten* Antifaschismus eher in einer Beschwerde über die Vorschrift oder in einer Unterrichtsverweigerung als in einer heimlichen Sympathie mit den faschistischen Parolen äußert? Wer sich über die *Form* der Präsentation von antifaschistischem Gedankengut beschwert, wird deswegen noch lange kein Faschist.

Auch in der Variante, daß die Monopolisierung des Antifaschismus durch die SED den bürgerlichen Widerstand gegen Hitler verschwiegen hätte, wird der Einfall nicht besser. Wer diesen Widerstand gar nicht kennt, um seine Existenz gar nicht weiß, der kann unschwer einen Ärger über diese vorenthaltene Abteilung des Widerstands entwickeln, geschweige denn daraus den ohnehin absurden Schluß ziehen, er sei mit dem faschistischen Gedankengut besser bedient.

Wenn man das ganze Konstrukt nicht so genau nimmt, und darauf wird allseits Wert gelegt, dann reduziert es sich auf die »Dampfkessel«-Theorie. Die geht so: Irgendwie war in der DDR alles ziemlich unterdrückt, irgendwie war ziemlich alles verboten. Das hat den Freiheitsdurst der Menschen geknebelt. Über Jahre hinweg hat sich einiges angestaut, und als sich dann der Deckel des Kessels explosionsartig öffnete, wußten die Menschen auf einmal nicht mehr, was sie mit der plötzlichen Freiheit anfangen sollten. Kein Wunder, daß so auch rechtsextreme »Rattenfänger« schnell Zulauf hatten.

Unerfindlich bleibt allerdings, warum diese freiheitsdurstigen Menschen dann in großer Zahl ausgerechnet zu Ideen greifen sollen, sie auch in die ausländerfeindliche Tat umsetzen, die sich wohl kaum aus dem Wunsch nach dem Genuß der neu gewonnenen Freiheit erklären lassen! Diese Freiheit »genießt« man doch durch Reisen, Kaufen, Wählen usw.! Aber – wie gesagt – dieser Einfall möchte auch gar nicht mehr behauptet haben, als daß man sich nicht wundern soll, was als Folge von *Unterdrückung und* als Folge der *Aufhebung der Unterdrückung* alles passieren kann. Da ist schlechterdings nichts undenkbar und das Schlechteste gerade gut genug, um die ewiggleiche langweilige Beweisabsicht zu untermauern: SED-Regime böse!

Die Beliebigkeit dieses staatstreuen Denkens offenbart sich ebenfalls, wenn man eine Gegenprobe anstellt: Die große Mehrzahl von DDR-Bürgern hat sich schnell auf die westlichen Volksparteien eingestellt. Wie erklärt sich dieser Kurswechsel? Natürlich aus einer geheimen Sehnsucht der DDRler nach Demokratie und Marktwirtschaft. Und gegen diese Sehnsucht war letztlich auch das DDR-Unrechtsregime machtlos, verkünden dieselben Politologen. An diesem Gegenstand fällt ihnen ihre Theorie nicht ein, derzufolge an allem, was sich jetzt in den Köpfen der Zonis abspielt, die SED schuld ist. Das wäre auch ein peinlicher Befund: 40 Jahre DDR-Gesellschaft sind eine prächtige Vorbereitung auf Parlamentarismus und Kapitalismus! Das geht nicht, dafür sorgt schon die parteiliche Logik ihres Denkens: Alles, was der Westen so an sich schätzt, das liegt ganz tief in der *Menschennatur* begraben und ist durch kein (Unrechts-)System auszuradieren. Alles, was dem Westen dagegen als Inbegriff von Unrecht erscheint, ist ein *Produkt des verurteilten Systems,* das die Menschennatur vergewaltigt; weswegen dann die aus dem guten Lager auch einiges leisten müssen, bis sie diese Denaturierungen wieder gerade gebogen haben. So einfach ist heute Wissenschaft.

Sofern die aktuelle Spielart des Rechtsradikalismus zur Erklärung ansteht, die Ausländerhatz, dürfen Ossis stets darauf verweisen – es ist das Lieblingsargument von SPD-Ossi Thierse –, daß sie in der DDR »den Umgang mit Ausländern nicht gelernt hätten« (FR 27.8.), wegen Unfreiheit und so. Einleuchtend: Wer nicht weiß, wie man mit Ausländern umzugehen hat, schlägt erst einmal auf sie drauf! Das scheint die nächstliegende Form zu sein, mit Fremden Bekanntschaft zu machen. Wahrscheinlich zünden die rechten *Wessis* Asylantenheime an, gerade *weil* sie den Umgang mit Asylanten *gelernt* haben. Übrigens gibt es auch das genaue Gegenargument: »verordneter Internationalismus«. Auch das überzeugt sofort: Wer, ohne sich den Stoff selbst ausgesucht zu haben, beigebracht bekommt, daß alle »friedliebenden Völker« eine große Familie bilden, dem bleibt auch nichts anderes übrig, als »Fidschis aufzuklatschen«.

»Gefühlsstau« produziert Hirnstau

Nichts als Parteilichkeit und geistige Verrohung herrschen hier. Das wird eher schlimmer als besser, wenn eine Ehrenrettung der vorgestellten »Denkmodelle« psychologisch versucht wird. Man mache es sich zu leicht, würde man den Rechtsextremismus als *Urteil* der ehemaligen DDRler denken, wissen Psychologen. Natürlich können Bürger, die über Jahrzehnte hinweg mit gesichertem Einkommen, festem Arbeitsplatz, Kinderkrippen, billigen

Grundnahrungsmitteln und Urlaub an Ostsee und Schwarzmeerküste drangsaliert worden sind, nicht mehr Herren ihres politischen Willens sein. Vielmehr handelt es sich bei ihnen um Opfer eines langjährigen Entmündigungsprozesses. Der hat zu Frustrationen geführt, die in einen »Gefühlsstau« (Maaz) münden, der sich als Aggression entlädt, indem auf beliebige Objekte, in diesem Fall eben auf Asylbewerber, eingedroschen wird.

Das ist das Grundmuster der psychologischen *Entschuldigung* – nicht nur – der DDR-Rechten, das zur politologischen *Beschuldigung* des SED-Staates komplementär paßt. Die können eben nichts dafür. Das hat das System mit ihnen gemacht und jetzt kommt es 'raus – obwohl die Menschen es vielleicht gar nicht wollen. So klingt es alltäglich, was die politische Psychologie kunstvoll als Zusammenhang von Frustration, Aggression und Projektion erfindet.[1] Für die Wiedervereinigung, die einem verbreiteten Irrtum zufolge[2] das Werk jener Geknechteten gewesen sein soll, gilt das Muster natürlich nicht: Daß sie nicht bei Sinnen, zumindest nicht ganz bei Trost, auf jeden Fall aber reif für die Couch gewesen sind, als sie ihre »Abstimmung mit den Füßen« durchführten, möchte niemand über diese Menschen gesagt haben. Diese Tat entsprach voll ihrem politischen Willen und war ausgestattet mit akzeptierten guten Gründen! Dabei gibt es weder einen im geäußerten Willen noch einen in der jeweiligen Sache liegenden Grund, warum im einen Fall Gefühlsgestaute nicht anders können als Ausländer zu verprügeln und in dem anderen Fall die Ossis aber bei Trost und gutem Verstand gewesen sein sollen, als sie sich in Mauerlücken drängten und wildfremden Wessis tränenüberströmt in die Arme fielen. Der Grund für die öffentlich einleuchtende Sortierung zwischen »bekloppt« und »alle Tassen im Schrank« liegt im *Standpunkt zur Sache,* und der lautet: Aggressiv gemachte Triebtäter sind am Werk, wo es Ossis für Ungehöriges zu entschuldigen und den SED-Staat dafür zu verurteilen gilt; politisch gebildete und vernünftig handelnde Menschen waren am Werk, als sich dieselben Zonis, wie vom Westen gewünscht, zu Vollzugsorganen seines großdeutschen Annexionsprogramms machen ließen.

Was ist Rechtsextremismus?

Vorleistung eins:

Dabei ist die *Erklärung* für die Übergriffe von Ossis – und im übrigen von Wessis gleichermaßen – auf Asylbewerber einfach zu haben, wenn man sie denn überhaupt haben will. Das entscheidet sich ein wenig daran, ob man es erstens schafft, sich freizumachen von dem falschen psychologischen Urteil, daß derjenige für sein Tun keine Gründe haben kann, der sich nicht dem gesellschaftlich gewünschten Tun, also den anerkannten Gründen für gesellschaftliches Handeln anschließt. Man darf sich von jenem hierzulande am Gegenstand des Nationalsozialismus eingeübten Denkmuster nicht den Weg versperren lassen, das mit den Fragen beginnt: Wie konnte das nur passieren? Wie können Menschen nur so etwas tun? So lauten die gar nicht ernst gemeinten Fragen des im Westen verordneten Antifaschismus. Nicht nach Gründen für den faschistischen Rassismus sollten wir in der Schule suchen, sondern uns einleuchten lassen, daß sich diese »historisch einmalige« Entgleisung des deutschen Teils der zivilisierten Menschheit *jeder rationalen Erklärung* einfach entziehen muß. Damit war der Weg frei für den Übergang von Wissenschaft zur Kaffeesatzleserei, und es durfte nach Belieben in den seelischen Tiefen von Führern, Läufern und Mitläufern herumgestochert werden. Daß »Mein Kampf« eine komplette Theorie enthält, die von Faschisten in die Tat umgesetzt wurde, daß man folglich nur gescheit hinschauen muß, wenn man wissen will, was solche Staatsmänner vorhaben, das konnte nicht sein. Denn wo ausgemacht ist, daß ein krankes Hirn am Werk war, da kann es den schlüssigen Zusammenhang zwischen einem Gedankengebäude – es mag dabei in sich noch so falsch sein – und den praktischen Schlußfolgerungen nicht geben. Und selbst wenn jede Barbarei angekündigt und erklärt wird, dann behält ein Volk es sich bekanntlich immer noch vor, ob es dem Künder Glauben schenken möchte oder um des vermeintlichen Seelenfriedens willen lieber nicht. Warum sollen die Bürger des »Dritten Reiches« zu ihrem Führer auch eine andere Stellung eingenommen haben als die Bürger des »Vierten Reiches« zu den ihren? Wenn ein sozialdemokratischer Kanzlerkandidat mit ebenso spitzem wie feinem Näschen für den politischen Wind nach der Wiedervereinigung einige Katastrophen für die Zone voraussagt, dann ist er ein Miesmacher, der nur die Wiedervereinigungsfreude trüben und Punkte für die Opposition machen will. Wenn dann ein demokratischer Kanzler das Schlamassel eingesteht und »noch härtere Zeiten« für das Volk ankündigt, dann wird es schon wieder so schlimm nicht werden. Nicht wahr? Und wenn es ein gewählter Verteidigungsminister nicht abwarten kann, bis auch deutsche Jungs an den Fronten des Weltfriedens ihren Blutzoll entrichten, und er sich nicht mehr »feige« mit irgendwelchen Grundgesetzvorbehalten herausreden will, dann wird sich auch das mit der Zeit regeln. Wie bei Adolf selig: »Das mit den Juden kann er so gar nicht meinen, obwohl man ja sieht, wo die überall ihre Finger drin haben ...«

Vorleistung zwei:

Vor der Erklärung des Rechtsextremismus hat man sich aber noch über ein zweites (Vor-)Urteil Rechenschaft abzulegen: Zugegeben, die Bilder aus Rostock haben es in sich. Die Gleichgültigkeit der kahlrasierten Jugendlichen gegenüber einem Menschenleben ist erschreckend. Doch warum erschrickt die aufgeklärte, von Humanismus und Sorge ums deutsche Ansehen beseelte nationale Intelligenz nicht mindestens ebenso bei jener Sorte Ausländerfeindlichkeit, die, mit der ganzen Macht des Staates ausgestattet, über die Asylbewerber kommt? Warum gilt die deutsche Abschiebepraxis – in der Dunkelheit treten Uniformierte die Tür ein, weisen den frisch unterschriebenen Ausweisungsbescheid vor, geben 10 Minuten Zeit zum Sachenpacken, verfrachten die Menschen bis zum Abflug ihrer Maschine in Abschiebehaft, so daß auch kein Rechtsanwalt intervenieren kann, und bugsieren sie dann gewaltsam in den Flieger, der sie einer durchaus gewissen Zukunft in ihrer Heimat ausliefert usw. –, warum gilt so etwas als weniger monströs? Warum hat die Praxis der Unterbringung von Asylbewerbern – Sammellager mit Beschränkung von Freizügigkeit und Berufstätigkeit usw. – nicht in denselben Organen dieselbe schlechte Presse wie jene andere Sorte von Anschlägen auf die »Menschenwürde«, die den Skins aus Lichtenhagen vorgehalten wird? Warum greift nicht dieselbe Empörung um sich, wenn Abschiebungsurteile bekannt werden, nach denen die Foltern in der Türkei nicht »das Maß dessen übersteigen, was die Bewohner aufgrund der dort herrschenden Verhältnisse allgemein hinzunehmen haben«,[3] folglich völlig in Ordnung gehen? Usw.

Natürlich sind diese Fragen rhetorisch. Sie beantworten sich von allein. Allerdings nur fast. Denn es geht nicht um Gerechtigkeit in Sachen moralischer Verurteilung. Es soll hier niemand dabei ertappt werden, daß er mit zweierlei Moralmaßstäben mißt. Es geht nicht darum, daß die staatliche Ausländerpolitik *auch* ihr Fett abbekommt; daß sie bei *Entgleisungen* ertappt wird, die dem aufmerksamen Auge des Spiegel-, FR- oder taz-Lesers vielleicht entgangen sind. Es handelt sich nämlich bei den aufgezählten Schönheiten deutscher Asylpolitik gar nicht um Entgleisungen. Übrigens ebensowenig wie es sich bei den Angriffen von Glatzen auf die Ausländerwohnheime um Übergriffe fehlgeleiteter, verführter, von Sinn- und Identitätskrisen geplagter, letztlich nur durch Angst gestörter Jugendlicher handelt. Daß dasselbe eben doch nicht dasselbe ist, daß private und staatliche Drangsalierung von Asylbewerben nicht den gleichen Skandal auslöst, erklärt sich aus abgrundtiefem Staatsvertrauen: Wenn das Recht zuschlägt, dann ist das Tun rechtens und geht für deutsche Bürger in Ordnung, auch wenn dabei der gleiche Anschlag auf Leib und Leben von Flüchtlingen herauskommt, den man in Lichtenhagen verurteilen soll. Von zweierlei Maß kann also keine Rede sein: Der Schreck der kritischen Menschheit angesichts brennender Heime gilt weniger dem

Leid, das über die Sinti und Roma kommt. Wie könnte sie sonst so loyal unterscheiden!? Er gilt der *Unrechtmäßigkeit* des in Rostock und anderswo von den rechten Gangs veranstalteten Terrors.

Dabei soll niemandem die Träne aus dem Knopfloch geklaut werden: Die diversen Fensterstürze von Kurden nach den juristisch einwandfreien Abschiebungsurteilen und die »schrecklichen« Bilder von brutalen Vorgängen an Grenzen – beispielsweise und am liebsten an der Stahlmauer zwischen Mexiko und den USA – gehen auf den Nerv *und* werden als leider notwendige, ihrer Humanisierung selbstredend noch harrende Praxis der »Bewältigung unseres Asylantenproblems, das man doch nicht leugnen kann«, eingeordnet.

Was Rechtsradikale denken,
haben sie von staatlicher Menschensortierung gelernt

Nun handelt es sich aber nicht nur um Parallelen zwischen den Aktionen »der Straße« und denen der befugten Asylpolitiker. Es gibt einen handfesten Zusammenhang zwischen ihnen. Wenn junge, weitgehend ostzonale Rechte unter dem Motto »Deutschland den Deutschen – Ausländer raus« gegen Asylbewerber vorgehen, dabei alles andere als zimperlich sind, schließlich die Ordnungshüter angreifen, dann liegt ihrem Tun die *Überzeugung* zugrunde, daß erst ein ausländerfreies Deutschland ein ordentliches und souveränes Deutschland ist. Jeder Ausländer – und nicht allein Asylbewerber – gilt ihnen als Anschlag auf ihr Recht auf eine ungeteilt deutsche Zuständigkeit für die Belange Deutschlands. Alles Nicht-Deutsche ist für sie nicht nur irgendwie anders, sondern steht in einem Gegensatz zu deutschen Anliegen.

Den Rechtsradikalen muß die Sortierung zwischen Inländern und Ausländern mit ihrer ausgrenzenden Absicht, die doch gar nicht auf ihrem Mist gewachsen, sondern eine staatliche Angelegenheit ist, sehr eingeleuchtet haben. Und zwar so sehr, daß sie mit ihrer Handhabung durch die regierenden Ausländerpolitiker immer unzufriedener geworden sind. So unzufrieden, daß sie schließlich, überzeugt von der staatsmoralischen Berechtigung ihres Tuns, den ausländerpolitischen Behörden meinten zeigen zu müssen, wie Asylpolitik zu gehen hat. Durch die asylpolitische Programmatik der jüngsten Vergangenheit sehen sie sich sogar doppelt legitimiert: Denn einerseits werden in immer neuen Bildern öffentlich Schädigungen zusammengetragen, die die Asylanten»ströme« angeblich in Deutschland anrichten. Und andererseits sind es die Ausländerpolitiker selber, die permanent Handlungsbedarf entdecken und zugleich überall Schranken ausmachen, die ihm entgegenstehen. So deuten denn die Neonazis politikkritisch auf die unerträgliche Nachgiebigkeit der »Bonner«, die ihnen fast schon wie Verrat an Deutschland dünkt. Der Rest ist schnell geklärt: »Die Zahl der Ausländer soll begrenzt werden – gut, machen wir das praktisch!« tönen Skins (FR 27.8.). Da sie als deutsche Sachwalter der Sortierung zwischen In- und Ausländern das Recht auf ihrer Seite wähnen, darf sich niemand darüber wundern, daß sie sich rechtsförmig aufführen, nämlich wie die legitimen Ausüber von Gewalt. Daß ihnen dabei jede Rücksichtnahme auf Menschenleben fern liegt, das haben sie nicht allein der deutschen Asylpolitik abgeguckt. Das halten sie obendrein im Interesse von Deutschland für mehr als geboten. In jedem Ausländer erblicken sie den Keim der Zerstörung von Deutschland, als dessen wahre Hüter sie sich sehen. Sie fühlen sich in ihrer Identität als Deutsche – und eine andere kennen sie nicht – bedroht. Das *ist* für *sie* eine Frage von Leben und Tod!

Es gehört schließlich gar nicht viel dazu, daß aus einer, dem ausländerpolitischen Anliegen nach, staatstreuen *Unterstützungsaktion für* das vermeintlich zu nachgiebige Gewaltmonopol eine *Konkurrenzveranstaltung mit ihm* wird: Mit ihrem »Sieg«, dem Abtransport der Asylanten, nicht zufrieden, griffen die Rechtsradikalen die Staatsgewalt unmittelbar an. Kumpane der Exekutive im Geiste und in der Tat, die sie sind, lieferten sie sich ihr als Konkurrenten eine mehrnächtige Straßenschlacht. Kein Wunder. Denn wenn die Führung der Staatsgeschäfte als so schwächlich eingeschätzt wird, daß sie keine Unterstützung mehr verdient, dann gerät sie selbst prinzipiell und nicht nur in einzelnen tagespolitischen Fragen in die Schußlinie der Rechten. Dann ist die im Amt befindliche Führung der deutschen Staatsgeschäfte nicht würdig, die deutsche Sache zu betreiben. Dann ist »der Bonner Staat nicht mehr mein Staat. Dann kann ich auf dieses Deutschland nicht mehr stolz sein!«.

Ziemlich witzig ist dabei, daß gerade der von den Rechten als »Sieg« gefeierte Abtransport von Asylbewerbern aus Lichtenhagen bei ihnen zu diesem Urteil geführt hat: So begeistert sie über das ausländerfreie Lichtenhagen waren, so angewidert gaben sie sich gegenüber den Ordnungshütern, deren »Schwäche« ihren »Sieg« ermöglicht hatte. Von deutschen »Bullen«, von den Exekutoren ihrer eigenen, der deutschen Staatsgewalt hatten sie mehr erwartet. Mit Stolz auf ihre Wunden blickend hätten sie in der nächtlichen Auseinandersetzung unter diesem Gesichtspunkt sogar eine »Niederlage« akzeptiert: Von deutschen Schlagstöcken zusammengedroschen, das hätte ihnen bewiesen, doch in einem starken deutschen Staat zu leben: »Es kann doch nicht sein, daß ich einfach einen Molli werfen kann und die Polizei macht nichts«, so ein Jung-Skin im Spiegel (36/92, 25). So kompliziert und unbekannt ist diese Beschwerde nicht: Da muß man nur Gewalttäter und Begutachter der Effektivität der Staatsraison gegen die Täter in einer Person sein; wie der Schüler, der den Lehrer schätzt, der hart durchgreifen kann. Die »schlappen Bullen« stellvertretend für den schlappen Staat zu entlarven, diesem demonstrativen Anliegen galt denn auch die Randale der letzten Tage von Rostock. Und es ist dann auch erst mal mit den Straßenscharmützeln erledigt – von wegen Reichspogromnacht, Bürgerkrieg und Sarajewo!

Ausländer und Inländer

Eine gar nicht harmlose Menschensortierung, die den Rechtsextremen sehr einleuchtet

Es gibt also die rechtsextremistischen Ausländerfeinde überhaupt nur deswegen, weil die von ihnen vorgefundene Unterscheidung zwischen In- und Ausländer sie schwer beeindruckt hat. Dabei kann man ihnen nicht einmal zum Vorwurf machen, daß sie eine an sich harmlose politische Sortierung von Menschen nach ihrer Staatszugehörigkeit faschistisch interpretiert und damit zu einem Sprengsatz denaturiert hätten. Die Unterscheidung ist ein Sprengsatz, egal ob demokratisch gehandhabt oder nicht.

Kapitalistische Staaten wie die Bundesrepublik sortieren die Menschheit politisch in erster Linie nach einem Kriterium: Wer unterliegt meiner Staatsgewalt? Ein *Inländer,* das ist folglich ein Mensch, der als geborener Deutscher quasi staatsnatürlich dem Zugriff deutscher Gewalt untersteht und sich, an seinem jeweiligen Platz in der Gesellschaft, in der Verfolgung der eigenen Anliegen um die Mehrung von deutscher Souveränität zu bemühen hat. Deutschen Gesetzen kommt so ein Inländer nicht aus. Sie stellen die Regeln dar, die er befolgen muß, wenn er sich um seinen Lebensunterhalt sorgt. Und gar nicht zufällig sind diese Regeln – als Pflichten und Rechte – so eingerichtet, daß er von ihrer Einhaltung überhaupt nur unter der Bedingung etwas hat, daß Deutschland davon profitiert. Das erlaubt keineswegs den Umkehrschluß: Wenn Deutschlands Kurs steigt, dann steigt damit nicht notwendig auch der Kurs seines Privatlebens. Und wenn der ins Bodenlose fällt, dann heißt dies ebenfalls nicht notwendig, daß auch Deutschland in eine politische oder ökonomische Rezession geraten ist. Gelegentlich soll es vorkommen, daß sich für Menschen ohne sprudelnde Reichtumsquelle die Sache umgekehrt proportional entwickelt. Es steht also sehr dahin, ob es ein Glück ist, staatlicherseits als Inländer abgebucht zu werden. Der Dienst an Deutschland ist ihm gewiß. Eine private Partizipation an deutschen Erfolgen ist für die Mehrzahl von Inländern dagegen mehr als ungewiß.

Ein *Ausländer,* das ist ein Wesen, das merkwürdigerweise für das gleiche Schicksal vorgesehen ist, nur eben unter einem anderen Herrn. Das erklärt seine gänzlich negative Bestimmtheit: Es soll ihn wesentlich kennzeichnen, daß er nicht hier geboren ist, nicht deutscher Gerichtsbarkeit unterliegt, daß er sich von deutschen Behörden nichts sagen lassen muß, wenigstens solang er sich in seinem Vaterland aufhält. Der Ausländer gehört also erst einmal nicht »zu uns«, sondern ist Bürger eines anderen Staates, der ihn natürlich für sich einspannt. Und genau an diesem Punkt wird die Unterscheidung zwischen In- und Ausländer langsam wirklich ungemütlich. Das ausgrenzende Urteil eines Souveräns, ein Mensch gehöre nicht zu seiner Mannschaft, kann nämlich ebensosehr von *Gleichgültigkeit* wie von einem *Bedauern* getragen sein. Immerhin erinnert jeder Ausländer solche Souveräne, die es mit Demokratie und Marktwirtschaft auf der Welt zu einigem Einfluß gebracht haben, an ein sehr prinzipielles Ärgernis: nämlich an die nur begrenzte territoriale Reichweite ihres Gewaltmonopols. So gesehen ist ein Ausländer nicht einfach jemand, der nicht hierher gehört, sondern ein Mensch, der nur *bedingt zur Verfügung* steht. Er muß sich die Begutachtung gefallen lassen, inwieweit er nicht unter deutscher Einsatzleitung durchaus für hiesige Anliegen zu benutzen ist – entweder in seiner Heimat oder in der des Einsatzleiters. Diese Begutachtung hat es in sich, da sie eine nationale Rechnung aufmacht, ohne sich davon beeindrucken zu lassen, daß so ein ideell verplanter Ausländer einen eigenen Herrn hat, der ebenfalls etwas mit ihm vorhat und über ein eigenes Gewaltmonopol verfügt. Es wird dann wohl das »Kräfteverhältnis« sein, das zwischen beiden Souveränen über Verlauf und Resultat der Konkurrenz um ein und dieselbe Mannschaft entscheidet.

Der Ausgang eines solchen Kräftemessens hat für Überlebende schon so manche Neuerung gebracht. Wenn ein Frieden gerade noch sehr frisch ist, dann fällt es Menschen gelegentlich schwer, sich daran zu gewöhnen, daß sie jetzt zum Sieger gehören, also nicht mehr Aus-, sondern eingemeindete Inländer sind. Das zieht beim Verlierer häufig das Interesse an Revanche nach sich. Der hält dann daran fest, daß die verlorengegangenen Staatsbürger eigentlich immer noch zu seiner Truppe gehören und deswegen als Frischbürger des Siegers ein Recht auf völkischen Minderheitenschutz haben. Den traut er sich aus alter Gewohnheit nur selbst zu.

Nicht immer ist das Ärgernis dieser Sortierung so handgreiflicher Natur. Es bedarf nicht immer der militärischen Grenzkorrektur, um die ganze Härte dieser Menschensortierung zu erfahren. Daß der In- und Ausländerstatus ein Rechtsverhältnis darstellt, in welchem sich zwei konkurrierende Gewalten begegnen, das bekommt sowohl der Ausländer zu spüren, der hier an der Grenze um Einlaß bittet, als auch jener Türke, der gern für deutschen Reichtum schaffen möchte, es aber ohne Einwilligung seiner Herrschaft nicht darf.

Daß »alle fast überall Ausländer sind«, ist eben keine durch ihren Universalismus beruhigende Feststellung, sondern die ungemütliche Wahrheit, daß sich heutzutage niemand aus den Händeln der Staaten und schon gar nicht aus denen seines eigenen Staates heraushalten kann, daß vielmehr umgekehrt Aus- und Inländer wie Repräsentanten ihrer Herrschaft gelten und behandelt werden – ob ihnen das nun paßt oder nicht. Mit dem Status als Inländer hat ein Souverän seinen Bürgern also nur das Etikett seiner Zuständigkeit aufgepappt, sondern ihnen überdies den Auftrag erteilt, in Menschen, die sie nicht kennen, ja von deren Existenz sie gar nichts wissen, ihre Freunde oder ihre Feinde zu sehen. Ganz wie er eben sein Verhältnis zu deren Führung definiert. Er erklärt damit seine auswärtigen Staatsaffären zur Sache seiner Untertanen, die sie teilen und wenn nötig auch betreiben sollen.

Übrigens, und damit die Erklärung dieser Menschheitssortierung nicht als Entschuldigung der Rechtsradikalen gedeutet wird: Daß man seinen Stempel als In- oder Ausländer bekommt, dagegen kann man solange nichts tun, wie die Welt ein Objekt der Konkurrenz von Gewaltmonopolen bleibt. Aber deswegen muß man sich den damit ergangenen Auftrag, staatliche Affären wie die eigene Sache zu betrachten und zu behandeln, noch lange nicht zu eigen machen; vor allem nicht, weil man in der Regel zu jenem Personenkreis gehört, dem solche Nibelungentreue nicht entgolten wird.

Gibt's den häßlichen Zoni?

Oder: Was ist spezifisch ostdeutsch am Rechtsradikalismus?

Bleibt da noch was? Nein, da bleibt erst einmal gar nichts. Dann noch einmal gar nichts. Die Zonis, die sich in Rostock aufgeführt haben, Claqueure oder Straßenkämpfer, einigt die fatale Sorge um Deutschland. Das haben sie mit den Wessis gemein, die denselben Volkssport bekanntlich auch beherrschen. Nationalismus, gerade bei denen, die für die Nation nur zu zahlen haben, ist ebenso verrückt wie verbreitet. Das bringen Staaten so mit sich, die ihren Leuten keine Wahl lassen; die ihnen ihre Nationalität als Dienstverhältnis vorschreiben und alles dafür tun, daß sie deswegen auch noch herzlich geliebt werden.[4]

Solche Nationalisten hat auch die DDR hervorgebracht. Darin liegt nichts Besonderes. Daß die SED ihre Leute ärgerlicherweise auch zum Stolz auf ihre Heimat erzogen hat, weil die es zur wirtschaftlichen Führungsmacht im Ostblock gebracht und jede Menge Goldmedaillen gescheffelt hat, ist sehr blöd und unverzeihlich. Daran ändert auch die Tatsache nichts, daß sich DDR-Bürger den Erfolg ihres Staates mit Errungenschaften übersetzen konnten, die ihnen tatsächlich zugute kamen. Denn erstens sind billige Mieten, Grundnahrungsmittel, medizinische Dienste und Transportsysteme ohnehin kein Grund zum Jubel, sondern eigentlich eine Selbstverständlichkeit – auch wenn gerade der Westen das gar nicht so sieht. Zweitens ist es fatal, die verhaltene Freude über gesicherte soziale und andere Dienste mit – wie auch immer gebremster – Vaterlandsliebe zu entgelten. Denn auch real-sozialistische Staaten gingen nicht im Dienst an ihren Bürgern auf. Das ließ sich drittens an dem völlig idiotischen Maßstab für ihren Staatserfolg ablesen. Den Westen, vornehmlich die BRD, wollte man »einholen und überholen«.

Das war oberste staatliche Priorität und zeugte von wenig kapitalismuskritischem Sachverstand der regierenden Sozialisten. Auf diese Weise haben sie selbst ihren Leuten einen verkehrten, weil nationalistischen Vergleichsmaßstab eingetrichtert und sie auf einen Bruderstaatenkonkurrenzkampf eingeschworen. Den haben sie verloren. Und die Bürger der DDR – opportunistisch-loyal wie ihre westlichen Brüder und Schwestern – meinten richtig zu liegen, wenn sie sich der weltweit erfolgreichen Wirtschaftsmacht zu- und von der nur regional führenden DDR abwandten. Ein Einfall, den sie im übrigen »mit den Füßen« umsetzten, als längst ganz andere Mächte die Weichen gestellt hatten. Das nationalistische Bedürfnis nach einer auch *auf dem Weltmarkt erfolgreichen Heimat* sollte dadurch aufgehen, daß die DDR unterging.

Die Fehlkalkulation der Zonis – auch auf dem SED-Mist gewachsen – produzierte dann eine besondere Form von Enttäuschung: Im gelobten Westen hat man nämlich nur dann wahre Freude an den Erfolgen des Staates, wenn man sich die Frage verbietet, wie sich der Reichtum der Nation in der Lebenslage der Bürger wiederfinden läßt. Die armen Brüder und Schwestern aus der Zone waren in dieser Hinsicht etwas verwöhnt worden. So traf sie der »Kulturschock« hart; und zwar nicht ganz zufällig als *Ex-Zonis* und nicht als enttäuschte Konsumenten. Die Klagen über die brutale Verelendung, die an den Zonis durchgezogen wird und die mit ihren Erwartungen so gar nicht zusammenpaßte, traf sie in ihrem deutschen Stolz. Ex-DDRler entwickelten und entwickeln immer noch ein ziemlich verrücktes Nationalgefühl: Gekränkt und beleidigt reklamieren sie das Recht, sich wie die Wessis als »Deutsche 1. Klasse« fühlen zu dürfen, weil es sich bei ihnen erstens auch um Deutsche handele, die zweitens als Ost-Deutsche dem Westen einen Zugewinn an nationaler Größe beschert hätten, der in vielen Dingen drittens auch von ihren Leistungen als DDR-Bürger zeugen würde. Sie entdeckten, daß es mit dem erhofften bißchen Wohlstand nichts ist, den sie überall im Westen erblicken, wenn sie durch ihre nationalistische Brille schauen und großzügig über die durchaus vergleichbare »1. Klasse-Verarmung« ihrer westlichen Klassenbrüder hinwegsehen. Nun müssen sie zudem registrieren, daß sie von den Wessis nur bedingt als *Opfer* des SED-Staates betrachtet und schon gar nicht als solche versorgt werden. Vielmehr stellen sie fest, daß sie als (Mit-)*Täter* eines verurteilten Regimes und allumfassenden Stasi-Komplotts behandelt und »abgewickelt« werden; was ihr waches Ehrgefühl als doch bloß zum Mitlaufen genötigte – sich also den eigenen Opportunismus noch zugutehaltende – Opfer des SED-Regimes noch tiefer kränkt.

So kommt es denn, daß der Zoni zur Zeit noch etwas aus der kommoden deutschen Art schlägt. Noch mangelt es ihm an jener verrückten Tour von grundsolider Zustimmung zu seiner neuen deutschen Herrschaft, die ein selbst von Langzeitarbeitslosigkeit geschlagener Wessi sich nicht nehmen läßt. Der meckert, was das Zeug hält, auf die da oben, die doch nur den Ausländern das Geld hinten rein schieben würden, ist auf Arbeitsamt und Arbeit schlecht zu sprechen und läßt sich zugleich nicht davon abzubringen, daß es ihm ohne Marktwirtschaft noch schlechter ginge. Sein Räsonnement bleibt folgenlos, wie er es in der Meinungsfreiheit gelernt hat. Es trennt sich vom Gang zum Amt und in die Fabrik und garantiert so den Herren beider Sphären die Freiheit für ihre Geschäfte.

Der Zoni, der nun am eigenen Leibe mitbekommt, was die Herrschaft des kapitalistischen Wertgesetzes anrichtet, meint dagegen mit jeder Kritik, die er hat, zugleich ein Recht auf praktische Einmischung zu besitzen; zumal er sich hat einleuchten lassen, daß die »Politiker nur reden und nicht handeln«. Er verwechselt noch ein wenig das Recht auf Beschwerde mit dem Recht, auf Konsequenzen dringen zu dürfen. Er hat also Demokratie noch nicht ganz verstanden, besonders nicht die Logik der Meinungsfreiheit, die von einer Arbeitsteilung lebt zwischen der Politik, die beschließt und tut, und dem Volk, das sich freie Gedanken dazu machen darf und ihr gerade so seinen Segen erteilt.

Es äußert sich also in Lichtenhagen und überall dort, wo sich Zonis dem rechten Aufmarsch beifällig zuwenden, der kleine Unterschied zwischen dem westdeutschen Bürger, der sich von seinem – ziemlich verrückten – Genuß des Erfolgs seiner Heimat auf der Welt auch nicht dadurch abbringen läßt, daß dieser auf seinem eigenen, ständig bejammerten Mißerfolg aufgebaut ist, und jenen ostdeutschen Neubürgern, die die Identifikation mit Daimler und Siemens, Kohl und Engholm, Graf und Becker noch nicht voll hinkriegen, weil sie es nicht gewohnt sind, daß Staats- und Privaterfolg in einem dauerhaften Gegensatz stehen, zu dessen nur geistig gestatteter Bewältigung die Meinungsfreiheit eingeübt wird. So beklagen sie, daß das von ihnen aufgebaute Stück Heimat vorerst überhaupt nicht als Heimat gewürdigt wird, sondern politisch verteufelt und als menschlicher wie sachlicher Schrottplatz benutzt wird.

Entsprechend sehen sie die Ausländerfrage auch ein klein wenig anders als die Wessis. Sie halten die Asylbewerber nicht allein für einen Anschlag auf Deutschland und deutschen Reichtum, der auf ihrem Rücken ausgetragen wird, sondern entdecken in ihnen eine zusätzliche Zumutung, die »die Bonner Regierung« auf sie abläd. Ihr gekränkter Nationalismus erlaubt es ihnen noch nicht, in der »Asylantenflut« eine Gefahr zu erblicken, die deutscher Politik Daumenschrauben anlegt. Sich selbst betrachten sie als deren Opfer, und werfen »Bonn« vor, ihnen das Leben zusätzlich mit ostwärts dirigierten Asylantenströmen schwermachen zu wollen. Nicht zur Ent-, sondern zur Beschuldigung nationaler Politik taugen ihnen zur Zeit noch die Asylbewerber. Daher nehmen sie sich das Recht auf praktische Einmischung in die Politik, welche die politische Führungsriege in Deutschland weit mehr erschreckt hat als das gewalttätige Treiben der Skins von Lichtenhagen oder Hoyerswerda. Denn daß die »schweigende Mehrheit« den Mund aufmacht, dabei auch noch Partei ergreift für den »Mob der Straße«, sogar selbst den einen oder anderen Pflasterstein gar nicht klammheimlich in der Hand wiegt, das ist für demokratische Politiker, die dies möglichst bleiben wollen, bedenklicher als jede begrenzte und damit als Minderheitenaktion diskriminierbare »Randale«. Wenn das – und sei es auch nur in der Zone – Schule machen würde! Unvorstellbar! Dann entfiele glatt die bequeme Tour, sich beim Fertigmachen von nicht geduldetem Protest auf ein Volk verlassen zu können, das sich, zwar geil aufs Zuschlagen, aber schon vor Vergnügen bepißt, wenn es dabei nur zuschauen kann.

Das Verhältnis der Zonis zu ihrer neuen Führung ist also im heißen Herbst 1992 noch gestört. Vor allem *nationalgefühlsmäßig*.

Die zwei durchgesetzten Unwahrheiten zur Asylpolitik:
Einfach zu viele und auch noch Scheinasylanten

Mehrheitlich sind sich die Bürger dieses Landes sicher, daß Asylanten nicht hierhergehören. Es sind nämlich Ausländer, sogar welche, die einfach ungebeten kommen. In der Regel reicht ihnen das. Die Unterscheidung zwischen In- und Ausländer hat ihnen schon immer eingeleuchtet und als Abschiebungsgrund gereicht.

Natürlich sagt der wohlerzogene Deutsche nicht einfach, daß die »Asys« hier nichts zu suchen hätten. Er hat gelernt, die staatliche Sortierung für sich zu *begründen*. Zu diesem Behufe hat er sich in den seit Jahren lancierten Übersetzungen, die es für das politische Anliegen gibt, eingerichtet. Die verwandeln regelmäßig das politische Ausgrenzungsinteresse entweder in ein globales bevölkerungspolitisches Anliegen, in eine nationale Notwendigkeit, der man sich leider nicht entziehen könne, oder in eine rein rechtshygienische Maßnahme zur Unterbindung von Grundgesetzverunreinigungen. Und drückt ein Reporter an irgendeinem Brennpunkt des einschlägigen Geschehens unter öffentlicher Anteilnahme auf einen Deutschen drauf, dann läuft's ganz flüssig aus ihm raus: Zu viele seien es eben und einen Mißbrauch mit dem Asylgrundrecht trieben sie, die Flüchtlinge. Das sind nun einmal die Standardargumente. Alles anderes ist Bebilderung. Man hört beide Urteile aus ein und demselben Mund in beliebiger Reihenfolge. Widersprüche interessieren ebensowenig wie konträre Tatsachen. Es sind auf Unanstößigkeit bedachte Übersetzungen, die man nicht mit Begründungen verwechseln darf.

Trotzdem und weil dem bürgerlichen Verstand diese Unterscheidung nicht sehr geläufig ist, er nicht etwa glaubt, was er geprüft hat, sondern alles daraufhin prüft, ob es seinem Glauben entspricht, kommt man um die Prüfung nicht herum.

1. Einfach zu viele

Es werden einfach zu viele Ausländer bzw. Asylbewerber. Natürlich hat man nichts gegen Ausländer und findet auch die Bilder aus Rostock ganz fürchterlich, aber es werden einfach zu viele.
Gegenfrage: Wie viele dürfen es denn sein? 100.000, 200.000, 2 Mio.? Insgesamt oder pro Jahr? Wer entscheidet das und nach welchen Kriterien? Wie viele sind es denn eigentlich gegenwärtig, die da zu viel sind? Und welcher Statistik soll Glauben geschenkt werden? Kontrollieren läßt sie sich ohnehin nicht. Sollen dabei alle Ausländer gezählt werden, vom diplomatischen Corps, US-GIs über die Repräsentanten von IBM, Sony und Seat bis hin zu Andi Herzog, Antony Yeboah und zu den türkischen Gastarbeitern, die »uns Deutschen« die Dreckarbeit abnehmen? Oder sollen gleich nur die armen Schlucker gezählt werden, die die Frechheit haben zu kommen, obwohl sie weder von deutschen Unternehmen noch von Politikern gerufen worden sind?

Schon mal die Gegenrechnung gemacht? Wie viele Ausländer freiwillig oder unfreiwillig jährlich Deutschland verlassen. Was wäre denn, wenn mehr Menschen – übrigens einschließlich der flüchtenden Deutschen – jährlich das Land verließen, als andere hier um Asyl bitten? Wären es dann nicht mehr zu viele?

Sollte die Vermutung vielleicht nicht ganz von der Hand zu weisen sein, daß es auf die Größenordnungen ohnehin nicht ankommt, sich Zahlen nur gut machen, um sich den Eindruck der Überbevölkerung noch einmal quantitativ zu präsentieren? Obwohl das natürlich keine Zahl leistet – und sei sie noch so vielstellig!

Schon mal überlegt, wie der Eindruck von Überbelegung eigentlich entsteht? Vielleicht dadurch, daß Asylbewerber in Zelt- und Containerdörfer gestopft werden, Roma wochenlang auf Grünflächen lagern müssen?

Was ist eigentlich, wenn sich 1.000 Studenten um 250 erschwingliche Studentenbuden prügeln? Handelt es sich dann um einen Fall von *Überbelegung* oder um einen Fall von *Unterversorgung?* Sind dann die Studenten zuviel? Natürlich nicht: es sind zu wenig bezahlbare Wohnungen da. Das ist der Mißstand, den es zu beheben gilt, sagt jeder Student. Zu Recht!

Komisch, wenn den Asylbewerbern kein anständiger Wohnraum – den es im übrigen erstens gibt und den man zweitens mit Leichtigkeit schaffen könnte, wenn man wollte – zur Verfügung gestellt wird, dann sind immer sie zuviel. Dann heißt es nicht: Um dem Ansturm der nächsten Jahre aus dem Osten gewachsen zu sein, müssen wir schnell ein Wohnungsbauprogramm auflegen oder alle, z.b. aus Spekulationsgründen leerstehenden Wohnungen requirieren. Dann heißt es: Die Asylantenzahlen müssen drastisch reduziert werden.

Warum mal so und mal so? Klare Sache: Nicht an *Wohnungsnot* wird Maß genommen. Das Recht auf eine Wohnung hierzulande steht natürlich nur Deutschen zu. Nur *deutsche Wohnungsnot* zählt. Das meinen wenigstens Deutsche – und täuschen sich selbst noch darin: Ihr Recht auf Wohnung besteht auch nur darin, sich auf dem Wohnungsmarkt nach Maßgabe ihres Geldbeutels in die Konkurrenz mit den übrigen Nachfragern zu begeben. Was das heißt, wissen nicht nur Studenten. Ausländer sind nicht einmal im Besitz dieser Rechte; wenigstens die nicht, die ungebeten hierherkommen. Warum? Weil sie hier unerwünschte Ausländer sind! Und nicht, weil es an Wohnraum fehlt.

Deshalb wird auch ihre (Nicht-)Unterbringung als Beleg dafür, daß sie zuviel sind, *inszeniert*. So einfach ist das: Es sind nicht einfach zu viele im Verhältnis zum vorhandenen Wohnraum, sondern umgekehrt: weil sie für überzählig befunden werden, deshalb werden sie auch nur so untergebracht, daß jedermann sehen kann, daß sie hier nicht bleiben können.

Beim Geld ist es dasselbe: Erst wird der Etat für sie knapp angesetzt und dann wird damit bewiesen, daß kein Geld für Asylanten da ist.

Zu viele Ausländer gibt es also nur deswegen, weil Ausländer einer bestimmten Sorte hier unerwünscht sind. Darauf reduziert sich das ganze Gejammer, das mit hergestellten Mangelsituationen »objektiv« gemacht werden soll. Man möchte den Schein schon wahren, daß einem das Elend dieser Kreaturen schwer am Herzen liegt. Nur Nationalisten fällt ein, daß bei ein und derselben Wohnungsnot für *Deutsche* Wohnungen gebaut, *Ausländer* jedoch abgeschoben werden müssen.

Globale Bevölkerungspolitik

Wenn die Asylbewerber hier erst einmal zuviel sind, dann werden gute Deutsche von einem erdballumspannenden Verantwortungsbewußtsein gepackt: Besonders Grüne legen sich die Frage vor, wie denn mit den Millionen von Flüchtlingen, die wir wirklich nicht alle bei uns unterbringen können, umgegangen werden muß. Unter Zuhilfenahme von Atlanten und viel geostrategischer Phantasie werden geistig Flüchtlingsströme dirigiert und Fluchtanliegen nach ihrer Fluchtberechtigung zensiert. Wer sich an dem Spiel nicht beteiligt, gilt als Zyniker, dem das Elend der Menschen gleichgültig sei.

Dabei könnte es gerade den linken Gewissenswürmern, die die Ausbeutung der 3. Welt durch die 1. Welt gar nicht genug geißeln können, einleuchten, daß sie ihre hübschen bevölkerungspolitischen Rechnungen ganz ohne jene Wirte machen, nach deren Kalkulationen Bevölkerungen verschoben werden. So etwas wie »vernünftige Bevölkerungspolitik« mag es vielleicht geben, doch nicht in einer Welt, in der die Menschheit nach In- und Ausländern sortiert wird; in der über diese Sortierung Völkerschaften als Material zur Austragung der Konkurrenz zwischen staatlichen Gewaltmonopolen aufbereitet werden; deren Resultate dafür sorgen, daß inzwischen in den meisten Gegenden auf diesem Planeten den Menschen die Bedingungen ihrer Subsistenz genommen worden sind. Es ist wirklich die Frage, wer da zynisch ist: derjenige, der sich dazu hinreißen läßt, über erdballumspannende Besiedelungskonzepte nachzudenken – die in der Regel nicht einmal von dem durchaus vernünftigen Anliegen getragen sind, die Erde als Mittel zur Verbesserung der Lebensbedingungen der Menschen zu erhalten und auszubauen –, und der dabei einfach einmal unterschlägt, daß die um die Neuordnung der Welt streitenden Mächte so etwas nicht dulden würden. Oder derjenige, der es ablehnt, sich an einem Spiel »Ich bin der Herr der Welt« zu beteiligen, das nur deshalb als Beitrag zur Beendigung von Flüchtlingselend ausgegeben werden kann, weil es von den gültigen Regeln des Weltmarkts und der imperialistischen Staatenkonkurrenz nichts wissen will.

2. Mißbrauch des Asylrechts

Das Asylrecht wird durch Wirtschaftsflüchtlinge mißbraucht. Politisch Verfolgte dürfen natürlich hierbleiben.

Es paßt gut in die Landschaft, wenn der verlogenen Beteuerung, man könne nicht so viele aufnehmen, obwohl man es ja eigentlich für seine moralische Pflicht hält, das – erste – Dementi auf dem Fuß folgt. Wer einen Mißbrauch des Asylrechts durch aktuell mindestens 95% der Asylbewerber beklagt, der spricht der »Asylantenflut« von vorneherein jegliches Bleiberecht ab. Wozu muß der eigentlich eine Wohnraumfrage wälzen, die ihre Wucht nur dadurch erhält, daß man sich um Wohnraum für 100% der Asylbewerber fiktive Sorgen macht? Wer nur »politisch Verfolgte« akzeptiert und Wirtschaftsasylanten das Recht auf Asyl verwehrt, der *will* sie nicht aufnehmen. Sein Bedauern darüber, daß er nicht alle aufnehmen *kann,* ist folglich doppelt verlogen.

Auch das zweite Dementi ist damit ausgeplaudert: Die Unterscheidung zwischen asylberechtigtem und asylunberechtigtem Elend widerruft die Behauptung, daß es den Deutschen um Elendsbewältigung geht, wenn sie ihre Sorge um Unterkunft und Lebensunterhalt für Asylanten leider einstellen müssen, weil es eben zu viele sind. Elend ist dann eben nicht gleich Elend: Da zählt der Knast mehr als der drohende Hungertod, die Verfolgung durch einen Diktator mehr als die Aussicht auf ein Leben auf der Müllkippe. Man muß über den Art. 16 II.2 des GG, der nur den »politisch Verfolgten« gilt, gar nicht viel mehr wissen als eben dieses von Anfang an in ihm enthaltene Anliegen, zwischen berechtigtem und unberechtigtem Elend zu differenzieren, um sich alle Sympathie mit diesem Grundrecht abzuschminken. Man muß sich also eigentlich gar nicht mehr die Frage vorlegen, wie denn im Einzelfall die politische Verfolgung von dem Wirtschaftsasylantentum zu unterscheiden ist; zumal der Begriff des »Wirtschaftsasylanten« verrät, daß ein objektiver Befund über die Fluchtursache gar nicht ermittelt werden soll. Zählt bei »politischer Verfolgung« nur die Fluchtursache, da wird mit dem »Wirtschaftsasylanten« nur der Fluchtzweck angegeben, der selbstredend als egoistisch, materialistisch, parasitär usw. zu verurteilen ist.

Trotzdem: Wer hat schon mal die Asylbewerber durchsortiert? Und mit welchem Erfolg? Was ist mit den rumänischen Roma? Was mit Afrikanern, sofern die es überhaupt bis nach Europa schaffen? Was mit Afghanen? Was mit den Kurden? Wer von ihnen ist denn politisch verfolgt und wer ist Wirtschaftsflüchtling?

Da vertreibt der von oben gebilligte Rassismus im rumänischen Volk die Roma. Die werden dort von ihren Landsleuten nämlich für die Notlage der Rumänen verantwortlich gemacht! Das schafft dem rumänischen Staat Sozialfälle vom Hals. Alles ohne offiziellen antiziganistischen Vertreibungsbeschluß der rumänischen Obrigkeit. Der von der Politik geduldete Volksrassismus produziert Elend und mündet in Flucht. Worum handelt es sich? Um Wirtschaftsasylanten, die den Art. 16 mißbrauchen, oder um politische Flüchtlinge? Schwierige Frage, wenn man sich einmal auf diese Unterscheidung einläßt. Für deutsche Behörden ist der Fall klar: In ihrer übergroßen Mehrheit sind es Scheinasylanten. Beleg: Nur 0,2% von ihnen werden als politische Flüchtlinge anerkannt. Von wem? Natürlich von denselben deutschen Behörden, die die Roma nicht haben wollen. Praktisch: Die Ausländerpolitiker *berufen* sich auf Beweise, die sie *selber herstellen*.

Und die Afrikaner, die in ihrem Heimatland existentiell gefährdet sind, weil ihre Regierung das Land von westlichen Multis hat ausplündern lassen? Politische oder Scheinasylanten? Sie möchten nicht das Schicksal ihrer Landsleute teilen, die Hungers sterben. Klarer Fall: Scheinasylanten. Daß es zu diesem Schicksal nur kommt, weil an der Macht befindliche afrikanische Politiker sehr dafür waren und weiterhin sind, daß ihr nationaler Reichtum abtransportiert und in den westlichen Metropolen zu Kapital gemacht wird, spräche dagegen schwer für politische Fluchtgründe. Das macht aber nichts: Denn jedermann weiß, daß die nur »unser Geld« wollen. Weshalb stellen sich einige denn mehrmals bei den Ämtern an? (Auch ein lustiger Beleg:

Erst sorgen die Behörden dafür, daß Asylbewerber von der Sozialhilfe nicht leben können, und dann werden alle kümmerlichen Versuche, an etwas mehr Geld zu gelangen, sofort als Beweis für den Asylrechtsmißbrauch gewertet.) Und die Afghanen? Vor kurzem noch hatten sie eine der höchsten Anerkennungsquoten von bis zu 35%. Die sinkt zur Zeit schnell, obwohl in Afghanistan immer noch verfolgt, geschossen und gehungert, also auch gestorben wird. Ginge es um eine objektive Ermittlung der Fluchtursachen, wären politische von wirtschaftlichen Gründen erstens auch hier kaum zu scheiden und hätten sich zweitens in den letzten Jahren gar nicht groß verändert. Was ist da passiert? Ganz einfach: Die Kommunisten sind dort nicht mehr am Ruder; eine SU, die daran weiterhin ein Interesse haben könnte, gibt es auch nicht mehr. Folglich verliert der Westen erst einmal sein Interesse daran, die politische Verfolgung in Afghanistan zu geißeln. Daran liegt den westlichen Ausländerpolitikern nur dann etwas, wenn sie über die Anprangerung von Fluchtbewegungen unliebsame Staaten angreifen, ihnen Vergehen gegen die Menschenrechte und ihnen damit ihr staatliches Existenzrecht absprechen können. Hat diese Einmischungspolitik, die in Afghanistan mit Waffenlieferungen flankiert wurde, Erfolg, dann interessiert das Elend der Menschen – egal ob es gleich bleibt oder gar schlimmer wird – nicht mehr. So werden aus gehätschelten Freiheitskämpfern, die hier selbstverständlich politisches Asyl genießen, in kurzer Zeit Wirtschaftsasylanten, die hier nichts verloren haben.»Menschenschicksale« kürzen sich heraus, weil es um sie dabei noch nie gegangen ist.

Die Kurden: Angeblich verfolgt die türkische Regierung nur die PKK. Daß dabei Tausende der sogenannten kurdischen Zivilbevölkerung umkommen, das läßt sich, sagt sie, nicht vermeiden. Wo gehobelt werden muß, da fallen Späne. Auf jeden Fall zählen diese gewöhnlichen Kurden schon mal nicht zu den politisch Verfolgten, weil der – mit Hilfe von deutschem Gerät geführte – Krieg gar nicht ihnen gilt. Wenn sie deswegen Haus und Hof, Arbeit und Arbeitsvermögen verlieren, dann sind sie allenfalls Wirtschaftsflüchtlinge, die ohnehin nicht unter Art. 16 fallen. Außerdem wären sie in der Westtürkei – sagen deutsche Gerichte – sicher! Und die Kurden der PKK? Wer von denen den türkischen Militärs und Geheimdiensten durch Flucht nach Deutschland zu entkommen versucht, hat der wenigstens eine Chance als politischer Verfolgter anerkannt zu werden? Wer sich an den Umgang deutscher Behörden mit inländischen Kommunisten erinnert (KPD, K-, ML-Gruppen, PDS), wird daran seine Zeifel haben, obwohl der Sachverhalt der politischen Verfolgung eindeutig ist. Doch haben diese Kurden für deutsche »Entscheider« zwei Mängel: Erstens ist der Verfolgungsgrund der türkischen Stellen einer, für den der deutsche Staat sehr viel Verständnis aufbringt, weil er ihn selber kennt und praktiziert. So lautet z.B. ein neues Urteil: Es handele sich bei den Massakern gegen Kurden nicht um politische

Verfolgung, da der türkische Staat sich nur gegen die Angriffe der PKK auf seine Souveränität wehrt. Und bei Bürgerkriegsparteien greift das Asylrecht nicht. Und zweitens gehört der Verfolgerstaat zu den verbündeten Staaten und ist schon deswegen ziemlich prinzipiell nicht zu der Gruppe der offiziellen Verfolgerstaaten zu rechnen. Beleg: Wäre die Türkei denn sonst in der NATO? Würden »wir« ihr denn sonst Waffen liefern? Folglich liegt auch hier keine echte politische Verfolgung vor. Es sei denn, die Türken machen sich irgendwie mausig, geraten mal wieder in die diplomatische Schußlinie Deutschlands, oder es findet sich in der Region ein noch Böserer, der Saddam Hussein heißt, und ebenfalls Kurden auf seinem Staatsgebiet »beherbergt«. Dann werden vorübergehend mal wieder einige Kurden als Opfer der Türkei oder von Saddam anerkannt. Sonst aber bleibt es dabei: Würde die PKK nicht mehr gegen türkische Unterdrückung aufmucken, sondern Ruhe geben, dann würde sie auch nicht mehr verfolgt; und deutsche Gerichte müßten sich nicht immer wieder neue Gründe dafür ausdenken, daß politische Verfolgung bei diesen Kurden keine ist.

Politische Verfolgung, das ist also für die deutschen Ausländerbehörden nicht eine Sache, die in fremden Ländern *passiert,* sondern eine *Definitionssache* der hiesigen Ausländerpolitik. Ein echter politisch Verfolgter ist jeder, der das Glück einer Heimat besitzt, die Deutschland gar nicht leiden kann. Und zuviel sind alle diejenigen Asylanten, die das Pech haben, aus einem Land zu kommen, das vom Fluchtland Deutschland zum Freund erklärt worden ist. Das reicht dann für die Feststellung, daß sie einen anerkennenswerten Fluchtgrund gar nicht besitzen können. »Du hast bloß Hunger?« verkündet dann die Ausländerbehörde. »Das tut uns zwar leid, aber das reicht nicht. Wir brauchen ein Elend, mit dem wir etwas anfangen können auf der Welt, das sich außenpolitisch zur Einmischung in die inneren Angelegenheiten anderer Staaten benutzen läßt. Deine Verfolgung durch Kräfte, die Dir alle Überlebensmittel wegnehmen, ist für uns allein noch kein Grund, Dich als Asylanten anzuerkennen. Du mußt Dir schon einen Verfolger aussuchen, mit dem wir weltpolitisch noch ein Hühnchen zu rupfen haben, wie mit Kuba, Nordkorea, Irak usw. Dann bist Du uns als politisch Verfolgter willkommen. Selbstverständlich auch dann, wenn Dich vielleicht wirklich nur der Wunsch nach besseren Überlebenschancen hierhergetrieben hat.«

Einleuchten kann diese Unterscheidung nur Nationalisten, die sich von der Regierung diktieren lassen, wer ihre Freunde und wer ihre Feinde sind.

Über die objektiven Ursachen der Schwierigkeit, zwischen politischen und ökonomischen Fluchtgründen zu unterscheiden

Es hat seine Gründe, warum man sich schwer damit tut, zwischen politischen und ökonomischen Fluchtgründen zu unterscheiden.

Natürlich gibt es die *politische Verfolgung*. Dort wo der Kritiker der bzw. der Konkurrent um die Herrschaft weder als Konkurrent noch als Kritiker weiter zugelassen ist, da bleibt ihm oft nichts anderes als der Weg in den Untergrund oder die Flucht ins Ausland, wenn er seine Haut retten will. Der politische Dissens ist der Inhalt der aufgemachten Gegnerschaft und der Grund für die Verfolgung. Beschlagnahme von Konten oder Enteignungen, also wirtschaftliche Repressalien sollen dabei dem Gegner die Mittel für seinen Kampf rauben.

An jedem *wirtschaftlichen* Elend von Menschen – nicht von Bilanzen –, das in der 1., 2. oder 3. Welt anzutreffen ist, haben aber mit Sicherheit *politische* Kräfte gedreht. Politische Verfolgung und Flucht, etwa die von Marcos aus den Philippinen oder dereinst die von Gorbatschov aus Rußland, ist gut ohne wirtschaftliches Elend solcher Flüchtlinge vorstellbar. Umgekehrt aber gibt es keine ökonomische Verarmung, die nicht in der einen oder anderen Weise das Werk von »politischer Verfolgung« wäre:

– Menschen in der 1. Welt verarmen oder gehen gesundheitlich vor die Hunde, weil sie ein Leben lang ihren Bedarf an Lebensmitteln laut gesetzlicher Vorschrift nur über den Kauf von Waren stillen dürfen, ob sie nun Geld besitzen oder nicht, ob sie nun Arbeit finden oder nicht, weil sie als Heer von Arbeitslosen sozialstaatlich in Reserve gehalten werden, weil sie mit dem Staat einen Solidarpakt schließen müssen, ohne gefragt zu sein, weil sie unter der Aufsicht von Gesundheitsbehörden ihr Leben stückweise in der Fabrik lassen oder weil ihnen staatlich verordnete MAK-Werte eine Luft, ein Wasser, Lebensmittel oder vier Wände bescheren, die verseucht sind.

– Menschen in der 2. Welt verarmen, weil sie neuerdings die staatlich freigesetzten Preise der Lebensmittel nicht mehr zahlen können, weil viele Lebensmittel zu kaufkraftbezogenen Preisen nicht mehr auf den Markt kommen und dies als Recht des freien Unternehmertums abgesegnet ist, weil die Sicherung von weltmarktfähiger Produktion zur Abschaffung des Rechts auf Arbeit, also zu Massenarbeitslosigkeit geführt hat, die kein »soziales Netz auffängt« und was der Schönheiten der staatlich eingeführten Marktwirtschaft mehr sind.

– Menschen in der 3. Welt verarmen, weil sie von ihren ohnehin schon armseligen Subsistenzgründen mit Armee und Polizei gewaltsam vertrieben werden, wenn das Land für ein kapitalistisches Projekt gebraucht wird, weil es für sie nur Arbeit gibt, wenn der Drittweltstaat einem Multi lohnende Konditionen für eine Kapitalanlage einräumt, weil sie deswegen von solcher

Arbeit auch nicht leben können und weil ihre Staatsführung kein Interesse daran hat (bzw. per IWF-Auflage haben darf), Arbeitslose auch ohne ihren Dienst als Lohnsklaven für auswärtiges Kapital wenigstens arbeitsfähig oder am Leben zu erhalten.
– Menschen der 4. Welt verhungern, weil sie von den Staaten der 1. Welt in jeder Hinsicht nicht mehr gebraucht werden, was ihre Führungen am Ausbleiben der Kredite merken, wodurch die Mittel zur Aufrechterhaltung ihrer nationalen Führungsrolle schrumpfen und jenes »Chaos« und kollektive Verhungern produziert wird, das dann, wie in Somalia, die USA und UNO betreuen.

Ohne die politische Gewalt all dieser Staaten tritt kein Arbeiter seinen lebenslangen Gang in die Fabrik an, der für den Fabrikherrn lohnend ist, sucht keine Ware auf dem Weltmarkt eine Zahlungskraft, die dem Verkäufer den Profit sichert, geht kein Kredit über den Banktresen, der nicht das Finanzkapital bedient, wird kein Schuldner unter Zugzwang gesetzt, der ihn Unternehmen, Staaten oder Staatengemeinschaften ausliefert. Um Menschenquälerei geht es bei dieser Sorte von staatlicher »Verfolgung« und Beihilfe zu funktionaler und dysfunktionaler Armut nicht. Es geht um Kapitalreichtum und seinen Einsatz für Erfolge in der Staatenkonkurrenz. Das Elend, das dabei angerichtet wird, ist ein oft sogar von den Tätern bedauertes Resultat, das – je nach Weltgegend – zugleich notwendiges Mittel der dauerhaften Aneignung von fremdproduziertem Reichtum ist.[5]

Ich habe persönlich gar nichts gegen Ausländer, aber...

Wenn deutsche Bürger der Asylanten-raus-Politik den Zuschlag erteilen, dann wissen sie nicht nur, warum die für Deutschland unabdingbar ist. Sie wissen auch, daß es sich gehört, jeden Vorschlag zur Eliminierung der »Kanaken-Flut« mit der Beteuerung zu beginnen, daß sie persönlich gar nichts gegen Ausländer hätten.
Wer hat schon etwas persönlich gegen sie? Gar gegen die Ausländer. Was sollten Frey und Schönhuber gegen Le Pen haben? Wer kennt denn schon persönlich Ausländer? Den einen und den anderen vielleicht, der ist zumeist die Ausnahme von der Regel, daß »uns die Asylantenflut zuviel wird«.
Das Bekenntnis, das heute der Einleitung jeder Ausländerbeschimpfung einen guten Ton verleihen soll, ist ein Stück Wahrheit und eine Lüge zugleich.

Die Wahrheit

Die Wahrheit besteht darin, daß kein Mensch von sich aus auf die Idee kommt, seine Umgebung nach Inländern und Ausländern zu sortieren. Das Leben in der Nachbarschaft und in der Kneipe, im Verein und im Betrieb, beim Einkaufen, beim Vergnügen und im Urlaub wird nach privater Sympathie und privater Nutzenkalkulation durchgemustert. Da gilt die Devise, daß derjenige Ausländer »dazugehört«, der im Betrieb zupacken und nach Feierabend einen Schluck vertragen kann. Da kommt es schon einmal in der Nachbarschaft zu einer Freundschaft mit einem Ausländer, der beim Umzug freiwillig mitgeholfen oder mit wenigen Handgriffen eine Motorpanne behoben hat. Da ist das Gemüse beim Türken an der Ecke immer frisch und nicht teurer als im Supermarkt. Außerdem soll es schon einmal vorgekommen sein, daß sich auch Bürger mit unterschiedlichem Paß ineinander verknallen, die zunächst einmal keine Ahnung davon haben, daß die Person ihrer Wahl gar nicht zu den Deutschen zählt. Der Liebe, die bekanntlich fällt, wohin sie will, ist der sehr prinzipiell gedachte Auftrag der obersten Paßbehörde, allem Ausländischen gegenüber mit einer Portion Vorsicht – die darf sich durchaus als Verständnis und Toleranz vortragen – zu operieren, zunächst völlig wurscht.

Das Alltagsleben macht Sorgen, deren inländische Verursacher ebenso bekannt sind wie der Umstand, daß sie Ausländer genauso plagen. Der Alltag bereitet auch die eine oder andere Freude, der ihre in- oder ausländische Herkunft keinen Abbruch tut. Die Ausländer werden eben hierzulande immer dann, wenn ihnen der Aufenthalt erlaubt ist, in dieselben Dienstverhältnisse eingespannt, in denen ihre deutschen »Kollegen« sich um ihr Einkommen kümmern dürfen. Für den Arbeiter oder Mieter, Einkäufer oder Verkäufer, den Produzenten oder Konsumenten, Schüler oder Lehrling, Verkehrsteilnehmer oder Klienten des Sozialstaats usw. ändert die Staatsbürgerschaft erst einmal wenig. Da gilt für In- und Ausländer gleichermaßen, daß sie sich nur unter der Bedingung um ihren Vorteil bemühen dürfen, daß der *ökonomische* von Betrieben oder der *politische* von öffentlichen Einrichtungen gesichert ist. Die besondere Rechtsstellung, an der man den Ausländer erkennt, betrifft die Vorsorge für den Fall, daß hierzulande – aus welchen Gründen auch immer – an seinem Dienst kein Interesse mehr besteht. Sie regelt allein das Verhältnis des Ausländers zum deutschen Staat, nicht aber das des türkischen Arbeiters zu seinem deutschen Arbeitskollegen.

Die Parole der Gewerkschaft »Mach' meinen Kumpel nicht an!« formuliert diese Wahrheit, daß die politische Sortierung nach Staatszugehörigkeit die staatenübergreifende Klassenzugehörigkeit nicht aus der Welt schafft, wenngleich sie von der Gewerkschaft anders gemeint ist. Sie wendet sich nämlich gegen bzw. an inländische Arbeiter, die ihre »private Identität« längst an die staatspolitische Sortierung der Menschen nach dem Paß gebunden haben, ohne deren Nationalismus angreifen zu wollen.

Damit ist man denn auch schon bei der Lüge des ausländerfreundlichen Bekenntnisses.

Die Lüge

Heutzutage hat man nichts gegen Ausländer, wenn man sich zur deutschen Asylpolitik bekennt, die ausnahmslos allen ausländerfeindlichen Parolen Nahrung und Auftrieb gegeben hat und an »feindlichen Aktionen« gegenüber Asylbewerbern alles in den Schatten stellt, was sich deutsche Bürger in dieser Richtung haben einfallen lassen.

Eine Art Ablaß wird mit diesem tugendhaft gemeinten Introitus angestrebt, der durchaus aufklärerische Seiten hat: Der Zustimmung zur herrschenden Asylpolitik soll ein unpersönlicher, eben *sachlicher* Anstrich verliehen werden. Nicht durch feindliche Gefühle, sondern durch ein nachvollziehbares Gebot der nationalen Sache soll das große »Aber« diktiert sein. Dabei hat die ganze Asylpolitik ohnehin nichts mit sachfremdem Gefühl, etwa mit einem blindwütigem Haß oder so zu tun. Ganz sachlich haben deutsche Politiker beschlossen, daß sie mit den Asylbewerbern hier nichts anfangen können, sie deswegen zuviel sind und zu gehen bzw. gar nicht erst zu kommen haben. Ganz sachlich werden davon die Ausnahmen beschlossen: »Politisch Verfolgte« werden akzeptiert. Bestimmte Kontingente von »Gastarbeitern« zur Erntezeit verweisen ebenfalls darauf, daß in der Ausländerfrage nur an der nationalen Sache orientierte Entscheidungen gefällt werden. Dieser so entlarvende Auftakt der Zustimmung zum »Asylanten-raus«-Programm grenzt sich folglich von Motiven ab, die das staatliche Programm gar nicht bestimmen.

»Ich habe persönlich nichts gegen Ausländer, ...«: Diese Einleitung gibt erschöpfende Auskunft darüber, daß die Entscheidung zwischen dem Sicheinrichten in all jenen alltäglichen Dienstobliegenheiten, die das Staatsbürgerdasein mit sich bringt, und der staatlichen Aufforderung, sich zu seinem Inländer-, also Deutschtum auch noch zu bekennen, gefallen ist. Der begriffslos angeführten Wahrheit, daß dem Bürger allemal das Hemd des zu jeder Durchwurstelei genötigten eigentumslosen Einkommensbeziehers näher ist als die mit dem Status als Inländer verbundene Ernennung zum Repräsentanten der staatlichen Durchmusterung der Welt nach Freund und Feind, ist eine klare Absage erteilt worden: »..., aber was zuviel ist, ist zuviel!«

Undeutsch
Die Jungmannen der CDU aus Saarbrücken sind flott. Noch hat es sich auf den Straßen in Lichtenhagen nicht beruhigt, da wissen sie bereits, daß hier nur undeutsche Elemente am Werk gewesen sein können: »Diese Kriminellen drücken nicht den Willen der Deutschen aus, sondern erweisen sich im Gegenteil als unwürdig, die deutsche Staatsbürgerschaft, die neben so vielen Freiheiten auch die Pflicht zur Gesetzestreue bedeutet, zu führen.« (FR 28.8.)
Das ist doch mal eine Klarstellung:
1. Die deutsche Staatsbürgerschaft zu besitzen, ist kein staatlicher Zwangsakt, sondern eine den Bürgern zuteil werdende *Ehre*. Deutscher zu sein, ist bereits des Lebens höchstes Güter eines. Sich von einer Staatsbürgerschaft etwas für das eigene Leben zu versprechen, geht an der Sache vorbei.
2. Dieser Ehre muß man sich *würdig* erweisen. Dafür darf man es an Gesetzestreue nicht fehlen lassen. Deutscher zu sein, bedeutet loyal dem Gesetz zu dienen. Dies ist wichtig, denn bei den »vielen Freiheiten« ist die Gefahr, sich in Haltlosigkeit zu verlieren und dabei glatt am wahren Deutschtum vorbeizuschrammen, naheliegend. Hält man sich dagegen an die Pflicht zur Gesetzestreue, dann kann man bei den vielen Freiheiten nichts verkehrt machen.
3. Wer die Gesetze nicht achtet, der hat die Ehre der deutschen Staatsbürgerschaft nicht verdient. Der wird nicht etwa mit Schimpf und Schande aus der deutschen Staatsbürgerschaft entlassen. Vielmehr hat so einer als *undeutsches* Element behandelt zu werden. Mindestens müssen ihm alle deutschen Rechte abgesprochen werden. Den Schutz des deutschen Gesetzes hat so einer dann auch nicht verdient. Wie ein *Ausländer* darf dieser Inländer im Inland behandelt werden!
4. Daß ein »Mindestmaß an Toleranz und christlicher Nächstenliebe unser Nationalbewußtsein prägen«, hat sich die Junge Union zu Herzen genommen. Sie weiß, daß Toleranz und Nächstenliebe dort ihre Grenzen haben, wo sie die deutsche Ehre verletzt sehen. Es ist eben das »Nationalbewußtsein«, das von diesen Tugenden geprägt wird.
5. Die Junge Union, Saarbrücken, hat sich also exakt zu dem Standpunkt vorgearbeitet, der die von ihr exkommunizierten Neofaschisten leitet: Undeutsche sind Freiwild. Die Einigkeit mit der faschistischen Sichtweise geht noch weiter: Auch die Neonazis kennen undeutsche *Deutsche,* für die dasselbe gilt: Linke, Behinderte und Homosexuelle. Sie ergänzen das von der Jungen Union in Anschlag gebrachte Kriterium der fehlenden Treue noch um das der geistigen und sittlich-biologischen Verunreinigung des deutschen Volkskörpers.

Anmerkung: Die Junge Union ist keine neofaschistische Tarnorganisaton. Sie ist die Jugendorganisation der Christlich Demokratischen Union (CDU), welche die aktuelle deutsche Regierung stellt.

SEPTEMBER

Die Rechtsruckdebatte

Jeder warnt jeden

Es ist etwas Merkwürdiges an dieser Debatte: Jeder warnt jeden vor dem Rechtsruck. Die Fundis warnen die Realos schon immer vor dem Rechtsruck der Grünen. Die Grünen und die SPD-Linke warnen die SPD vor einem Rechtsruck des Parteivorstandes. Die SPD-Führung warnt die Koalition, die FDP warnt die CDU vor dem Rechtsruck der CSU, der Spiegel warnt alle deutschen Parteien vor ihrem eigenen Rechtsruck und das Ausland, der Heilige Vater eingeschlossen, warnt Deutschland.

Dazu paßt die durchgesetzte Diagnose:

»*Die Republik rückt nach rechts – aus Angst vor dem Rechtsruck.*« (Spiegel 41/92,20)

Demnach *ist* keiner der Gewarnten rechts und *will* keiner rechte Politik betreiben. Jeder der Gewarnten soll bloß aus »Angst vor dem Rechtsruck«, nur »aus Rücksicht auf Gefühle im Volk« (Kinkel), nur um den »Republikanern die Protestwähler wieder zu nehmen«, um »Menschen, die sich sonst zum Teil auch aus Unsicherheit rechten Orientierungen zuwenden, wieder Halt und Orientierung« (SPD Hessen-Süd) zu geben, ein wenig mit rechten Positionen liebäugeln. Na klar, nur deshalb gibt's diesen Gestus des Warnens: Einen Frey, Schönhuber oder Neonazi kann man schlechterdings nicht vor »rechtem Fahrwasser« warnen. Der schwimmt drin, weil er drin schwimmen will. Die demokratischen Parteien dagegen – da ist sich die Journaille sicher – unterliegen allenfalls aus sehr ehrenwerten Motiven der Gefahr, in solches Fahrwasser abzudriften: aus Sorge um die Demokratie und weil sie den Anfängen wehren wollen, damit sich Weimar nicht wiederholt, um die Festigkeit und Überschaubarkeit der politischen Landschaft zu sichern, das gute Ansehen Deutschlands in der Welt zu festigen und um irregeleitete Teile des Volkes – z.B. die Zonis – politisch zu erziehen.

Die Parteien sehen sich gegen jede Gefahr gefeit: erstens weil sie Demokraten sind und als solche allenfalls eine taktische Stellung zu rechter Politik einnehmen und zweitens weil alle in dieser Demokratie immer wechselseitig aufeinander aufpassen. So gesehen gilt die offene und parteiübergreifende Debatte über die Gefahren des Rechtsrucks – der Spiegel hat wieder einmal großen Anteil daran – als bester Beleg dafür, daß er eigentlich nicht eintreten kann.

Was heißt da rechts?

Dumm ist nur, daß alles, was an Indikatoren für die Virulenz dieser *Gefahr* zusammengetragen wird, der politischen Programmatik der demokratischen Parteien entnommen ist, also *ihrem* politischen Willen entspricht. Und noch dümmer ist es, daß den von den Warnern angedeuteten politischen Alternativen schwer zu entnehmen ist, wieso sie eigentlich weniger rechts sein sollen.

Was wird da nicht alles vorgehalten und vorgeschlagen:
Parteien lassen in der Asylfrage die Zügel schleifen und geben damit den Rechten Auftrieb, statt zügig abzuschieben; sie fordern und beschließen neue staatliche Instrumente zur Lösung des Asylproblems, statt die alten effizient einzusetzen; sie erörtern die Abschaffung von Grundrechten, z.B. des Art. 16 des GG, statt sie zu verteidigen; sie führen sich gegenüber der rechtsradikalen Randale zurückhaltend auf, statt auf sie in derselben Weise draufzuschlagen wie auf die Linken; sie gehen auf kommunaler Ebene sogar Koalitionen mit Reps ein, statt an ihrem Verbot zu arbeiten; sie planen das Abhören von Privatwohnungen, statt potentielle Kriminielle nur zu observieren; sie lassen sich darauf ein, die Bundeswehr auf militärische Einsätze vorzubereiten, statt sich wie bisher um den Frieden verdient zu machen, beispielsweise durch die Finanzierung von Polizeischulen und den Export von Waffen, die nur zu Verteidigungszwecken eingesetzt werden dürfen; sie bereiten die undemokratische große Koalition vor, statt auf das bewährte Prinzip von Regierung und konstruktiver Opposition zu setzen.

Das Dilemma rechter Politik im Kampf gegen rechts

Da sind die bürgerlichen Parteien in einer echten Zwickmühle. Gerade hinsichtlich der »Lösung des Asylproblems«, aber nicht nur in dieser Frage, gibt es zur Zeit keinen *Vorschlag* – von der Grundgesetzänderung über das Einwanderungsgesetz bis hin zur Erpressung der Herkunftsländer –, der nicht den ungeteilten Beifall der Rechtsradikalen fände. Und für alles, was gegenwärtig *getan* wird, gilt dasselbe: Asylbewerber aus den Städten und Gemeinden in grenznahe Sammellager zu verlegen, die Bundesämter mit genügend Entscheidern zur Ablehnung der Bewerbungen auszurüsten, dafür u.U. ausgediente Militärs einzusetzen, die Bundesgrenzschutzpräsenz an der Ostgrenze zu erhöhen, straffällig gewordene Bewerber sofort abzuschieben, Fluggesellschaften zu bestrafen, die den Visumzwang nicht kontrollieren, im Kampf gegen Schlepper den Asylanten kein Geld in die Finger zu geben, dafür in den Heimen Naturalien auszuteilen usw. Na endlich, sagen die Rechtsradikalen und sehen sich in ihrer Randale, die immer auch den Politikern Beine machen soll, bestätigt.

Den Rechten *nicht* zuzuarbeiten ginge in der Tat nur mit einer Ausländerpolitik, die weder für die SPD, noch für die CDU/CSU oder die FDP in Frage käme. Da müßten sie Deutschland doch glatt zum Einwanderungsland erklären, die »Wirtschaftsasylanten« ebenso begrüßen wie die »politischen Flüchtlinge«, ein Wohnungsbauprogramm auflegen und sich mit Schulen, Multikulturzentren, Versorgungsleistungen und Arbeitsplätzen den Ruf erwerben, ein ausgesprochen flüchtlingsfreundliches Land zu sein. Das geht natürlich nicht. Halten sie dagegen am Ziel der Asylpolitik fest, setzen sie sich immer wieder dem Verdacht aus, den Rechten zuarbeiten zu wollen.

Dabei ist dieser Verdacht ganz falsch und auch der Opportunismusvorwurf liegt ziemlich daneben: Die deutschen Politiker haben nicht vor, Rechtsradikalen Auftrieb zu geben. Seit wann *befördern* sie schon die *politische Konkurrenz?* Sie beabsichtigen auch nicht, ihnen durch die *Übernahme* von Forderungen das Wasser abzugraben. Sie wollen »nur« die Asylbewerber los werden. Sie haben gar nicht vor, auf die rechtsgewirkten »Gefühle im Volk *Rücksicht* zu nehmen«, sie wollen »bloß« die Asylbewerber hinausbefördern – damit es nicht die Rechte im Besitz der demokratischen Macht tut.

Abgrenzung gelungen:
Der Kampf gegen rechts räumt jeden Verdacht aus!

Die Lösung des Dilemmas deutet sich bereits an. Sie verfolgt zwei Wege:
Einerseits erklärt man den Kampf gegen die rechtsradikale Gefahr zum neuen politischen Schwerpunkt. Man schmiedet demokratische Einheitsfronten – möglichst unter Einschluß von Grünen und unverdächtigen Subjekten aus dem Bündnis 90 – gegen Neonazis und sorgt außerdem dafür, daß die nicht immer nur auf Bewährung verknackt werden. Das räumt dann den Verdacht aus, die eigene Asylpolitik sei oder beabsichtige gar eine Begünstigung der Rechtsradikalen.

Andererseits muß man zu verstehen geben, daß man sich schweren Herzens von seinem erzdemokratischen Populismus trennen wird, wenn alle Umfragen ergeben, daß die rechtsradikalen Parolen beim eigenen Volk immer beliebter werden. Wenn gar nicht die Glatzen und rechten Gangs die Gefahr sind, sondern »die dahinter verborgene klammheimliche Zustimmung der ›braven‹ Bürger zu dem ungebändigten Ausbruch von Haß und Gewalt« (FR 17.9.), dann verbietet es sich, »ein bißchen auf das zu gucken, was das Volk bewegt« (Engholm) oder auf die »Gefühle des Volkes Rücksicht zu nehmen« (Kinkel). Dann muß man auch einmal hart sein können und seine Linie »zur Not« gegen das Volk durchsetzen.

Das sind also die Leistungen der Rechtsruck-Debatte: 1. Wer warnt, ist nicht gefährdet. Wenn alle warnen, dann ist die Gefahr sowieso gebannt. 2.

Die Ergänzung der in Rechtsruckverdacht geratenen Asyl-, Sicherheits- und Außenpolitik (Komisch: die Aufforderung zum solidarischen Gürtelengerschnallen unterliegt diesem Verdacht nie!) um den Kampf gegen rechts räumt den Verdacht von der Politik, ohne daß sich an der etwas ändern muß. 3. Deswegen gilt diesmal die Distanzierung vom Volk, eine Politik also, die ihm »nicht aufs Maul schaut« – sondern gegebenenfalls haut –, als demokratisch, wenn das Volk erst einmal für besonders anfällig für rechtsradikale Rattenfänger erklärt worden ist.

Der Rechtsruck (Teil I)

Ein Resümee vorweg

Es gibt ihn, den Rechtsruck in Deutschland. Alle bürgerlichen Parteien vollziehen ihn, jede auf ihre Weise in Form und Inhalt. Bei der SPD – und bei den Grünen – wird er am deutlichsten, wenigstens für diejenigen Beobachter des Zeitgeschehens, die sich noch einen etwas längeren Atem bewahrt haben. Bei CDU/CSU und FDP fällt er am wenigsten auf, weil da weniger zu rücken ist. Mit einer Abschaffung der Demokratie hat er ebensowenig etwas zu tun wie mit der heimlichen Etablierung von Faschismus – wie die Restbestände der deutschen Linken in Sorge um die phantastischen Errungenschaften von 45 Jahren deutscher Demokratie wähnen, nichtsahnend, daß sie sich gerade damit selbst in die Rechtskurve legen. »Schlimmer« wird »es« nur für diejenigen, die jede Kritik, die sie vielleicht einmal an deutscher NATO-Mitgliedschaft, Atompolitik, Sozial- und Tarifpolitik, deutschen Rüstungsexporten, Berufsverboten, Verschärfungen des Demonstrationsrechts usw. hatten, sofort vergessen, wenn deutsche Führungsriegen neue Maßstäbe ankündigen. Gegen den Rechtsruck gibt's nichts zu verteidigen, denn der Ruck ist kein Bruch mit der Nachkriegsdemokratie, sondern ihre Fortsetzung unter neuen Bedingungen, die es für Deutschland zur nationalen Pflicht machen, alte Träume in den Rang von Realpolitik zu erheben. Seinen Grund hat der Rechtsruck nicht in einem Opportunismus der Parteien gegenüber Schönhuber oder seinen Wählern. Es sind nicht die Rechtsradikalen der Motor für ihn, sondern umgekehrt sind die das Produkt des Rechtsrucks deutscher Politik. Er ergibt sich aus den neuen Aufgaben, die sich Deutschlands politische Klasse einvernehmlich nach der Beendigung des Kalten Krieges stellt. Er selbst besteht darin, daß sich die tragenden deutschen Volksparteien programmatisch und politisch dem Kern der nationalen Sache, Deutschlands Wiederaufstieg zur Weltmacht, verpflichtet haben, und sich dabei weder von traditionellen parteipolitischen Alternativen, noch von zur praktischen Gewohnheit gewordenen demokratischen bzw. rechtsstaatlichen Gepflogenheiten beengen lassen wollen.

Die Asylpolitik

Gerade die asylpolitischen Vorhaben der Regierung sind in den Verdacht geraten, ein Produkt des politischen Opportunismus gegenüber dem Rechtsruck auf deutschen Straßen und in deutschen Bürgerhirnen zu sein. Dabei ist nichts falscher als die Vorstellung, *wegen* des Treibens der Skins und Neonazis habe die Regierung vor, den Art. 16 zu kassieren. Für die geplante Radikalisierung des Asylrechts und -verfahrens haben die Politiker ihre eigenen Gründe. Die Anliegen, die sie verfolgen, sind zudem nicht neu. Sie besitzen eine Tradition, die so alt ist wie das Grundgesetz mit seinem Art. 16. Nur haben sich eben die Verhältnisse in den letzten Jahren etwas geändert.

Neue Verhältnisse erfordern neue Maßstäbe für die alten Anliegen der Asylpolitik

Das alte Anliegen

Seit der Debatte über den Art. 16 im Parlamentarischen Rat im Jahre 1948/49 steht fest, daß mit ihm Deutschland natürlich keinen Schaden nehmen, sondern sich umgekehrt den einen oder anderen diplomatischen Zugewinn erhoffen darf. Der Art. 16, Absatz 2 Satz 2 des Grundgesetzes formuliert in Verbindung mit Art. 19 Absatz 4 GG (Rechtswegegarantie) einen individuellen Asylrechtsanspruch ausschließlich für politisch verfolgte Ausländer. Die Motive der Verfassungsväter – es waren wirklich nur Väter – für diesen Artikel mögen vielleicht durch die Erfahrungen der Verfolgten des Nationalsozialismus mit geprägt gewesen sein. Einige dieser Väter waren selbst Exilanten. In allen Verhandlungen des Parlamentarischen Rates über diesen Grundgesetzartikel stand jedoch allein die Sorge im Vordergrund, wie denn verhindert werden könne, daß Menschen den Artikel für sich in Anspruch nehmen, die »nach ihren Grundsätzen undemokratisch sind«. Der CDU-Politiker v. Brentano gab zu bedenken:

»Es geht mir aber zu weit..., daß wir generell dem politisch Verfolgten das absolute Asylrecht geben. Ich sehe keinen Grund dafür ein, daß etwa Ausländer, die aus ihrer Heimat nach Deutschland gekommen sind, weil sie sich in ihrer Heimat aktiv gegen die Demokratie eingesetzt haben, in Deutschland unbedingt ein Asylrecht haben sollen.«[6]

Der Vorsitzende, Carlo Schmid, beruhigte ihn und zwar gleich in mehrfacher Hinsicht: Er wies einerseits darauf hin, daß das Asylrecht keineswegs den Genuß »der Freizügigkeit« einschließe, daß folglich das Risiko, sich bei absolutem Asyl »gegebenenfalls in der Person geirrt zu haben«, durch die Polizeiaufsicht gering gehalten würde, der die Asylbewerber unterstünden. Denn die hätte die Aufgabe, »den aufnehmenden Staat zu schützen«. Zum anderen würde das Asylrecht die völkerrechtlichen Regelungen über die Auslieferung von »politischen Attentätern«, »politischen Verbrechern« und sonstigen »strafrechtlich Verfolgten« nicht außer Kraft setzen. Und schließlich waren sich die Räte von CDU bis KPD einig, daß es im befreundeten Ausland kaum verstanden würde, wenn Deutschland im Jahre 1948/49 das Asylrecht noch restriktiver fassen würde als jene Staaten es für sich formuliert hatten, die von einer »Welle« von politisch Verfolgten aus Nazi-Deutschland heimgesucht wurden.[7]

Wem diese Klarstellungen noch nicht reichen, um sich von seiner Einbildung zu trennen, mit dem Art. 16 hätte sich Deutschland zur Hilfe für alle in Not geratenen Menschen verpflichtet und jede Abweichung von diesem Anliegen folge nur Zwängen, denen sich deutsche Politiker leider nicht entziehen könnten, dem sei zusätzlich mitgeteilt, daß weder im Asylrecht noch im Völkerrecht, weder in der Genfer Konvention noch in der Europäischen Menschenrechtscharta usw. den »Wirtschaftsflüchtlingen« Hilfe versprochen wird. In allen diesen edlen Abkommen werden die »Flüchtlinge« als »politisch Verfolgte«, d.h. »wegen Rasse, Religion, Nationalität, Zugehörigkeit zu einer bestimmten sozialen Gruppe oder wegen ihrer politischen Überzeugung« Verfolgte definiert.[8] Und es ist kein Geheimnis, warum dies der Fall ist. Denn der »Wettkampf der Systeme«, dem sich all diese Abkommen verdanken, sollte wirklich nicht als Konkurrenz um den erfolgversprechendsten Weg, die *Armut* aus der Welt zu schaffen, geführt werden. Um »Menschenrechte« ging es, und die galten und gelten immer nur dort als verletzt, wo es an Demokratie und Marktwirtschaft fehlt.

Die jüngeren Kommentare zum Grundgesetz machen auch kein Hehl aus der Tatsache, daß ein derartiges Anliegen nur verfolgt werden kann, wenn mittels des deutschen Grundgesetzes die innenpolitische Souveränität fremder Staaten relativiert wird:

»Aus der Entstehungsgeschichte (des Asylrechts) geht hervor, daß es der Zweck des Art. 16 Abs. 2 Satz 2 ist, Schutz vor politischer Verfolgung in einem fremden (!) Staat zu gewähren. Da sich Asylbewerber zumeist im Verfolgerstaat befinden, liefe das Grundrecht in vielen Fällen leer, wenn seine rechtliche Wirkung nicht über die Grenzen hinausreichen würde. ... Art 16 Abs. 2 Satz 2 widerlegt so die ›Schwellentheorie‹, nach der über die Grenzen der Bundesrepublik hinaus von den Grundrechten keine unmittelbare Rechtswirkung ausgeht.«[9]

Damit fiel und fällt der Bürger eines fremden Staates, der von deutscher Politik zum »politisch Verfolgten« deklariert wurde, unter deutsches Asylrecht. Zum völkerrechtlichen Skandal kam es darüber nicht, weder in Deutschland noch in der restlichen freien Welt. Was nicht verwundern darf. Denn in der Feindschaftserklärung an jene Staaten, deren Bürger man im Prinzip geschlossen zu politisch Verfolgten erklärte, war man sich im gesamten Westen ja fürchterlich einig. Und zwar nicht nur theoretisch. So konnte denn auch Deutschland diese Form der – nicht allein diplomatischen – Bestreitung der Zuständigkeit des fremden Staates für seine Bürger nur deswegen als Akt der Humanität und als Beitrag zum Abtragen deutscher Schuld verkaufen, weil diese außenpolitischen Grobheiten durch die Mitgliedschaft in der NATO gedeckt waren.

Alles Nähere über das Asyl und den Einsatz des GG-Artikels als »Menschenrechtswaffe« regelt in Deutschland seit 1965 das Ausländergesetz. 1990 ist es vollständig novelliert, d.h. neuen Verhältnissen angepaßt worden. Ausländer werden nach neuestem Befund unterschieden und ihre zügige Behandlung ermöglicht. Alles Nähere regelt für Asylbewerber das Asylverfahrensgesetz. Das ist in den letzten 10 Jahren mindestens achtmal geändert worden, um die schnelle Erledigung der Asylbewerberanträge rechtsstaatlich festzuschreiben. Alles Nähere regelt das im Juli 1992 verabschiedete Asylverfahrensbeschleunigungsgesetz, das als Allparteienkompromiß gepriesen worden ist. Es verschärft die Sammellagerregelung, schließt Nachfluchtgründe aus und verkürzt Klagefristen. Visumsregelungen und Sonderregelungen über Arbeitsberechtigung, Sozialhilfe und erkennungsdienstliche Behandlung von Antragstellern regeln zusätzlich alles Nähere bei Bedarf.

Die Praxis

Schon immer gab es mehr Asylbewerber, mit denen sich nichts anfangen ließ, als solche, mit denen Politik gemacht werden konnte und denen deshalb ein Aufenthaltsrecht zuerkannt wurde. Um die Abgelehnten wurde kein größerer Wirbel veranstaltet. Sie tauchten unter, wurden stillschweigend geduldet oder auch abgeschoben, wenn sie gegen die guten deutschen Sitten verstießen. Zum Politikum wurden dagegen immer jene Asylbewerber erklärt, die sich – aus der SU oder anderen kommunistischen bis des Kommunismus verdächtigen Staaten geflohen – für außenpolitische Anliegen benutzen ließen. Das waren neben jenen Ostflüchtlingen, die sich vom Westen nur einfach ein besseres Leben versprachen, vor allem die zu zweifelhafter Berühmtheit gelangten »Dissidenten«. Ihr offener oder heimlicher, aktiver oder passiver, lyrischer oder militärischer Widerstand gegen die Führung der SU hatte sie hierzulande in den Rang von Freiheitshelden befördert. Denn eine SU, die nebst ihren »Vasallen« dem Westen den Gefallen tat und die Opposition nicht gleich zur Übernahme der Regierungsgeschäfte einlud – wie das bekanntlich mit jedem Widerstand in westlichen Demokratien passiert – galt als Unrechtsstaat, der kein Existenzrecht besaß. Und jeder SU-Bürger, der – aus welchen Gründen auch immer – in die Schußlinie der kommunistischen Führung geriet, war damit ein Botschafter des westlichen Wertesystems auf feindlichem Territorium und reifte in dem Maße zum Helden, wie er litt und seine Leiden im Westen veröffentlicht werden konnten.

Der Art. 16 GG hat also schon immer dem Zweck gedient, für den er erfunden worden ist: als Instrument zur Einmischung in die Innenpolitik mißliebiger Staaten, bei der es nicht um Mitsprache bei der »unrechten Sache«, sondern um die Zersetzung der Grundlagen des Feindstaates ging. Deswegen sind diese Anwendungen des Art. 16 gelegentlich mit Fluchthilfeprogrammen, Freipressungen, Aktivitäten der westlichen Geheimdienste und Waffenlieferungen an »Widerstandskämpfer« unterfüttert worden. Den Ruf des Art. 16, Schutz und Hilfe für Bedrängte zu garantieren, hat das nicht ruiniert. Wenigstens bei den Zeitgenossen nicht, die jede tatsächlich geleistete Hilfe für Dissidenten für den ganzen *Zweck* der Operation hielten – eine Hilfe übrigens, die immer dann, wenn die Flüchtlinge nicht Solschenizyn, O. Sik oder Kopelew hießen, auch schnell wieder eingestellt wurde.

Alte Asylpolitik unter neuen Bedingungen...

Was hat sich nun für die deutsche Asylpolitik geändert, daß maßgebliche Kreise Deutschlands seit kurzem mit dem Asylrecht so unzufrieden sind? Ihre außenpolitischen Anliegen sind beibehalten worden. Es gab keinen Grund, sie zu korrigieren. Nur ist mit dem Abdanken der kommunistischen Regime des Ostblocks eine erhebliche Veränderung in der Qualität und Quantität der Klientel für den Art. 16 eingetreten. In dem Maße, wie durch Grenzöffnungen die Fluchtmöglichkeiten erleichtert wurden, fielen die Flüchtlinge natürlich nicht mehr unter den Art. 16 des deutschen Grundgesetzes. Für Demokratie und Marktwirtschaft befreit, ist befreit. Da ist jeder Rechtsanspruch auf deutschen Schutz vor Verfolgung erloschen, weil es die qua definitionem dann auch nicht mehr gibt – egal ob vielleicht sogar erst jetzt Schutz vor Hunger, vor Verfolgung und vor Metzeleien z.B. aus ethnischen Gründen notwendig wäre!

Damit avancierten Asylbewerber von »politisch Verfolgten« zu einem Problem für Ausländerpolitiker, das in dem Maße zu einem »Problem für Deutschland« aufgeblasen und zum innenpolitischen Dauerbrenner wurde – z.B. mit (Rühe-)Briefen der CDU-Führung an ihre Ortsvereine –, wie die »Asys« einliefen. Alles fand statt unter begeisterter Anteilnahme deutscher

Bürger, denen jetzt erlaubt wurde zu sagen, was sie schon immer insgeheim über die Ausländer gedacht und ihnen an den Hals gewünscht hatten. Asylbewerber waren ab sofort mehrheitlich Wirtschaftsasylanten, die keinen Anspruch auf Asyl besaßen.

Als neu gekürte (Mit-)Siegermacht hatte es Deutschland überdies nicht mehr nötig, seine außenpolitischen Ambitionen dadurch »Mißverständnissen« auszusetzen, daß es immer von Menschenrechten, Humanität und einer aus deutscher Vergangenheit resultierenden moralischen Verantwortung für Elend und Verfolgung auf der Welt redete, wenn es seine weltweiten imperialen Einmischungsinteressen meinte. Zwar war dieses »Mißverständnis« in der nach erster, zweiter und dritter Welt gut durchsortierten Staatengemeinschaft ohnehin nicht übermäßig verbreitet, da die Verhandlungen über Kreditvergabe und Gewährung von Meistbegünstigungsklauseln, über Rüstungsexport und Cocom-Listen nicht mit Moral zu verwechseln sind. Doch haben sich Dritterwelt-Staaten gelegentlich schon eingebildet, aufgrund ihrer kolonialen Vergangenheit bestimmte Hilfsansprüche an die Länder der 1. Welt stellen zu können. Und besonders bei den Flüchtlingen hatte es sich noch nicht herumgesprochen, daß sie hier ab sofort nicht mehr erwünscht waren, und daß man sich folglich vor dem Abmarsch bei deutschen Behörden zu erkundigen hatte, ob man denn Bürger eines »Verfolgerstaates« sei. Sie wurden zur »Flut«, die Deutschland überschwemmen würde, und ihre Berufung auf das deutsche Asylrecht wurde zum Mißbrauch desselben erklärt. Aus den Parolen von NPD, DVU und Rep wurden die Wahlschlager der großen bürgerlichen Parteien – was diese nicht davon abhielt, sich genau das wechselseitig vorzuhalten.

... erfordert neue Maßstäbe.

Die Debatte über die Änderung des Art. 16 Abs. 2 Satz 2 ist also durch die mit ihrer »Befreiung« einhergehende *Umwidmung* – vor allem – der Ostblock-Flüchtlinge ausgelöst worden. Damit kam zugleich die Kehrseite des staatsübergreifenden Rechtsanspruchs des Asylrechts ins Blickfeld. Es schließt ein, daß die von deutschem Recht und für deutsche Anliegen vereinnahmten Ausländer ihrerseits damit *allesamt* einen Rechtsanspruch besitzen. Sie dürfen einen Asylantrag bei deutschen Behörden stellen, der vor deutschen Gerichten Bestand hat und gegen dessen Ablehnung nach deutschem Recht Beschwerde eingelegt werden kann. Darin werden alle Asylbewerber, obwohl Ausländer, den Inländern gleichgestellt. Darin liegt für die Asylpolitik der Haken dieses weltweit einmaligen Verfahrens, ein nationales Interesse am Ausland als dort gültigen deutschen Rechtsanspruch zu formulieren. Mit dem Art. 16 GG haben alle Flüchtlinge einen *rechtlichen Zugang* zum Asylverfahren – wohlgemerkt nur zum *Bewerbungs*verfahren. Und bereits das ist den Asylpolitikern inzwischen zuviel des Guten: Nicht weil die Bearbeitung der Anträge mit Aufwand und Zeit verbunden ist und eine »Flut« einen »Bearbeitungsstau« ausgelöst hat,[10] sondern weil es sich nicht gehört, daß Ausländer, unerwünschte Flüchtlinge zumal, nach deutschem Recht Ansprüche stellen und durchfechten können, über die ohnehin längst *politisch* und zwar pauschal *negativ* entschieden ist.

Gegenüber Ausländern gilt allemal, daß das deutsche Interesse die Paragraphen diktiert. Folglich müssen die Paragraphen (des Grundgesetzes) geändert werden. Denn in Sachen Rechtssouveränität gebietet das neue Selbstbewußtsein der Siegernation Härte. Das geschaffene Einmischungsrecht, das 40 Jahre lang mit Erfolg eingesetzt worden ist, soll erhalten bleiben, aber zugleich muß die Kehrseite, der damit verbundene Rechtsanspruch, auf den sich Hinz und Kunz bzw. Iwan und Mehmed berufen können, eliminiert werden. Der Zustand, daß sich da jedermann gegenüber Deutschland etwas herausnehmen kann, muß beendet werden!

Der Rechtsruck der SPD

Über dieses Programm herrscht im Prinzip zwischen den etablierten Bonner Parteien Einverständnis. Dieser Rechtsruck in der Asylpolitik ist abgemachte Sache. Die SPD muß ihn nur noch vollziehen.

Es fragt sich nun, warum sie sich eigentlich in der Asylpolitik so schwer damit tut, sich als Partei geschlossen zum Standpunkt der neuen nationalen Verantwortung zu bekennen. Nicht daß sie große Probleme damit hätte, sich von der Rolle der Opposition zu verabschieden und in faktischer oder parlamentarisch abgesegneter großer Koalition das Wohl Deutschlands zu besorgen. Darin verfügt sie über Erfahrung, und außerdem hat sie ihre Oppositionsrolle nie leicht-, sondern zum Anlaß genommen, sich als die bessere Sachwalterin jener Anliegen vorzuführen, die zwischen ihr und der Regierung im Kern längst nicht mehr strittig waren. Außerdem weiß sie gerade mit der Distanzierung von dem Geschäft der Oppositionspartei Punkte zu machen, ohne dabei einen Gedanken darauf zu verschwenden, daß jedes Schulkind hierzulande lernt, daß die Demokratie von der Opposition lebt und eine große Koalition sich immer den Vorwurf gefallen lassen muß, den Wählerwillen zu verfälschen.

So hört sie denn auf die Väter der Partei, die das Verhältnis zwischen Parteiinteresse und den Belangen der Nation aus dem Fundus ihrer langen Erfahrung heraus wohlklingend anzugeben wissen:

»Jetzt ist nicht das Wichtigste, daß die eigene Partei in Meinungsfragen ein paar Prozente gewinnt und die andere Partei ein paar Prozente verliert.

Das Wichtigste ist, daß wir unser Gemeinwesen vor Schaden bewahren.« (H.J. Vogel, FR 10.10.)
Der beschwerliche Weg der SPD von der strikten Ablehnung der Veränderung des Art. 16 bis zu den Petersberger Beschlüssen mit der Zustimmung zur Änderung, von der Ablehnung der Listen mit Verfolgerstaaten – die es im übrigen faktisch längst gibt – und der Forderung nach einem Einwanderungsgesetz mit einer Quotenregelung und der Beibehaltung des Individualklagerechts bis hin zum nächsten absehbaren »Kompromiß«-Schritt auf dem Sonderparteitag im November verdankt sich tatsächlich nicht einem parteitaktischen Machtgerangel. Da mag I. Matthäus-Meier nach den Petersberger Beschlüssen auch noch so plump-beredt den Verdacht eines Rechtsschwenks der SPD zurückweisen:
»Frage: Die SPD hat in Sachen Asyl und UNO-Einsätzen einen überraschenden Kurswechsel vollzogen. Warum sind die Genossen umgekippt?
Matthäus-Meier: Dieser Kurswechsel war notwendig. Er ist ein Sieg der politischen Vernunft, der die Regierungsfähigkeit der SPD unterstreicht. ... Deutschland muß alle Rechte, aber auch alle Pflichten eines ganz normalen UNO-Mitgliedes wahrnehmen. Das ist kein ›rechter‹ Standpunkt: Die Einbindung in die internationale Solidarität ist vielmehr eine traditionell linke Forderung. Ich halte es für sinnvoll, daß Deutschland einen ständigen Sitz im Weltsicherheitsrat anstrebt.
Frage: Die ›neue SPD‹ liegt jetzt genau auf Regierungskurs. Gibt sie die Oppositionsrolle auf?
Matthäus-Meier: Nein, im Gegenteil. Die SPD zeigt, daß sie regierungsfähig ist. Die Kompromisse mit der Realität (!!), beim Asylrecht und der UNO-Beteiligung, geben uns endlich Raum, die Regierung dort wirklich anzugreifen, wo sie versagt: beim Aufbau im Osten ...« (WK 25.9.)
Die SPD muß sich in der Tat von einem Stück ihrer *sozialdemokratischen Identität* trennen, wenn sie – wie für die Asylpolitik vorgeführt – einem neuen Asylrecht ihre Zustimmung erteilen will, das sich nicht mehr als Programm zum Schutz für in Not geratene Menschen verkaufen läßt, das den immer schon gültigen außenpolitischen Kern der Asylpolitik zum alleinigen Maßstab der Verfahren erheben will, das sich folglich nach innen ganz der Aufgabe »Asylanten raus« verschreiben muß und das sich dann schwerlich noch als eines der moralischen Gütezeichen deutscher, von der SPD mitverantworteter Nachkriegsdemokratie verkaufen läßt. Wo der imperialistische Kern dieser Politik immer deutlicher durchscheint, da können in der Wolle gefärbte Sozis ihre alte Partei nicht mehr entdecken. Und sie liegen da nicht ganz falsch.

Sozialdemokratisches ist obsolet geworden

Denn die Zeiten für klassische sozialdemokratische Politik sind vorbei. Für die spezifische Rolle, die der Sozialdemokratie im Nachkriegsdeutschland zukam, wird sie nicht mehr gebraucht. Und das gilt gerade auch für die Außenpolitik.
Traditionellerweise verstehen sich Sozialdemokraten in der bürgerlichen Demokratie als *links*. Ihre Politik gegenüber jenen Ländern, aus denen die Flüchtlinge kommen, konzentrierte sich ganz darauf, gegen jede Sorte von Konfrontation, Unterwerfung und Erpressung den Standpunkt von Versöhnung, Zusammenarbeit und Hilfe einzunehmen. Da hatten die Sozis z.b. ihren Ben Wisch, der überall in der 3. Welt ein Einheimischer war, der die Landestracht beherrschte und der immer dann ein Flugzeug bestieg, wenn es eine von Gläubigerländern zur Krise zugespitzte Lage friedlich zu bewältigen gab. Sie hielten sich auch in sozialistischen Staaten wie im Chile unter Allende oder im Nicaragua unter Ortega ihre Freunde, denen mit Friedrich-Ebert-Stiftungen geholfen und vor allem immer der goldene Rat zuteil wurde, es ihrerseits nicht mit Konfrontation gegen die 1. Welt oder den Weltmarkt zu versuchen. Mit dem Namen Willy Brandt ist die Nord-Süd-Konferenz verbunden, die es zu einer ungerechten Sache erklärt hat, daß sich der Norden auf Kosten des Südens bereichert, ohne ihm eigene Entfaltungsmöglichkeiten zu eröffnen. Hilfe zur Selbsthilfe war denn auch ein von Sozis erfundenes Stichwort, das der 3. Welt wenigstens Hoffnung geben sollte. Und ebenfalls mit dem Namen Brandt ist die Politik der Versöhnung und des Wandels durch Annäherung gegenüber der 2. Welt verbunden. Überzeugend wußte der langjährige Parteivorsitzende mit dem Versöhnungs-»Kniefall« in Polen die NATO-Kriegserklärung zu ergänzen und dem polnischen Volk zu signalisieren, daß nur an »friedliche Nachbarschaft« gedacht war, wenn die Grenze zum Osten als militärisches Aufmarschgebiet ausstaffiert wurde.
Die *Ideale* von Asyl- und Entwicklungspolitik waren also die Domäne sozialdemokratischer Außenpolitik. Und *für* sie sprach, daß in beiden Bereichen *Hilfe* stattfand. In der Asylpolitik wurde all denen geholfen – und auf spezielle Fürsprache der SPD sogar auch einigen abgesetzten und gejagten süd- oder mittelamerikanischen Sozialisten –, die als politisch Verfolgte in den Genuß des Asylgewährung kamen. Und in den Entwicklungsländern zeugen einige Investitionsruinen von der westlichen Hilfsbereitschaft – und ihren Grenzen.

Rinks und lechts sind nicht zu velwechsern

Übermäßige Unterschiede zur Politik der CDU ergab das nie. In allen prinzipiellen Fragen des Systems herrschte Einigkeit. Weder die kapitalistische Wirtschafts- noch die demokratische Herrschaftsform, weder die Frage der Feindschaftserklärung an die Sowjetunion noch die der Wiedervereinigung, weder das Europaprojekt oder die Frage der Eroberung der 3. Welt für die Geschäfte des freien Westens waren strittig. Bestehende Unterschiede standen für anerkannte *parteipolitische Alternativen des nationalen Programms,* Deutschland mehr Geltung zu verschaffen. Wobei diese Alternativen – jenseits aller zu vernachläßigenden ideologischen Ausgestaltungen – in der Politik als *Arbeitsteilung* fruchtbar wurden; auch wenn Sozialdemokraten das so nicht sehen mögen.

Das galt im übrigen auch für die Innenpolitik: Das Verdienst der Herstellung einer sozialstaatlich funktional zugerichteten, national gesonnenen und sozial friedlichen Arbeiterklasse, in der jeder Gedanke an Kommunismus getilgt ist und in der jeder Gedanke an Sozialismus schnurstracks zum DGB führt, gebührt der Volkspartei SPD. Die machte denn auch kein Hehl daraus, daß für sie nationale Anliegen und solche der Arbeiter – letztlich – dasselbe sind. Den anderen Part erledigte die *rechte* CDU zufriedenstellend: Auf ihr Konto sollte es verbucht werden, daß sich Deutschland »Wirtschaftswunder« buchstabierte und den Beweis dafür ablieferte, daß der Kapitalismus auch für die Arbeiterklasse – letztlich – das Beste ist. Beide Parteien wußten dies und schätzten sich jenseits der Parteienkonkurrenz als funktionale Ergänzung des jeweils eigenen Programms. Die erste große Koalition bekräftigte dies ebenso wie der Umstand, daß jede Partei irgendwann einmal die Regierungsgeschäfte von der anderen übernahm und sie in schönster Kontinuität zum Wohle Deutschlands fortsetzte.

Und das galt für die Außenpolitik: Denn die Kritik am Konfrontations- und Unterwerfungskurs der C-Parteien gegenüber 3. und 2. Welt galt nur der *Methode* der Dienstbarmachung der Restwelt für den Westen bzw. der Erledigung der SU. Sie war mit einer Parteinahme für Kommunismus oder für einen eigenen Weg zum Sozialismus, gerade wenn der ohne die Aneignung von Kaffee- und Bananenplantagen z.B. der United-Fruit-Company nicht auskommen wollte, nicht zu verwechseln. Der »Zangengriff« von rücksichtsloser Erpressung und kontinuierlicher Überzeugungsarbeit tat bei manchem Drittweltstaat seine Wirkung. Auch gegenüber dem Ostblock war die Arbeit in dieser Weise – objektiv – geteilt. Die CDU war für die Grobarbeiten zuständig. Die SPD erklärte den attackierten Staaten und Völkern, daß alles nur zu ihrem Wohl, also wegen Freiheit und marktwirtschaftlichem Reichtum und nichts über ihre Köpfe hinweg geschehen würde – wenn sich denn die richtigen Köpfe fänden.

Zur Zeit bereitet es der SPD Bauchschmerzen, daß mit der Erledigung dieses nationalen Programms – des im Schutz großer Bündnisse vollzogenen Wiederaufstiegs in den Kreis der führenden Mächte (G 7!) – die *Notwendigkeit* für jene politischen Alternativen *entfällt*, die dem Nachkriegs-Deutschland linke und rechte Demokraten und der SPD die zeitweise Regierungsverantwortung beschert hatte.

Nach *innen* erfordert das Arbeiterinteresse keine sozialdemokratische Sonderbetreuung mehr. Vielmehr wird allseits der gewerkschaftlich verwaltete soziale Frieden als hohes Gut geschätzt und EG-weit als Muster zur Regelung der »sozialen Frage« gepriesen. Der Sozialstaat gilt als Errungenschaft, ebenso wie die harte DM des allseits geschätzten Standorts Deutschland mit seiner Exportweltmeisterschaft. Das alles muß nun abgesichert werden. Deutsche Arbeiter müssen jetzt nicht mehr den Kampf DM kontra Lira entscheiden. Der ist entschieden. Sie werden jetzt dafür gebraucht, die DM gegen Dollar und Yen zum Weltgeld machen. Dieses Programm erfordert Anstrengungen von ganz neuer Qualität, die z.b. im »Solidarpakt« in den Tarifrunden deutlich werden.

Nach *außen* sind die Bauchschmerzen fast noch größer. Denn der Osten ist »gekippt«, Versöhnung nicht mehr gefragt und Wandel durch Annäherung sogar als falsche Methode nachträglich – ziemlich zu Unrecht – in Mißkredit geraten. In der 3. Welt werden die »Freunde« rar. Fidel Castro gehört sowieso nicht dazu, weil er orthodox geblieben, d.h. trotz aller Pressionen durch den Westen immer noch keine Beute für deutsche Sozi-Freundschaft geworden ist. Der Rest der 3. Welt braucht nicht mehr sozialdemokratisch umsorgt zu werden, da ihm mit dem Fall der SU das letzte alternative Geländer genommen und außerdem dort nicht mehr viel abzuholen ist; eine Einsicht, der sich auch die SPD nicht verschließen kann.

Was als Rechtsruck der SPD erscheint, das ist also nichts anderes als *die Versammlung aller etablierten Parteien auf dem Standpunkt der aktuellen deutschen Politik: Das nationale Ziel, Wiederaufstieg zur Weltmacht, ist der unmittelbare, keine Alternativen mehr erlaubende Maßstab für die deutsche Politik.*

Reibungsverluste beim Rechtsruck

Diesen Identitätsverlust hat die Partei erst einmal zu verdauen. Sie hat sich dafür ein Programm der kleinen, gut durchgespeichelten und mit viel dezentral erlaubtem Protest gespickten Schritte – gerade in der Asylpolitik – verordnet. Denn sie will den historischen Wandel möglichst unbeschadet als ganze Partei hinkriegen. Ob diese Preisgabe von Teilen sozialdemokratischer Identität ohne große Verluste über die parteipolitische Bühne geht, steht dahin.

Wer die Existenz der Partei an ihre besondere *linke* Rolle nach 1945 gebunden sieht, der wird so seine Probleme haben. Wer dagegen an der unbedingten Verantwortung der Sozialdemokratie für *Deutschland* festhält, wird sich auch in der neuen Rolle schnell zurechtfinden. Auf jeden Fall wird es für die Partei hilfreich sein, daß das neue Gedankengut so neu auch wieder nicht ist. Denn auch der Kern der linken sozialdemokratischen Alternative war immer und von ihr gewußt die nationale Sache gewesen.

Der neue parlamentarische Schulterschluß: Der Rechtsruck der CDU

An der Debatte über die Frage, ob das neue Deutschland mit seinen neuen Aufgaben und Problemen eigentlich noch an alten parlamentarischen Gepflogenheiten festhalten darf, ob nicht der ständige Streit zwischen Regierung und Opposition der gewachsenen Verantwortung – die muß und kann wirklich für alles herhalten – unwürdig ist, ob nicht die »Politikverdrossenheit« ein sicheres Indiz dafür ist, daß zügiges gemeinsames Handeln im nationalen Interesse an die Stelle alter, das Land lähmender Auseinandersetzungen zwischen den Parteien zu treten habe, an dieser Debatte läßt sich der Rechtsruck der CDU/CSU ablesen. Denn daß sie den Vorreiter beim Knacken von nationalen oder demokratischen Tabus macht, hat Tradition – vom NATO-Beitritt über die Wiederbewaffnung bis zu den Notstandsgesetzen, von der Errichtung der Atommeiler bis zur Strangulierung des Demonstrationsrechts usw. Aber daß sie bei sich selbst und ohne Not die Frage nach der *Teilung der Macht* mit der alten *Konkurrenz,* und zwar im Interesse größerer politischer Schlagfertigkeit, aufwirft, das ist neu. Das verweist auf die Größe der Aufgabe und daß sie sich allein Deutschland stellt. Es verweist aber auch auf den Grad der Übereinstimmung in der nationalen Sache, der mit der Oppositon bereits erzielt ist.

Zigeunerdeportationsvertrag mit Rumänien

Keine ordentlichen Flüchtlinge

Viele Flüchtlinge, vor allem die Zigeuner aus Rumänien, haben einen ganz miesen Charakter: Sie kommen einfach ohne ordentliche Ausweispapiere nach Deutschland und machen den Behörden weis, sie seien ihnen gestohlen worden oder sie hätten sie auf der Flucht verloren. Einmal davon abgesehen, daß ein Flüchtling, der sich seine Papiere stehlen läßt, ohnehin schon jedes moralische Recht verloren hat, sich auf den Art. 16 GG zu berufen, sind diese Papiere doch das Wertvollste, was ein Mensch als Flüchtling besitzt. Denn sie erleichtern es dem Fluchtstaat, ihn wieder in seine Heimat abzuschieben. Abgesehen davon darf man ihnen sowieso nicht glauben: Denn das sagen ihnen bekanntlich die Schlepper als erstes, daß sie ihre Papiere wegwerfen müssen, wenn sie den deutschen Behörden ihre Rückführung nach Rumänien erschweren wollen. Niemand könne ihnen ohne gültige Ausweisdokumente nachweisen, daß sie rumänische Staatsbürger sind; weshalb auch der rumänische Staat nicht zu ihrer Wiederaufnahme verpflichtet sei.

So sehen es die Zirndorfer Behörden. Und wahrscheinlich liegen sie mit ihrer Vermutung über die heißen Tips, die unter den Flüchtlingen kursieren, sogar richtig. Es läßt sich dagegen auch wirklich wenig einwenden: Wenn es einem dieser armen Schlucker gelingt, einer erneuten rassistischen Verfolgung in Rumänien fürs erste dadurch zu entgehen, daß er seinen Paß verbrennt, dann wird er das aus Selbsterhaltungstrieb natürlich tun. Wenn es klappt, diese Lücke in den ansonsten geregelten Beziehungen zwischen Herkunfts- und Aufnahmestaat auszunutzen, dann wird er das machen. Für die deutsche Ausländerbehörde liegt da ein eindeutiger Fall von Asylrechtsmißbrauch vor. Ein ordentlicher Flüchtling zeichnet sich für sie nämlich dadurch aus, daß er seiner *Abschiebung* keine Steine in den Weg legt.

Rumänien ist ein Nichtverfolgerstaat

Die Zirndorfer Behörde gibt den Sinti und Roma, die hier – aus welchen Gründen auch immer – ohne Papiere illegal einreisen, also unfreiwillig recht. Wenn ihre Ausweise gar nicht dazu dienen, daß ihr Asylbegehren geprüft wird, wenn vielmehr an ihrem Paß nur abgelesen wird, daß sie hier nichts zu suchen haben –

> »*Das Flüchtlingsamt in Zirndorf und die deutsche Justiz rechnen, übereinstimmend, das nachkommunistische(!) Rumänien nicht zu den Verfolgerstaaten; die Anerkennungschance liegt derzeit bei 0,2%.*« (Spiegel 46/92, 68) –,

dann handelt jeder Rumäne, der sich hier in Sicherheit bringen will, fast schon in Notwehr gegenüber einem Rechtsbruch der Gegenseite, wenn er sich schleunigst von seinem Paß trennt: Was die deutschen Ausländerbehörden, in Übereinstimmung mit der deutschen Justiz, in diesen und in anderen Fällen betreiben, ist nämlich ein klarer Vorgriff auf die Abschaffung des Art. 16 2.2 GG. Offiziell kann es die Kategorie des »Verfolgerstaates« nicht geben, wo juristisch die Prüfung von Einzelschicksalen vorgesehen ist und nach Art. 19 GG jeder Flüchtling überdies das Recht besitzt, alle Rechtsmittel gegen einen ablehnenden Bescheid anzuwenden. Und doch wird seit geraumer

Zeit danach verfahren: »Nachkommunistisches Rumänien«, das ist schon per se ein Gütezeichen und läßt unbedingt den Schluß zu, daß es dort keine Verfolgung aus politischen, rassischen oder religiösen Gründen gibt. Da hätten sich die Sinti und Roma eben einen anerkannten Verfolgerstaat aussuchen müssen!

Da kann in der Zeitung ziemlich ungeschminkt über die Lage der rumänischen Zigeuner berichtet werden, an der vorgegebenen Gleichung, daß die postkommunistischen Staaten Nichtverfolgerstaaten sind, ändert sich dadurch nichts:

»*Im armen Rumänien sind die Zigeuner, ebenso wie in den meisten anderen osteuropäischen Ländern, die meistgehaßte Bevölkerungsgruppe, oft müssen sie als Sündenböcke für wirtschaftlichen Niedergang herhalten. Immer wieder – im vorigen Jahr rund 20mal, in diesem Jahr bislang 4mal – werden Roma-Quartiere überfallen und angezündet; Rostock läßt grüßen.*« (Spiegel 46/92,68)

»*Es ist wie überall in Rumänien: Mißtrauen und Verachtung spiegeln sich in den Augen der Menschen wider, wenn sie abfällig von den ›Tzigani‹ sprechen. Die Menschen hier haben wenig Vertrauen in Demokratie und freie Marktwirtschaft, ihre Lage hat sich seit dem Zusammenbruch des Kommunismus nur wenig gebessert. Da sind die Zigeuner die ersten, die den Haß der frustrierten Menschen gewaltsam zu spüren bekommen. ... Für die Masse der rumänischen Bevölkerung sind sie bis heute Vagabunden, die nicht arbeiten und vom Diebstahl leben. ... Am ehesten akzeptiert die rumänische Gesellschaft noch die assimilierten Zigeuner mit regulären Berufen ... Immer öfter kommt es zu pogromartigen Überfällen. So umzingelten Anfang Juli fünfzig maskierte Mitglieder der Anti-Terror-Einheit 02.180 des rumänischen Militärs den Rahova Platz. Eine halbe Stunde lang schlugen sie mit Holz- und Gummiknüppeln auf Männer, Frauen und Kinder ein (die dort Handel trieben). Sie verwüsteten Verkaufsstände und schworen allen Zigeunern Rache. Von dreißig Vorfällen dieser Art seit 1991 wird gesprochen. ... Bolintin, ein Dorf bei Bukarest, ist seit dem April 1991 ›zigeunerrein‹. Hier wurden die Häuser von 26 Zigeunerfamilien angezündet und die Familien vertrieben. Sie hatten in diesem Dorf 40 Jahre lang friedlich gelebt. Dem Pogrom ging – wie in vielen anderen Fällen auch – ein Verbrechen voraus. In der Nacht schneidet ein betrunkener Roma (NN) dem Studenten Christian(!) Constantin(!) Melinte(!) die Kehle durch. Am nächsten Morgen versammeln sich die Leute aus drei Dörfern und gehen, Stöcke schwingend, auf die Zigeuner los.*« (Kommt einem alles irgendwie ziemlich bekannt vor!) (SZ 17.10.).

Das Schutzbedürfnis von Sinti und Roma wird nicht verheimlicht. Es kann also niemandem verborgen geblieben sein, daß hierzulande mit den Asylbewerbern rein nach außenpolitischem Kalkül verfahren wird.

Da irritieren denn auch Meldungen nicht, nach denen ein gewisser Ceausescu, Kommunist, die ethnische Aussortierung von Zigeunern gerade unterbinden wollte:

»*Unter den Kommunisten durfte es, von offizieller Seite, keine Unterschiede zwischen den ethnischen Gruppen geben. Ceausescu verordnete die Zwangsassimilation der Zigeuner.*« (SZ 17.10.)

Denn daß sich mit Zwang nichts gegen die Macht des Blutes machen läßt und die – warum auch immer fehlgeschlagene – Assimilierungspolitik nur ein weiteres Verbrechen dieses Diktators darstellt, ist so sicher wie das Amen in der Kirche. »Verordnete Gleichstellung« von Völkern mit unterschiedlichen Volkscharakteren muß einfach schiefgehen, erkennt der aufgeklärte und auf Jugoslawien und die GUS deutende ethnologische Sachverstand sofort. Bei Lichte betrachtet gehen deshalb die Pogrome der postkommunistischen Ära noch voll aufs Konto der Kommunisten.

Etwas Mitleid hier und dort mit den armen Zigeunern, die es sicher nicht leicht haben, ist noch erlaubt. Doch können »wir« andererseits nicht die »Probleme der ganzen Welt« lösen.

Natürlich hat dieser Antiziganismus der Regierung mit den Zigeunerdeportationen der Nazis nichts zu tun. Herr Seiters will sie wirklich nicht in KZs einliefern, sondern bloß in ihre Heimat transferieren. Andererseits können auf Knopfdruck beim deutschen Volk alle einschlägigen Rassismen gegenüber diesem fahrenden, schmuddeligen, stehlenden und eigentlich aus Prinzip staatenlosen, also gesetzlos lebenden Volk abgerufen werden. Und die Regierung ist sich auch nicht zu schade, auf sie zu setzen, wenn sie sich die Billigung der Zigeunerdeportation abholen will.

Die Ausweislücke wird geschlossen

Am 24. September wird zwischen dem deutschen und dem rumänischen Staat ein Vertrag abgeschlossen (siehe Anhang 1), mit dem Deutschland die Ausweislücke schließt. Die rumänische Seite erklärt sich darin bereit, auszuweisende Rumänen auch dann »rückzuübernehmen«, wenn sie über keine gültigen Personalpapiere verfügen. Es soll ausreichen, wenn die rumänische Staatsbürgerschaft durch »verläßliche Zeugen« – das werden jene Zirndorfer Beamten sein, bei denen die Sinti und Roma ihren Asylantrag mit Angabe der Staatsbürgerschaft ausgefüllt haben – beurkundet wird.

Dieses »Rückübernahmeabkommen« hat seine delikaten Seiten:
Nicht nur läßt sich festhalten, daß die deutschen Asylpolitiker damit – nach ihrem eigenen Zählwerk – mehr als 100.000 illegal in Deutschland lebende Sinti und Roma dadurch vor deutschen Rassisten retten, daß sie sie schutzlos den rumänischen Rassisten ausliefern, die sie zwar mit Holzlatten

und Brandsätzen »diskriminieren«, aber beruhigenderweise nicht »politisch verfolgen«.

Darüber hinaus stellt sich die Frage, immerhin handelt es sich um einen Vertrag zwischen gleichberechtigten Staaten, was sich denn die rumänische Seite von dieser Vereinbarung verspricht? Denn bislang war sie sehr froh darüber, mit dem Verweis auf fehlende Dokumente die »Rückführung« der Sinti und Roma ablehnen zu können. Daß sie Deutschland aus purer Gefälligkeit von jenen Asylbewerbern befreien will, die in Rumänien nur für Kosten und Unordnung sorgen, kann schwerlich die Wahrheit sein. Auch die im Vertrag enthaltene Wechselseitigkeitsklausel, nach welcher Rumänien die Massen illegal eingewanderter Deutscher auch ohne Paß zurückschicken kann, dürfte kaum den Charakter einer Gegenleistung besitzen. Und die zugleich aus dem deutschen Staatssäckel für »Schulungszentren« in Rumänien abgezweigten 30 Mio. DM, zahlbar bis zum Jahre 1996, sind so dünn, daß sie nicht einmal als »Kopfprämien« etwas hermachen.[11]

Zwischen Staaten, gerade wenn nur der eine von beiden in der Welt etwas zu sagen hat, geht es in der Regel wenig höflich zu. Da setzt jeder bei Vertragsabschluß seine Mittel ein, um den Preis für das Abkommen möglichst niedrig zu halten. Rumänien konnte es sich folglich gar nicht leisten, einem solchen Begehren der Bundesrepublik größeren Widerstand entgegenzusetzen, wenn es weiterhin die höchst zweifelhafte *Gunst* von Deutschland genießen möchte; eine Gunst, die darin besteht, sie bei jedem weiteren Erbringen von Vorleistungen nicht wieder zu verlieren.

Diese schlecht getarnte Erpressung stellt im übrigen einen Eingriff in die rumänische Souveränität dar, den sich jeder westeuropäische Staat energisch verbitten würde: Deutsche Behörden legen fest, wer rumänischer Staatsbürger ist. Sie rütteln an den Grundrechten staatlicher Souveränität, indem sie auf die Existenz eines von rumänischer Staatsgewalt ausgestellten Staatszugehörigkeitsnachweises schlicht pfeifen. Wundern darf einen dies nicht. Denn wer ganz locker die Bürger eines anderes Staates auch gegen dessen Widerstand zum eigenen Volk zählt und überall Deutschstämmige ausgräbt, der beherrscht auch die umgekehrte Übung, Bürger ohne staatlich bezeugte Staatszugehörigkeit einem Staat selbst gegen dessen Willen zuzuschlagen – wenn's in den Kram paßt.

OKTOBER

Ein Staatsnotstand droht (Der Rechtsruck, Teil II)

»Staatsnotstand (etwa gleichbedeutend mit Ausnahmezustand) ist gegeben, wenn die öffentliche Sicherheit und Ordnung und damit der Bestand des Staates durch militärische Bedrohung von außen oder durch Ausnahmesituationen im Innern in solchem Maße gefährdet werden, daß die normalen Mittel der Rechtsordnung nicht ausreichen, um geordnete Zustände zu gewährleisten.«[12]
Zwei Monate nachdem die deutsche Presse in Rostock die Kapitulation des Rechtsstaates entdeckt hatte, ziehen sich die Politiker diesen Stiefel an. Der Kanzler selbst spricht das *Macht*wort. Er setzt noch einen drauf und malt einen »drohenden Staatsnotstand« an die Wand, der außergewöhnliche Maßnahmen erfordere. Wovon redet der Mensch?
»Bundeskanzler Helmut Kohl befürchtet einen Staatsnotstand, wenn das Asylproblem nicht rasch gelöst wird. In einem Interview erklärte der Kanzler und CDU-Vorsitzende, in den Augen der Bürger sei der Staatsnotstand eingetreten, wenn ein Staat handlungsunfähig sei. Er könne und werde als Bundeskanzler nicht zusehen, wie die Situation für die Bürger vollkommen unerträglich werde. ... Der massenhafte Zustrom von Asylbewerbern hat nach Kohls Äußerungen zu unhaltbaren Zuständen in den Gemeinden geführt. Wenn sich die SPD einer wirksamen Regelung des Asylrechts widersetzen sollte, werde er weitere Überlegungen anstellen, sagte Kohl.« (WK 24.10.)
Der Kanzler will drei »unhaltbare Zustände« ausgemacht haben: Erstens den Zustrom von Asylbewerbern, der die Grenzen der Belastbarkeit der Gemeinden überschritten habe; zweitens eine »tiefgreifende Vertrauenskrise gegenüber unserem demokratischen Staat«; und drittens eine SPD, die sich gegen jede »wirksame Regelung des Asylrechts« sperre, obwohl sie doch für eine Zweidrittelmehrheit gebraucht werde. Es darf – ganz nebenbei – schon als bemerkenswert festgehalten werden, daß in des Kanzlers Liste der »unhaltbaren Zustände« weder die brennenden Asylantenunterkünfte noch die wachsende rechtsradikale Szene auftauchen. Aber das ist nichts Neues, das hatten wir schon.
 Was treibt den Kanzler zu diesen großen Worten? Von kundigen Staatsrechtlern muß er sich sagen lassen, daß weder von einer »militärischen Bedrohung von außen«, noch von einer »revolutionären, bürgerkriegsähnlichen, auf gewaltsamen Umsturz der geltenden demokratischen Ordnung zielenden Bedrohung im Innern« die Rede sein kann. Und nur für diese Ausnahmesituationen seien die Notstandsregelungen erlassen. Auch mit bester Absicht ließen sich Asylbewerber nicht als Invasoren klassifizieren, sei ein Vertrauensverlust bei den Wählern nicht als Auftakt zum Bürgerkrieg zu deuten und auch das Versagen der Zustimmung der Opposition zu einer

Grundgesetzänderung ziele kaum auf den gewaltsamen Umsturz der Demokratie. Recht haben sie, die Herren Staatsrechtler. Auch wenn sie mit Kohl in der politischen Beurteilung der Problemlage einer Meinung sind und ihn nur vor verfassungsmäßig unbedachten Schritten warnen wollen, die, ihrer Auffassung zufolge, nicht einmal notwendig sind.

Dreifacher Notstand

Was ist von diesem Befund zu halten?

»Es ist lächerlich anzunehmen, der deutsche Staat geriete in Not, weil etliche Tausend oder auch Hunderttausend armselige Kreaturen von auswärts auf meist abenteuerlichen Wegen ins Land kommen, einen Aylantrag einreichen, der dann unbearbeitet liegenbleibt oder abgelehnt wird, unter absichtlich schlechten Bedingungen untergebracht und unterhalb des Sozialhilfesatzes bis zur Abschiebung durchgezogen werden. Selbst wenn die Regierung nicht bloß die halbe Million noch nicht erledigter Asylbewerber im Auge hat, sondern die wachsende Not in der endlich vom Kommunismus zur Marktwirtschaft befreiten Welt in einen dauerhaften Flüchtlingsstrom umrechnet, gegen den sie sich wappnen muß, so ist die Sichtweise doch reichlich absurd, die deutsche Staatsmacht wäre diesen Antragstellern ausgeliefert – selbst Stoiber weiß, daß es umgekehrt ist.« In Not geraten die *Aylbewerber*.[13]

Noch lächerlicher ist es anzunehmen, der deutsche Staat geriete in Not, weil es im deutschen Volk eine »Politikverdrossenheit« gibt, die dem Staat Handlungsunfähigkeit vorwirft, weil an den Stammtischen über die Untätigkeit der Politiker räsoniert wird und es eine Protestwählerbewegung gibt. Wie sollen denn Bürger, die zu ihrem Staat stehen und sich gerade deswegen von ihm mehr an Handlung wünschen, Bürger, die mit ihrer Stammpartei so verbunden sind, daß sie ihr mit einem Denkzettel auf den richtigen Weg helfen wollen, die Staatsmacht gefährden? Und selbst wenn der Kanzler Kohl nicht nur die treuen Protestwähler bedenkt, sondern die Wählerwanderung der letzten Wahlen hin zu Republikanern und der DVU hochrechnet, so ist doch die Sichtweise reichlich absurd, die deutsche Staatsmacht befände sich in einem Notstand. Vielleicht steht eine Verschiebung der Mehrheitsverhältnisse zwischen den Parteien an. Dann gerät vielleicht in das Getriebe der gut funktionierenden parlamentarischen Maschine etwas Sand. Vielleicht verliert die eine oder andere Partei ihren bequemen Zugang zur Macht, wenn es den Etablierten nicht vorher einfällt, die lästige neue Konkurrenz mit vorparlamentarischen Mitteln auszubooten.

An der Sache vollständig vorbei geht schließlich des Kanzlers dritter Notstand des Staates. Und dies gleich in mehrfacher Hinsicht. Selbst wenn die SPD zu gänzlichen anderen Vorstellungen darüber käme, wie der Asylantenflut beizukommen sei und sie der Regierung die für eine Grundgesetzänderung notwendige Zweidrittelmehrheit versagen würde, so läge hier parlamentarisch kein Notstand, sondern eine Abstimmungsniederlage der Regierungskoalition vor. Politisch wäre dieser Schaden begrenzt, da die SPD der Regierung in der Lagebeurteilung zustimmt, nur einen anderen Weg für angemessener hält. Also selbst von einem Notstand der Regierungspolitik ließe sich schwerlich reden. Doch nicht einmal diese Niederlage muß die CDU fürchten, da die SPD sich längst zu ihrer neu gewachsenen Verantwortung bekannt und die innerparteiliche Durchsetzung der Grundgesetznovelle auf den – wenngleich etwas beschwerlichen – Weg gebracht hat. Das mag den Zeitplan des Herrn Kohl durcheinanderbringen. Aber Staatsnotstand?

Außerdem:

Auch Engholm sieht einen Staatsnotstand

Ist es ein Zufall, daß der SPD-Vorsitzende an demselben Tag wie der Kanzler ein ebenfalls staatsmännisches Interview gibt, in welchem sich dieselben Diagnosen finden, in dem nur die Schelte der eigenen Partei etwas anders ausfällt?

Notstand eins:

»Freiheit bedeutet doch nicht, daß 600 Millionen Menschen frei entscheiden können, wo sie leben wollen. Das ist noch nie meine Vorstellung als Sozialdemokrat (!) gewesen. Wir können doch in einem Land, das mit achtzig Millionen Menschen auch unter großen inneren sozialen Sorgen leidet, nicht das ganz christliche Prinzip anwenden: Macht hoch die Tür, die Tor macht weit für alle dieser Welt. Das geht nicht. Es gibt zwei Milliarden Menschen, die in schlimmster Not leben. Wenn von denen auch nur zehn Prozent auf Wanderschaft gingen, zusätzlich zu denen, die auf diesem Kontinent in Not leben – das kann niemand ernsthaft wollen. Die Konsequenz hieße: Wir werden neue Grenzen um Deutschland ziehen müssen. Das weiß doch jeder. ... Wir lassen grenzenlos und ausschließlich über den Weg des politischen Asyls Menschen zu uns kommen, weil wir andere Wege gar nicht erst anbieten. Die Gesellschaft wird dann aus den Fugen geraten ...« (FR 24.10.)

Notstand zwei:

»Wenn sich im nächsten Jahr die Zahl weiter so nach oben katapultiert wie innerhalb des letzten Ein-Jahreszeitraums, dann wird quantitativ das Asylrecht ausgehebelt werden und wir werden nicht nachkommen mit Behelfscontainern, mit Verwaltungsrichtern, mit Ermittlern, mit Entscheidern. Es wird nicht gehen. Am Ende fürchte ich, wenn die Bevölkerung sieht, daß wir das Gesamtproblem Zuwanderung auf diesem Kontinent (!)

nicht lösen, dann wird unser Volk auf die Idee kommen können, andere mit dieser Aufgabe zu betrauen. Und was die daraus machen, das möchte ich nicht miterleben.« (FR 24.10.)
Notstand drei:
»Es kann der eine nicht ohne den anderen eine vernunftbedingte Lösung zustande bringen. ... Die Bundesregierung bekommt nichts über die Bühne, dem wir nicht zustimmen müssen und können(!). Frage: Warum fällt es Ihnen so schwer, diese Position sowohl in Ihrer Partei als auch in den traditionellen Bündnispartnern der SPD, den Gewerkschaften zu erklären?
Engholm: Darauf müssen Sie sich selbst einen Reim machen.« (FR 24.10.)
Die Notstandsszenarien von Engholm lesen sich fast wie um Klärung bedachte Erläuterungen zum Kanzlerwort. Sie sind eindringlicher: Man stelle sich vor, 10% von 2 Mrd., das sind 200 Mio., kommen zu uns! Sie sind deutlicher: Eine Mauer um Deutschland muß gebaut werden! Das weiß doch jeder! Sie gehen sofort zum Kern der Sache: Dann wählt unser Volk Schönhuber! Damit auch realistischer: Er weiß um den Hang zum Rechtsextremismus unter den Deutschen und auch darum, daß für diese Leute die etablierten Parteien auch ohne größere programmatische Änderungen wählbar sind. Weitsichtiger: Die Lösung des Asylproblems muß kontinentalen Zuschnitt haben! Und um den Sache angemessenen nationalen Konsens bemüht: Die Vernunft gebietet eine große Koalition in der Asylfrage.

Natürlich wird das Gerede vom Staatsnotstand dadurch auch nicht richtiger.

Notstand des Staates oder seiner Machtfülle?

Nimmt man jeden Befund für sich und prüft ihn, dann erscheint die Diagnose geradezu lachhaft und wieder auf Verwechslungen zu beruhen: der Verwechslung eines Staatsnotstandes mit dem Notstand der Opfer des Staates, mit einer Abstimmungsniederlage oder mit einem Durcheinander im Zeitplan der Politik. Doch auf Prüfung sind diese Befunde gar nicht berechnet. Ihre Botschaft ist ihnen völlig getrennt von ihrem Wahrheitsgehalt zu entnehmen. Hier werden *Maßstäbe für Politik* verkündet, auf die es den Parteiführern ziemlich ankommt, und zwar in der Form eines Urteils über die *aktuelle Lage* der Nation, was die Notwendigkeit dieser Botschaft unterstreichen soll:
An der Asylantenfrage lasse sich ablesen, wollen die Politiker dem Volk mitteilen, daß der deutsche Staat in einen Handlungsnotstand geraten sei; was das deutsche Volk den herrschenden Parteien so übel genommen habe, daß es kurz davor sei, ihnen das Vertrauen, Deutschland noch richtig führen zu können, zu entziehen. Ganz ohne Not in der aktuellen Politik wird also

der Maßstab salonfähig gemacht, daß ein Mehr an staatlichen Vollmachten her müsse. Und zwar deswegen, weil eine dem Staat attestierte *Untätigkeit* oder *Unfähigkeit* ihren Grund nur in *fehlenden Instrumenten für die unbeschränkte Durchsetzung der Staatsgewalt* haben könne.

So soll man die Lage betrachten, auch wenn man als Volksmitglied vielleicht noch gar nicht auf diese Idee gekommen ist. Und dieser Lagebeurteilung soll man die Maßstäbe für zukünftige deutsche Politik entnehmen. So machen auch die wenig verfassungskonformen Andeutungen aus dem Kanzleramt einen Sinn:

– Weil Gefahr für Deutschland im Verzug ist, müsse man so handeln, als seien die einschlägigen Grundgesetzartikel bereits geändert worden.

– Wenn die Zwei-Drittel-Mehrheit nicht zustande kommt, dann müsse eben auf der Grundlage einfacher Gesetze gehandelt werden.

– Man müsse den Mut haben, sich vom Bundesverfassungsgericht »aufheben« zu lassen.

– Wenn der Staat in einer Notlage parlamentarisch handlungsunfähig gemacht werde, dann »muß die Regierung im Interesse des Staates Mittel einsetzen, die nicht mehr verfassungskonform sind«. (Spiegel 45/92,18)

Im Herbst 1992 avancieren die demokratisch-parlamentarischen Prinzipien, für die wir doch den Osten befreit haben, ohne die – wie wir gelernt haben – ein Mensch nicht atmen kann und überhaupt..., zu *Schranken der Ausübung demokratischer Gewalt*. Bestand die historische Lehre aus deutscher Vergangenheit nicht gerade darin, in das parlamentarische System eine Fülle von Schranken gegen unkontrollierten Machtmißbrauch einzubauen? Nie wieder dürften von deutschen Parlamenten Ermächtigungsgesetze erlassen werden! Deswegen die Gewaltenteilung, die Verfassungsschutzorgane, die Unabhängigkeit des deutschen Rechtsstaats, der verfassungsmäßige Verfassungsschutz, die Wahlen, die Zweidrittelmehrheiten, die Entscheidungsfreiheit der Abgeordneten, die Fünf-Prozent-Klausel und deswegen das Parteiengesetz, das nur demokratische Parteien erlaubt usw.

Ja, Pustekuchen, die im Amt befindlichen Führer der deutschen Demokratie erklären ziemlich übereinstimmend, daß solche Bedenken nicht mehr gelten. Dazu sei die Lage zu ernst. Obgleich doch eigentlich dieses System von demokratischen Sicherungen, so kann man das wenigstens in den noch in Benutzung befindlichen Schulbüchern nachlesen, gerade für ernste Lagen erfunden worden sein soll.

Aushebelung des demokratischen Rechtsstaats?

Warum liebäugeln diese deutschen Demokraten mit Instrumenten und Vollmachten, die sie sonst an mißliebigen Diktaturen als Beweis für die Herrschaft eines Unrechtsregimes zitieren? Warum reicht ihnen die bisherige Machtfülle nicht mehr, obwohl durch die demokratischen »Spielregeln« in der Nachkriegszeit kein einziges deutsches Interesse irgendeinen Schaden erlitten hat? Warum fällt ihnen das jetzt ein, wo doch gerade der Umstand, daß dem Regierungslager und der Opposition gleichermaßen an mehr Machtfülle liegt, die Garantie dafür wäre, daß auch bei der zukünftigen Arbeit an wachsender deutscher Souveränität nichts anbrennen dürfte?

Nicht aktuelle Nöte diktieren ihnen den Maßstab. Sie wollen auf alle *Eventualitäten* vorbereitet sein. Es scheint so, als habe die politische Klasse im neuen Deutschland mit diesem Land und seinen Leuten noch einiges vor, wenn sie ohne Not den Maßstab der Notstandsbekämpfung in die Beurteilung ihrer Kompetenzen und Durchsetzungsmittel einführt.[14]

Wenn sie sich vorstellen, was bzw. wer ihnen hierzulande in die Quere kommen und ihnen das bisher so bequeme und einvernehmliche Lenken der deutschen Geschicke erschweren könnte, dann fällt ihnen schon einiges ein. So entdecken sie z.b. im Inland eine neue Sorte von Konkurrenz. Die kommt nicht aus dem linken Lager, obwohl die Demokratie, gerade die deutsche, sich immer gegen abweichendes Denken und Tun linker »Wirrköpfe« wappnet. Die kommt vielmehr von rechts und könnte ihr in der Tat – und sogar in doppelter Hinsicht – das Leben schwer machen: rechtsextreme Parteien, die nicht nur auch an die Bonner Fleischtöpfe, sondern dort ein anderes Gericht zubereiten wollen. »Republikaner kompromißlos gegen Maastrichter Verträge« (SZ 12.10.) berichten Zeitungen wahrheitsgetreu und rufen damit bei den Parteien der großdeutschen Koalition die Besorgnis hervor, ob sie denn wirklich ihrem Volk hinreichend die Dialektik von Souveränitäts*zugewinn* durch Souveränitäts*preisgabe* verklickert haben. Ob sie nicht mit ihrer (verlogenen) Agitation, daß europäische Völkerverständigung, der moderne Bündnis-Internationalismus also, den Nationalismus überwunden habe, nicht über das Ziel hinausgeschossen sind und den Bürger verprellt haben, der doch bloß ›Deutschland‹ denkt und will. Ob sie nicht folglich, und um die deutschen Bürger zu beruhigen, mehr auf die Wahrheit ihres politischen Interesses drücken müssen. Daß sie natürlich an ein deutsch geführtes Europa denken, daß ihnen ein Europa ohne DM-Hegemonie nicht vorstellbar erscheint usw. Aber das ist gerade das Problem. Daß Deutschland der Gewinner sein soll, wenn es Deutschland und die DM, die die Deutschen bekanntlich in dem Maße lieben, wie sie sie entbehren müssen, nicht mehr gibt, ist wirklich schwer zu begreifen. Vor allem, wenn noch nicht einmal sicher ist, daß dieses Projekt *gelingt*. Republikaner, die den borniertern deutschen Nationalismus gegen den Nationalismus des Europa-Internationalismus mobilisieren, die von deutschem Boden aus Europa für Deutschland kassieren wollen, haben nicht nur bereits Konjunktur, sondern durchaus auch Aussichten, als *die* deutsche Alternative zu reüssieren. Das kann einerseits von Kohl und

Engholm nicht geduldet werden, weswegen sie prophylaktisch die Anhänger dieser Parteien als fehlgeleitet und verführt aus der demokratischen Heerschar ausgliedern und damit allen Wählern eine eindeutige Warnung zukommen lassen. Andererseits aber müssen sie mit der Exekution dieser Urteile durch ein Parteiverbot an den rechtsextremen Parteien noch etwas vorsichtig sein, da deren Position mit der ihres eigenen Rückzugsgefechtes in der Europafrage durchaus identisch sein kann.

Außerdem gibt es noch die Zonis, die erst Demokratie lernen müssen, weswegen man sich als Machtkartell durch eine informelle große Koalition sogleich einmal vom »Wählerwillen« etwas unabhängig macht. Mit Verlust von »demokratischer Kultur« hat so etwas nichts zu tun. Denn gerade die Deklaration der Ziele von und für Großdeutschland zu »Schicksalsfragen« der Nation, die allesamt den »Staatsnotstand« von Deutschland abwehren sollen, machen bekanntlich außerordentliche Maßnahmen notwendig – selbst wenn diese die Regel bleiben werden, weil die Ziele gar kein akutes, also vorübergehendes *Not*programm sind.

Um die Demokratie muß man sich deshalb nicht sorgen. Denn alles politische Kokettieren mit »Ermächtigungsbefugnissen« steht nur dafür, diesen verpönten Zugriff zur Macht durch eine Allparteienherrschaft zu erübrigen. Und die ist in der Demokratie – natürlich nur zu ihrer Rettung – ebenso vorgesehen wie die Regierung über Notstandsartikel oder wie die Abschaffung, Umwandlung oder Relativierung von Grundrechten, mögen sie auch in der Vergangenheit als noch so heilig gegolten haben. Im übrigen läßt sich vom demokratischen Standpunkt aus die Notwendigkeit einer starken Opposition ebenso rechtfertigen wie deren Abschaffung: Wo in der Opposition der alternative Wählerwille aufgehoben ist, da obliegt es eben auch dieser Verkörperung der abweichenden Volksmeinung, mit ihrem Mandat in nationaler Verantwortung umzugehen. Und wenn sich Wähler um das Recht auf Opposition betrogen sehen – vielleicht besonders die Ossis –, dann findet sich mit Sicherheit ein Bundespräsident, der ihnen erklärt, daß die Opposition dort, wo sie erlaubt, ziemlich überflüssig und nur dort eine Lebensnotwendigkeit ist, wo sie als verboten galt.

»Wehrhafte Demokratie«

heißt das neue Stichwort. Darauf schwören zur Zeit alle großen Parteien, auch diejenigen, die einst »mehr Demokratie wagen« wollten. »Wehren« soll sich die Demokratie, sagen Kohl und Engholm, Schäuble und Klose inzwischen einhellig, gegen Feinde derselben von links und rechts gegen Gefährdungen durch Asylantenströme und durch unangebrachte Inanspruchnahme demokratischer Rechte durch jede Art von Interesse. Wie das gehen soll, wird vorexerziert: Im Namen der Demokratie und um sie zu retten, nimmt man Abschied von demokratischen Gewohnheiten, die noch vor kurzem zum Prinzipienbestand der Demokratie gehörten.

Wehrhafte Demokratie, das ist nicht die Abschaffung der Demokratie, das ist nicht Faschismus. Die wehrhafte Demokratie macht ihn vielmehr überflüssig. Sie schlankt Demokratie zum effektiven Herrschaftsinstrument ab, indem sie Privatinteressen, die nicht in das Staatskonzept passen, für verboten erklärt und alle etablierten Instrumente, Oppositionelles außerparlamentarisch und parlamentarisch zur Geltung zu bringen, zunehmend zu einer Zumutung erklärt. Und zu all dem kann sie sich von einem Volk ermächtigen lassen, das faschistischen Vorstellungen durchaus nicht abgeneigt ist; das sein Augenmerk auf eine Führung richtet, die Deutschland durch außenpolitische Erfolge und innenpolitische Kompromißlosigkeit Ehre macht, das deswegen Parteienstreit als unproduktiven Hader und das Parlament in klassischer Tradition als »Schwatzbude« bezeichnet; das die Politiker verdächtigt, ein Haufen untätiger Diätenkassierer zu sein, und sich deswegen leicht eine Politikverdrossenheit aufschwatzen läßt, welche dann die Politiker mit dem Einsatz geballter und neuformierter Staatsmacht bekämpfen dürfen.

Aber vielleicht ist die Konjunktur der Demokratie als Wert, die durch das erfolgreiche Einspannen des Volkswillens fälschlicherweise in den Ruf gekommen ist, es jedem privaten Interesse recht machen zu können, ohnehin vorbei. Vielleicht ist mit der Niederlage der SU, dem zum antidemokratischen System schlechthin erkorenen kommunistischen Feind des Westens, die Notwendigkeit entfallen, die Demokratie zum Menschenrecht aufzuplustern. Vielleicht war unsere Erziehung zu den Werten der Demokratie ohnehin nur die innenpolitische Seite eines außenpolitischen Kampfbegriffs. Vielleicht trennt sich deswegen allmählich auch das Getue um den Wert ›Demokratie‹ von ihrer Pragmatik als einer Herrschaftsmethode, die so effektiv ist, wie die Nationalerziehung des Volkes gelungen.

Der Stand der Debatte zum Asylrecht

Die Debatte über das Asylrecht und seine Novellierung folgt ihren eigenen Gesetzen. Nicht das politische Anliegen wird zur öffentlichen Diskussion gestellt, sondern Verfahrensfragen, deren Rechtsverträglichkeit und ihre Rolle in der Parteienkonkurrenz. Es ist eben wirklich in der Nation nicht strittig, daß die Asylbewerber – von politischen Ausnahmen abgesehen – hier nichts verloren haben.

Das »Problem« der Behörden: Schlagkraft

Deswegen können sich auch Asylpolitiker unter ziemlich vollständiger Anteilnahme des deutschen Volkes der Frage widmen, wie sich Deutschland am besten vor den Asylantenfluten schützen kann. Mit den vorliegenden Instrumenten sind sie, trotz aller Novellierungsarbeit, noch nicht zufrieden. Gegen die »Flut«, so haben sie befunden, hilft letztlich nur ein Wall um Deutschland herum. Den wollen sie errichten und denken dabei äußerst pragmatisch nur über geeignete Wege nach, die diesem Zweck dienen. Ihre Devise lautet im Klartext:
»Schluß mit dem Gefummel! 10 Jahre lang haben wir uns bei Novellierungen die Finger wund geschrieben, die in der Regel immer nur die Verfahrensbeschleunigungen bei der Abwicklung der Anträge von solchen Asylbewerbern leisten sollten, die *hier* ihren Antrag gestellt, die wir also bereits reingelassen haben! Das hört sich jetzt auf. Erstens weil man sie gar nicht mehr so einfach wegbekommt, wenn sie erst einmal hier sind und sich verkrümeln können. Und zweitens, weil das ja noch schöner wäre, wenn wir jedem dahergelaufenen Ausländer erlauben würden, unsere deutschen Rechtsmittel auszuschöpfen und uns damit Ärger zu bereiten!«
Dies ist denn auch der Stand der öffentlichen Debatte. Die Nation ist herzlich eingeladen, sich den Kopf nur noch darüber zu zerbrechen, wie es deutsche Grenzer, Gerichte und Behörden hinkriegen können, daß die Asylbewerber nicht mehr als Belästigung auf deutschem Boden in Erscheinung treten. Und die Einladung wird mit einem herzlichen Dankeschön angenommen. Der Spiegel breitet die Problemlage ziemlich vollständig aus:
»Ob jemand als Asylsuchender, als Tourist mit Dreimonatsvisum oder als illegaler Einwanderer über die grüne Grenze in die Bundesrepublik gekommen ist – wenn er in Deutschland bleiben will und sich nur einigermaßen clever anstellt, schafft er das auch. Die Möglichkeiten, einer Abschiebung zu entgehen (!), sind geradezu grenzenlos.« (Spiegel 46/92,50)
Das haben wir also von unserer Gefühlsduselei und unserem Liberalismus in Fragen der Rechtsstaatlichkeit. Schamlos wird deutsche Güte ausgenutzt:
»Daß beispielsweise von den 116.000 abgelehnten Asylbewerbern des Jahres 1990 gerade 3.060 abgeschoben worden sind, hat vor allem fünf Ursachen:
– Aufgrund der Genfer Konvention dürfen sogenannte De-facto-Flüchtlinge, wenn sie erst mal dank Art. 16 ins Land gelangt sind, in Deutschland bleiben. Dazu zählten Tamilen, Iraner oder Libanesen, die vor bestimmten Stichtagen in die Bundesrepublik gekommen waren. Erst (!) seit letztem Jahr muß der Bundesinnenminister solche Duldungen, die zuvor Ländersache waren (und daß die Länder unerklärliche Vorlieben für Tamilen, Iraner und Libanesen haben, weiß ja jedes Kind), *regelmäßig genehmigen.*

– Kranke Einwanderer können sich, trotz (!) Ablehnung ihres Asylantrages, auf die ›humanitäre Einzelfallentscheidung‹ berufen, die aus dem Ausländergesetz abgeleitet wird. Sie greift vor allem, wenn eine Behandlung im Heimatland nicht möglich ist. (Da hat das Ausländergesetz wohl eine erhebliche Lücke, zumal wir doch gerade beginnen, von den Heilmethoden der Naturvölker zu lernen!)
– In den sogenannten Drittlandfällen, wenn ein Flüchtling vor seiner Ankunft bereits in einem anderen Land vor seiner politischen Verfolgung sicher gewesen ist, kann in Deutschland zwar kein Asyl gewährt werden, bleiben dürfen die Betroffenen zumeist trotzdem – Beispiel: Ein Kurde aus dem Irak, der sich bereits vier Wochen in der Türkei aufgehalten hatte (na bitte, vier Wochen in der kurdischen Osttürkei überlebt), *wird kaum zurückgeschickt.*
– Heirat mit einem deutschen Partner oder einem anerkannten Asylanten verhindert ebenfalls eine Ausweisung – das Grundgesetz verlangt »den Schutz der Ehe«. (Höchste Zeit, daß im Grundgesetz klargestellt wird, daß dies nur für ungleichgeschlechtliche Inländer gilt!).
– Zum sogenannten Altfall wird ein abgelehnter Asylbewerber, dessen Verfahren sich so lange hingezogen hat, daß die Behörden eine Abschiebung nicht mehr durchsetzen mögen – aus den im Ausländerrecht festgeschriebenen ›humanitären Gründen‹. (Schon wieder so eine Lücke im Gesetz: Stopfen!)« (Spiegel ebd.)
Ausländer, die einfach die deutschen Gesetze oder die Feinfühligkeit von deutschen Behörden rücksichtslos für sich ausnutzen, obwohl sie doch wissen, daß sie unerwünscht sind, sind unerwünscht und können wirklich nicht beanspruchen, in den Genuß des deutschen Rechtsliberalismus zu kommen. So eben nicht, meine Damen und Herren Asylbewerber!
Aber es wird noch toller:
»Selbst wenn die Rechtslage eine Ausweisung gestattet, sehen sich die Ausländerbeamten vor neuen Hindernissen. Mehr als die Hälfte aller Zuwanderer, denen kein Bleiberecht zugesprochen wird, ›tauchen einfach ab‹. Wird einer der Untergetauchten erwischt, versucht die Behörde, ihn möglichst rasch ins Heimatland auszufliegen. In den meisten Fällen allerdings kommen die Herkunftsstaaten den deutschen Ausländerämtern mit bürokratischen Hemmnissen (die wir hier gar nicht leiden können und jedem Asylbewerber von vornherein aus dem Weg räumen!) *in die Quere. ... Indien zum Beispiel verlangt von den Abgeschobenen einen gültigen Reisepaß. Doch den hat der gescheiterte (!) Asylbewerber entweder verloren* (gemeint ist: »verloren«) *oder das Papier ist längst ungültig.«* (Spiegel ebd.)
Das sieht sogar schwer nach einem Komplott zwischen Flüchtlingen und Herkunftsländern aus. Nachher machen Verfolger und Verfolgte noch ge

meinsame Sache, Deutschland ist angeschmiert und die Asylbewerber lachen sich ins schwarze, gelbe oder weiße Fäustchen. Nicht selten machen sie sich dann auch noch lustig über Zirndorf. Neger geben als Namen gar »Jürgen Klinsmann« oder »Eiswürfel mit Geschmack« an (Spiegel ebd.).
Jeder weitere Kommentar erübrigt sich.
Fazit der Behörden: Nur wer nicht rein kommt, macht keinen Ärger!

Das »Problem« der SPD: Glaubwürdigkeit

Für die endgültige Abschaffung des Individualrechts auf Asyl soll das Grundgesetz geändert werden. Dafür braucht's die Stimmen der SPD, die sich mit der Zustimmung schwertut.

Deswegen gibt es neben der öffentlichen Debatte über die effektivsten Wege, den Asylanten»strom« mit einem Deich um Deutschland zu unterbinden, eine *parteipolitische* Debatte. Die ist komplizierter, da in ihr alle asylpolitischen Vorschläge in Fragen der Glaubwürdigkeit und Handlungsfähigkeit von Parteien verwandelt werden. Das geht so: Da mag sich die Opposition noch so sicher sein, daß um die Abschaffung des Individualanspruchs auf Asyl kein Weg herumführt. Doch meint sie, das nicht unumwunden zugeben zu können, ohne an Glaubwürdigkeit – bei wem auch immer – zu verlieren. Auf der anderen Seite glaubt sie, sich der »realpolitischen Vernunft« nicht entziehen zu können, ohne den Vorwurf der Handlungsunfähigkeit oder der Blockierung von gröberen Deichbauarbeiten rund um Deutschland zu kassieren.

Verkompliziert wird diese Debatte dadurch, daß jede beteiligte Partei ihre Einlassungen zur Asylfrage nicht nur nach solch aparten Kriterien kalkuliert, sondern diese Maßstäbe auch noch zum öffentlichen Thema erklärt. So daß mitten in einer ohnehin taktisch geführten Debatte über das Pro und Contra von Zuwanderungsregelungen und Grundgesetznovellierungen die eigene Partei, die nächsten Wahlen, die Eigenschaften einer Regierungspartei usw. zum Thema gemacht werden. Ein öffentlich abgegebenes Versprechen, glaubwürdig, regierungsfähig und verantwortungsbewußt zu sein, soll dann zusätzlich diejenigen überzeugen, denen gegenüber die Partei glaubwürdig erscheinen will. So gebärdet man sich einerseits bei den nationalen Themen – die im Prinzip einvernehmlich abgehakt sind – nationaler als national und umwirbt andererseits »Bürger draußen im Lande« zusätzlich mit einer Debatte über die erfolgversprechendsten Einseifungstaktiken.

Bei der SPD geht das so. Zwar hatte sie sich mit den Petersberger Beschlüssen längst auf den »verantwortungsethischen« Weg begeben und via Engholms Hutparabel – ›Paßt der alte Hut nicht mehr auf den Kopf des Volkes, wird das Volk geändert oder die SPD einen Kopf kürzer gemacht‹ oder so ähnlich – die Zustimmung zur Grundgesetznovelle signalisiert. Und die macht, wie CDU/CSU seit geraumer Zeit zu Recht verkünden, überhaupt nur einen Sinn, wenn sie das Individualasylrecht mit Rechtswegegarantie durch die Einführung von Listen mit Nichtverfolgerstaaten ersetzt, mit denen die Asylanten bereits an der Grenze vorsortiert werden können. Doch erklärt die SPD ihre Kehrtwende in der Frage der Grundgesetzänderung zugleich mit Hinweisen der folgenden Art: Natürlich werde sie das individuelle Asylrecht nicht antasten und Listen mit Nichtverfolgerstaaten kämen für sie schon gleich gar nicht in Frage. Sie fordere vielmehr zusätzlich ein Einwanderungsgesetz, das die Festlegung von jährlichen Einwanderungsquoten festlege.

Da könnte der Fachmann stutzen und der Laie sich wundern: Wie kann es angehen, daß eine Quotenregelung im Vergleich zu den Listen als ein humaner Akt vorgestellt wird, obwohl auch sie nichts anderes will, als Asylbewerbern bereits an der Grenze die rote Karte zu zeigen? Man muß sich also gar nicht erst in die ziemlich unappetitlichen Einzelheiten eines solchen Verfahrens hineinknieen (Nach welchen Kriterien werden Leute ausgewählt? Nach Arbeitsfähigkeit und Alter, nach Qualifikation und Schulabschluß? Oder nach Bedürftigkeit, nach Grad (!) der Verfolgung? Wird nach der Devise verfahren, daß wer zuerst kommt auch zuerst mahlt? Oder wie?), um seinen Pferdefuß zu erkennen. Den auszusprechen war G. Schröder vorbehalten. Sein Kompromißvorschlag – extra für den Sonderparteitag hat er sich noch Argument *gegen* die Quotenregelung einfallen lassen – ist ein Unikum, das sich nur aus der Sorge erklären läßt, den gemeinsamen Asylanten-raus-Beschluß hinzukriegen und dabei noch eine einigermaßen ordentliche Figur abzugeben, dem CDU-Vorschlag zuzustimmen und doch den Eindruck zu vermeiden, man sei umgefallen. Er ist für die Aufnahme der Genfer Konvention ins Grundgesetz, will aber das Essential – Individualasylrecht ohne Listen von Nichtverfolgerstaaten – beibehalten. Wobei er dazusagt, daß er vor allem deswegen schwer gegen die Listen ist, weil er davon »ausgehe, daß jeder Entscheider im Asylverfahren ohnehin Länderlisten ›im Kopf‹ habe.« (SZ 22.10.) Da trifft es sich gut, daß die Genfer Konvention das Individualasylrecht gar nicht kennt, was kürzlich besonders die Italiener gefreut hat, als sie die Albaner bei Bari zu Zigtausenden zurück in die Adria verfrachtet haben. Man stelle sich nur vor: All diese Albaner hätten den italienischen Staat, der die Genfer Konvention unterzeichnet hat, verklagt! Und die Quotenregelung mag Schröder deswegen nicht, weil seiner ehrlichen (!) Auffassung nach »derzeit die Quote Null (!) betragen müßte«. Denn, sagt der Ministerpräsident von Niedersachsen, der damit dem Begriff des »Wirtschaftsasylanten« einen ganz neuen Sinn verleiht,

> *»es könne gar kein Zweifel daran bestehen, daß bei der Aufstellung der Kriterien die Interessen der Wirtschaft die ganz entscheidende Rolle spielen müßten.«* (SZ 22.10.)

Schröder, der seinen Vorschlag für eine »goldene Brücke« zwischen Engholm und seinen Kritikern, zwischen der CDU/CSU und der SPD, zwischen Partei und Wählervolk, zwischen sich selbst als Parteimann und sich als deutschem Politiker usw. hält, bekommt hiermit den »Preis für außergewöhnliche Leistungen im Bereich der Architektur«. Er darf als Erfinder einer Brücke gelten, die das eine Ufer in kühnem Schlag mit sich selbst verbindet.

Die gesamte *parlamentarische* Asyldebatte dreht sich folglich nur noch um eine Frage: »Wenn schon klar ist, daß wir das Asylantenproblem nur durch rigorose Abwehrmaßnahmen an der Grenze loswerden können, dann ist allein zu klären, wer mit dem geringsten Gesichtsverlust davonkommt.«

Die SPD ist dabei in der eindeutig schlechteren Position, da sie den Ruf des Bremsers nicht los wird. Und der trägt ihr ärgerlicherweise sowohl bei den parteiinternen Kritikern als auch beim Volk nur Minuspunkte ein. Bei den Kritikern, weil die Bremsspur stinkt. Beim Volk, weil immer noch gebremst wird. Und lockert die SPD die Bremse auf dem Petersberg etwas, hat sie es auch niemandem recht gemacht, denn – so die Kritiker in der Partei –

»mit dem Kurswechsel übernimmt die Parteiführung die Verantwortung für den Zustrom an Asylbewerbern für die letzten Monate und Jahre. In der Sprache des politischen Gegners der SPD: Wenn Engholm jetzt mit der Behauptung recht hat, daß die Änderung des Art. 16 etwas bringt, dann galt das auch vor einem Jahr und vor zwei Jahren, und dann sind alle Asylbewerber, die seitdem zu uns gekommen sind, ›SPD-Asylanten‹!« (FR 10.11.)

Auf das Konto welcher Partei lassen sich die Asylbewerber abladen, lautet die aparte Sorge dieser höchst solidarischen Kritik. Sie gibt zugleich Aufschluß über die Minuspunkte, die die SPD beim Bürger für die Art und Weise kassiert, in der sie sich zur neuen nationalen Verantwortlichkeit durchringt: Da gibt es doch tatsächlich eine *innerparteiliche Diskussion*. Die ist der Problemlage natürlich völlig unangemessen und kann sich deswegen auch nicht auf Verfahren der innerparteilichen Demokratie berufen.

Das Problem der Grünen

Ja, die Grünen!

NOVEMBER

Berlin, 8. November:
Angetreten zum Demonstrieren

Der Staat geht auf die Straße

Wer nichts zu melden, aber trotzdem ein Anliegen hat, das vermittels der drei bis vier Gewalten kein Gehör findet, der meldet eine Demo an. Demonstrieren ist bei uns erlaubt, wird deswegen aber noch lange nicht gern gesehen. Zwar haben Demonstranten nichts zu sagen, verfügen über kein zug- oder schlagkräftiges Durchsetzungsmittel, demonstrieren also mit ihrem Anliegen, von der Straße her möglichst viele Bürger für die eigene Sache zu gewinnen, nur ihre Ohnmacht, da hierzulande weder die Gründe für ihr Anliegen noch die Zahl der hinter ihm versammelten Menschen etwas zählen, wenn die Karten bei der 1. Gewalt anders gemischt sind, und sind doch bei der Obrigkeit nicht sehr beliebt. Denn die Sicherheit, daß politik- oder gar staatskritische Anliegen von Demonstranten bei Teilen des Volkes nicht verfangen, hat sie eben nicht. Der erlaubte Versuch, von der Straße her für eine nicht im aktuellen Programm der nationalen Politik enthaltene Sache Druck zu machen, galt deswegen schon immer als ziemlich unseriös, immer häufiger als ungebührlich und in den letzten Jahren vermehrt nur noch als Fassade für Straftaten von Terroristen.

Daß die parlamentarisch vertretenen und von der Regierung durchgesetzten Anliegen des Mittels der Demonstration bedürfen, ist ungewöhnlich, keineswegs ein Zeichen von Ohnmacht und wird auch nicht als Fassade für terroristische Übergriffe benötigt. Im Deutschland der Nachkriegszeit sind Regierungen mit diesem Instrument sparsam umgegangen. Sie mochten die Erinnerung an Aufmärsche auf Reichsparteitagen nicht allzu häufig wecken. Aber immer dann, wenn es nach außen die Einheit von Volk und deutscher Führung im Kampf gegen die Erzfeinde Deutschlands und der freien Welt zu zeigen galt, dann wurden sie veranstaltet. Bevorzugt in Berlin, damit die Welt dann auf »diese Stadt schauen« konnte. Die Berliner wußten, was ihr politischer Nebenberuf war und ließen sich in der Regel nicht lumpen. Eine der letzten großen Demonstrationen »von oben« war eine Gegendemonstration und fand in Bonn statt. Sie galt dem vermeintlichen Antiamerikanismus der Friedensbewegung, den diese sofort per Verbrüderung mit der Gegendemo dementierte.

Für den 8. November ist wieder eine Staatsdemonstration angesetzt. Weder das Datum noch der Veranstaltungsort Berlin sind zufällig gewählt. Das Motto für die Demonstration schon gar nicht. Worum geht es? Die Anschläge auf Asylanten hören einfach nicht auf, obwohl die Regierung mehrfach erklärt hat, daß sie mit ihnen nicht einverstanden ist. »Das Ausland« wird bereits aufmerksam auf die wöchentlichen Toten, so daß »das Inland« dies auch registrieren muß. Ausländische TV-Anstalten filmen die Szenen aus Rostock und anderswo ab und melden, daß die deutschen Bürger aus der Vergangenheit nichts gelernt hätten.

Da dies keineswegs die ganze Wahrheit über das neue Deutschland ist und sich berufene Ausländer mit Interesse an solchen schlechten Nachrichten aus Deutschland nicht durch Regierungserklärungen, Parlamentsdebatten und Feierstunden im intimen Kreis von ihrer verunglimpfenden Presse abbringen lassen, muß das *deutsche Volk* auf der *Straße* höchstpersönlich und *in Einheit mit seiner Staatsführung* dieses Dementi veranstalten. Es soll zeigen, daß weder die Straße noch der Volksgeist von den »häßlichen Deutschen« besetzt sind, daß diese vielmehr in der Minderheit sind, daß die Mehrheit der Deutschen aus Ausländerfreunden besteht, die die Würde des Menschen achten, und daß die ausländerfreundliche Einheit zwischen dem deutschen Volk und seinen gewählten politischen Repräsentanten von niemandem in Zweifel gezogen werden darf.

Ein genialer Tagesbefehl: Die Würde...

Richard v. Weizsäcker, Rita Süßmuth, Engholm und Brandt (†), Fischer und Kelly (†), aber auch Kuhlenkampf und Gottschalk riefen, und ca. 300.000 (!) kamen, um ein Bekenntnis zur »unantastbaren Würde des Menschen«, dem Art. 1 des GG, abzulegen. Das hat selbst die Veranstalter überrascht, die ihrer Sache offensichtlich nicht ganz sicher waren. Dabei war die Demo wirklich gut vorbereitet: Die Rechtsextremen hatten in den letzten Wochen ganze Arbeit geleistet, die CSU war im letzten Moment ab-, die Kirchen und Gewerkschaften waren aufgesprungen, und der Tagesbefehl »Würde« war raffiniert gewählt. Weder war mit ihm eine politische Demonstration gegen Neonazis angesagt, die hierzulande die Domäne von Autonomen und Antifas ist und sicher zu Abgrenzungsproblemen und Revierstreitigkeiten geführt hätte; noch sollte eine demonstrative Parteinahme für die Asylpolitik der Regierung stattfinden, die der SPD die Teilnahme nicht möglich gemacht hätte, da sie ihre offizielle Zustimmung erst für ihren Sonderparteitag vorgesehen hatte. Und eine Demonstration gegen Asylmißbrauch, die sicher sehr erfolgreich verlaufen wäre, hätte den schlechten Eindruck im Ausland wohl nicht korrigieren können.

Die Demo unter die Losung des Art. 1 der Verfassung zu stellen, war trotzdem kein Notnagel oder der kleinste gemeinsame Nenner aller Demokraten, sondern ein genialer Einfall. Denn ein Volk, das sich und seine gewählten Führer im ersten Artikel seiner Verfassung auf die Unantastbarkeit der Würde des Menschen verpflichtet und diesen Artikel auch noch keinmal geändert hat, dieses Volk mitsamt seiner Führung *muß* im Kern und in seiner Mehrheit

89

einfach gut sein. Denn wenn es böse und häßlich wäre, dann hätte es sich ganz oben in die Verfassung hineingeschrieben, daß es die Würde des Menschen mit Füßen zu treten gedenkt – es sei denn, daß der Mensch ein Deutscher wäre. Hat es aber nicht!

Die deutsche Würde ist unverletzlich

Würde ist toll. Die braucht der Mensch. Das weiß jeder. Deswegen steht ihr Schutz bei uns im Art. 1. Hinterfragen ist schon deswegen ein Sakrileg. Doch was ist so toll an der Würde? Keiner kann recht sagen, was sie ist. Wozu man sie braucht, weiß dagegen jeder. Für das »Menschsein« eben. Wäre es z.B. vorstellbar, daß ein Mensch ohne Würde ist und es ihm dabei ziemlich gut geht? Unvorstellbar! Und umgekehrt? Kann ein Mensch Würde auch dann noch besitzen, wenn er im Dreck lebt? Aber immer! Doch wieso eigentlich? Ein Nachdenken über das, was Würde ist und soll, muß im Grunde genommen auch gar nicht stattfinden. Dafür ist sie ja das oberste Grundrecht. Und wir alle genießen sie hier, auch wenn gar nicht klar ist, was wir da genießen. Außerdem haben wir einen Philosophen zum Präsidenten, der einem das abnimmt.

Von Richard v. Weizsäcker durfte sich das in Berlin versammelte Volk vorbuchstabieren lassen, wie das mit der Würde zu verstehen ist. Der hielt eine Rede, die sich über weite Strecken erstaunlicherweise als eine Aufforderung zur Gewalt verstehen ließ. Und er kam bei der Mehrheit der Teilnehmer damit durchaus gut an. Von den 300.000 Teilnehmern war es eine verschwindende Minderheit von knappe 300, die Einwände geltend machte und diese Auslegung nicht unterschreiben wollte. Hatte Richard v. Weizsäcker das Manuskript verwechselt? Oder geht Würde so? Hat es seine Berechtigung, daß der Bundespräsident vornehmlich über Gewalt zu reden hat, wenn er über Würde aufklären will?

Hier besteht Klärungsbedarf. (Alle im folgenden aus dem Zusammenhang gerissenen Zitate sind der Rede entnommen, deren Zusammenhang im Anhang 2 nachzulesen ist.)

Offener Brief an Richard von Weizsäcker

Sehr geehrter Herr Bundespräsident!
Die »schweren Ausschreitungen«, sagen Sie, »gehen uns alle an«. Wir dürften uns nicht an die »tägliche Barbarei gewöhnen und nicht alles dem Staat mit

seinem Gewaltmonopol überlassen«. Wie darf man das verstehen? Ist dies ein Aufruf zum Widerstand gegen »tägliche Barbarei«? Was außer der täglichen Asylantenfeindlichkeit fällt noch darunter? Und wollen Sie den Bürger dazu ermuntern, dem Staat die Arbeit abzunehmen? Eine Aufforderung zur Selbstjustiz werden Sie doch kaum im Sinne gehabt haben? Geht es Ihnen um weniger Staatsgewalt durch mehr Bürgereinsatz? Aber kann das nicht gerade schief gehen? Können sich dadurch nicht sogar die Rechtsextremen von Ihnen ins Recht gesetzt fühlen, die doch ihren Kampf gegen die »tägliche Barbarei« der Asylbewerber gegen Deutsche bzw. Deutschland führen, den sie nicht den Politikern allein überlassen wollen – gerade weil sie sich so sehr »um Deutschland sorgen«?

Ihre »Absage an die Gewalt und die Zusage an die Würde des Menschen« ist natürlich auf der einen Seite unüberhörbar: »Wer vorgibt im Interesse Deutschlands zur Gewalt zu greifen, der vergreift sich im Namen unserer Nation.« Und auch Ihr Appell an jeden Bürger, er solle an seinem »Platz daran mitarbeiten, die Zivilisation vor der Gewalt zu schützen«, spricht eine eindeutige Sprache. Doch wie ist zu erklären, daß Sie auf der anderen Seite zugleich dem »Gewaltmonopol«, also der dauerhaften Bündelung aller Gewaltmittel der Gesellschaft in einer Hand, das Wort reden? Ausgerechnet das »Gewaltmonopol des Staates ist notwendig«, sagen Sie, das – und darauf verweisen Sie selbst – nicht einmal den Faschismus, also den »Zusammenbruch der Weimarer Republik verhindern« konnte. Sind nicht, vom Maßstab der potentiellen Gewalttätigkeit her gesehen, die Baseballschläger und Brandsätze der Neonazis nachgerade harmlos im Vergleich zum Arsenal an Waffen und Waffenträgern, über welches das staatliche Gewaltmonopol verfügt? Nein, es soll die Gewalt der Skins und Glatzen nicht verharmlost werden. Aber wie kann dabei zugleich die Verharmlosung der monopolisierten Gewalt vermieden werden? Und wie wollen Sie begründen, daß diese Gesellschaft eines derartigen Zwangsapparates bedarf, ohne zugleich ziemlich schlecht von den gesellschaftlichen Zusammenhängen reden zu müssen? Wenn die den dauerhaften Gewalteinsatz nötig machen, kann doch etwas nicht stimmen, und es wäre die Frage mehr als berechtigt, warum nicht dem Kern der »Konfliktträchtigkeit« zu Leibe gerückt wird, statt ständig nur ausbrechende Streitereien mit Staatsgewalt zu zügeln?

Geht man vorerst richtig in der Annahme, daß Sie kein prinzipieller Gegner von Gewalt sind? Daß Sie sich nicht prinzipiell dagegen aussprechen möchten, im – natürlich wohlverstandenen – »Interesse Deutschlands zur Gewalt zu greifen«, wie dies das deutsche Grundgesetz bekanntlich auch in vielen seiner Artikel vorsieht? Sie reden schließlich sehr deutlich dem Einsatz von vermehrter Gewalt gegen Gewalttäter das Wort, wenn Sie die »Verschärfung von Gesetzen« gegen die Extremisten in Erwägung ziehen. Aber würde dadurch nicht die Barbarei zum Prinzip der Regelung von Streitigkeiten:

Gewalt wider Gewalt! Wäre das nicht »Wasser auf die Mühlen der gewalttätigen Extremisten«, »die das Faustrecht des Stärkeren« als Ordnungsmittel bevorzugen? Ist es da nicht angebracht, zur besseren Orientierung gerade für die jüngere Generation, die bekanntlich einen festen Halt braucht, eine klare Abgrenzung zu ziehen zwischen guter und schlechter Gewalt, zwischen notwendiger und barbarischer, zwischen vernünftiger und brutaler Gewalt, zwischen einer Gewalt, die Deutschlands Interessen förderlich ist, und einer solchen, die sich im »Namen unserer Nation vergreift«? Wie soll die Jugend sonst wissen, welche Gewalttäter »gewalttätige Extremisten« sind, denen man entgegentreten muß, und welche Gewalttaten in Ordnung gehen, also die volle Zustimmung der Deutschen verdienen, weil sie »das deutsche Gemeinwesen handlungsfähig halten«? Wie soll ihr sonst einleuchten, daß die alltäglichen Gewalttätigkeiten von Bürgern gegen In- und Ausländer – die wirklich niemand verharmlosen will – das Etikett »barbarisch« und »zutiefst inhuman« verdienen, die Einrichtung eines zu jeder nur denkbaren Gewalttat nach innen und außen fähigen und bereiten staatlichen Gewaltinstrumentariums, einschließlich seines asylpolitischen Einsatzes, dagegen nur die »Würde des Menschen« schützt?

Und noch ein Problem stellt sich. Wie soll der Jugend überzeugend nahegebracht werden, daß Gewalt des Staates, nur weil sie die Form des Rechts besitzt, schon deswegen über jeden Zweifel erhaben ist? Wo es doch nicht selten vorkommt, daß sich Menschen – nach ihren durchaus nicht immer unmoralischen Maßstäben – im Recht wähnen, wenn die Gerichte ihnen einen Rechtsverstoß vorhalten? Da steht dann Recht wider Recht. Und welches Recht ist dann im Recht? Auch hier braucht's Klarheit, da diese Konstellation sonst geradezu nach einer gewalttätigen Auflösung schreit. Welches Recht ist befugt und welches ist nur eingebildet? Der Nachwuchs, dessen Orientierungslosigkeit und Desintegration doch gerade – wie namhafte Wissenschaftler nicht müde werden zu betonen – die Attraktivität für die Rattenfänger ausmacht, hat ein Recht auf eindeutige Aufklärung. Wer darf denn aus welchen Gründen die Maßstäbe seines Handelns, sein Interesse also, zum Recht deklarieren? Es leuchtet unmittelbar ein, daß – und so verstehe ich Ihre Passage über die »Pflicht der Staatsorgane, das deutsche Gemeinwesen handlungsfähig zu halten« – nicht jeder Prozeß mit einem Ethik-Symposium beginnen kann. Da stünde wirklich die »Handlungsfähigkeit« der deutschen Justiz zur Disposition, und Rechtsbrecher hätten leichtes Spiel. Wenn aber die Frage der Gültigkeit von Rechtsnormen mit der puren Existenz der deutschen Justiz, der zweiten Gewalt, entschieden ist, wäre dann nicht der ethische Streit um Rechtsnormen letztlich nur durch die monopolisierte Gewalt entschieden, die doch durch die Berufung auf das richtige Recht eigentlich überflüssig werden soll? Gerät man da nicht in einen verhängnisvollen Zirkel, der statt Verhaltenssicherheit doch nur wieder Desorientierung auszulösen vermag? Gewalt wider Gewalt, sagen Sie, löst keine, sondern schafft Probleme. Deswegen hat man dem Recht zu vertrauen, sagen Sie. Doch wenn ein permanenter Streit um Rechtsnormen nur durch das vom Rechtsstaat gesetzte, kontrollierte und exekutierte Recht überflüssig wird, hat dann nicht letztlich nur das Recht des Stärkeren gesiegt? Und führt das nicht zu dem Problem zurück, dessen Lösung Sie uns mit der Rechtsfrage versprochen haben: Welche Gewalt ist denn gut, vernünftig, human und damit national gerechtfertigt?

Schließlich kommt man um ein letztes Dilemma auch nicht herum. Denn selbst Ihr schlagendstes Argument, dem diese Demonstration Nachdruck verleihen soll, kann leicht zum heimtückischen Bumerang werden. Es soll doch wohl der Art. 1 unseres Grundgesetzes, der die »Unantastbarkeit der Würde des Menschen« garantiert, der Beweis dafür sein, daß nur das Staatsrecht und damit das staatliche Gewaltmonopol Anspruch auf Zustimmung, Unterstützung und gelegentlich sogar Unterwerfung reklamieren kann. Es soll nicht erneut darauf verwiesen werden, daß Ihre populistische Auslegung des Art. 1 – »Die Würde ist das Fundament des Grundrechtes. Aber leben kann sie nur davon, daß jeder von uns es als Verpflichtung versteht.« – einem Streit über den Inhalt von Würde und über die Mittel zu ihrer Verteidigung Tür und Tor öffnet. Denn die Rechtsextremen fühlen sich mit Sicherheit der »Würde des deutschen Menschen« verpflichtet, wenn sie Ausländer aus dem Lande jagen wollen. Es soll vielmehr gefragt werden, wie dem Bürger geholfen werden kann, der diesem Art. 1 gegenüber deswegen skeptisch ist, weil er aus eigener Erfahrung z.B. als ehemaliger DDR-Bürger weiß, daß solche und ähnliche Grundrechte auch in der Verfassung von Unrechtsstaaten stehen? Wo Gewalt nicht gleich Gewalt, wo Recht nicht gleich Recht ist, da wird so ein Grundrecht von der Würde des Menschen auch nicht gleich einem Grundrecht sein. Zumal ja feststeht, daß drüben das Recht ein Unrecht war und die Staatsgewalt ihr Mißbrauch. Wäre dann überhaupt die Berufung auf diesen Verfassungsinhalt dazu angetan, die Rechtsförmigkeit der Gewalt und damit das Gewaltmonopol selbst als die richtige und gute Gewalt zu begründen? Liegt man wenigstens richtig, wenn man sich im Zweifel einfach an seinen Staat hält, »weil uns unser Land am Herzen liegt. Und weil wir uns um Deutschland sorgen«? Dies hätte den Vorteil, daß der Jugend eine klare Orientierung gegeben wäre und auch das Alter wüßte, wie es sich seinen ungelösten Problemen zu stellen hat. Oder macht man es sich da zu einfach?

Schlußendlich mag vielleicht die Sache mit der Menschenwürde selbst zu Unklarheiten führen. Was Sie meinen, ist unzweifelhaft: Selbst der Asylbewerber ist – und für diese Klarstellung kann man nur dankbar sein – kein Tier, sondern ein Mensch, der eine Menschenwürde besitzt. Die ist verletzt, wenn er mit Brandfackeln traktiert wird. Gewalt und Würde, genauer: unbe-

93

fugte, inhumane Gewalt und Würde schließen sich aus! Der Flüchtling mag zwar sonst gar nichts mehr haben, sein Eigentum, vielleicht sogar seine Angehörigen und auch seine Heimat verloren haben, aber seine Menschenwürde, die hat er noch, wenigstens in deutschen Asylantenunterkünften. Daß Ausländer mit Stöcken und Stangen vor allem in ihrer Würde verletzt werden, wenn sie zusätzlich zu allem sonstigen Unbill auch noch körperlichen Schaden erleiden, liegt auf der Hand. Denn unsere Würde ist das höchste Gut, das man selbst dann noch besitzt, wenn man einfach gar nichts mehr besitzt. So gesehen – da versteht man Sie doch richtig? – ist der Mensch letztlich nur dadurch reich, daß seine Würde geachtet wird.

Als ernsthafte und mehr ins Philosophische, also durchaus in ihre Zuständigkeit fallende Frage mag gelten, was sie eigentlich ausmacht, die Würde, und wieso sie durch unbefugte Gewalt verletzbar ist. Doch wenn man weiß, daß dem Menschen z.b. durch Versklavung die Würde genommen wurde, der Bürger der Neuzeit dagegen selbst dann noch über sie verfügt, wenn es ihm materiell ähnlich dreckig geht wie ehedem den Sklaven und Leibeigenen, dann kommt man wohl der Sache schon sehr nahe: Es wird irgendetwas mit unserer Freiheit zu tun haben, und daß man auf den eigenen freien Willen selbst dann noch stolz sein soll, wenn man nicht anzugeben weiß, was man eigentlich von ihm hat. Oder anders gefragt: Ist Würde der Zustand eines Menschen, der stolz darauf ist, über sich selbst dann noch frei bestimmen zu können, wenn es ihm an Mitteln zur Verwirklichung seines freien Willens gebricht? Besteht der Zusammmenhang zwischen Würde und Gewalt dann darin, daß die – unrechtmäßig ausgeübte – Gewalt die Würde des Menschen verletzt, weil sie ihm kaum noch eine Chance läßt, sich aus freien Stücken, also im Bewußtsein seiner Notwendigkeit und hoch erhobenen Hauptes ins Unvermeidliche zu schicken? Es soll sogar Kandidaten für die Todesstrafe nicht einmal auf dem Weg zum elektrischen Stuhl an Würde gefehlt haben. Gerade an solchen Extremsituationen sieht man, welch hohes Gut die Menschenwürde ist. Sie ist selbst dann nicht totzukriegen – wenn der anstehende Totschlag rechtens ist. Wenn man weiß, besser: wenn man sich von der legitimierten Gewalt davon überzeugen läßt, daß ihre »alltägliche Barbarei« zu etwas gut ist, dann läßt sich mit Würde jedes Schicksal ertragen. Wenn diese geistige Zuflucht zum irdischen Gewaltmonopol fehlt, dann bleibt nur noch die Zuflucht zum Außerirdischen.

Daß man sich für seine Würde nicht nur nichts kaufen kann, daß sie vor allem immer dann als hohes Gut gepriesen wird, wenn man vom gesellschaftlichen Reichtum nicht viel abbekommen soll, muß also als materialistischer Einwand zurückgewiesen werden, der sich selbst disqualifiziert. Umgekehrt können wir nachgerade froh darüber sein, daß es immer wieder solche Extremsituationen wie vor Ausländerunterkünften gibt, in denen wir Deutsche zeigen können, wieviel uns die Menschenwürde bedeutet. Das können wir dann vor allem dadurch beweisen, daß wir uns jeglicher menschenunwürdigen Gewalttat gegenüber Asylbewerbern und gegenüber unseren »ausländischen Mitbürgern« enthalten und sie ganz der Staatsgewalt überlassen. Nur so bleibt – mit der Würde des Fremden – zugleich auch die Würde Deutschlands und aller Deutschen unangetastet. Es ist also kein Zeichen fehlender, sondern vielmehr Beleg für vorhandene Würde der Deutschen, wenn sie den eigenen Willen an die Staatsgewalt abtreten. Die umgekehrte Sichtweise, daß der Staat nur deswegen unbeschränkt walten kann, weil in der Demokratie die Bürger ihren Willen geschlossen an ihn abtreten, und daß die Ohnmacht der Leute dann ihre Würde genannt wird, ist böswillig und folglich aus dem Verkehr zu ziehen.

Fast könnte man zu der Auffassung gelangen, daß es seinen guten Sinn hat, wenn diese Fragen gar nicht erst im einzelnen aufgeworfen werden. Das vermeidet auf jeden Fall Rechtsunsicherheiten und Desorientierung. So gesehen liegt jenen Kräften, die da unerbittlich nachbohren, diesen »linksradikalen Schreihälsen«, »unser Land wirklich nicht am Herzen«. Mit ihrer Achtung der Menschenwürde wird es dementsprechend auch nicht weit her sein. Deswegen gebietet es die Menschenwürde, macht das Recht es erforderlich und erlaubt es die Staatsgewalt, daß man sich gegen solche Störer und Extremisten »zusammen mit der ganz überwiegenden Mehrheit der Deutschen durchsetzt«.

Ihre Rede hat wie immer viel gegeben.

Hochachtungsvoll

Die gestörte Inszenierung der »good-kraut-production«

Die CSU schert aus: »Scheinheilig!«

Von vielen Teilnehmern der Demo wurde das Ausscheren der CSU gar nicht als Störung, sondern als ihre Befreiung von falschen Mitläufern angesehen. Die Gründe fürs Fernbleiben hatte Ministerpräsident Streibl verkündet:
»Diese Medienveranstaltung ist ein einziges Ablenkungsmanöver. Dort demonstrieren Politiker, deren Pflicht es wäre, endlich etwas zu tun. ... Wer hat denn unsere Gesetzesvorlagen im Bundesrat und Bundestag niedergestimmt? Doch diejenigen, die in ihrem Verantwortungsbereich versagen und deren Schweigemarsch in Berlin zum Trauermarsch für eine hilflose Demokratie wird. ... Deshalb habe ich diese Demonstration eine Alibiveranstaltung, ein Dokument der Hilflosigkeit und der Scheinheiligkeit

genannt. Deshalb gehe ich nicht hin. Es ist eine Schaufensterveranstaltung, die keinem Ausländer nützt und schon gar keinen Skinhead beindruckt. ... Diese Demonstration erweckt den Eindruck, als seien Ausländer für die Deutschen etwas völlig Neues, als müsse man die Deutschen erst von oben herab belehren und mit erhobenem Zeigefinger ermahnen, doch nicht ausländerfeindlich zu sein. Aber genau dies ist es, was die Menschen so verbittert. Denn die überwältigende Mehrheit kennt keinen Ausländerhaß, und der radikalen Minderheit muß man konkret und mutig zeigen, daß das Gewaltmonopol nicht bei ihnen liegt, sondern allein beim Staat, ...« (Pa 47-48, 10)

... weswegen der eben auch nicht auf die Straße geht, sich nicht mit dem Pöbel gemein macht. Das könnte glatt als Aufforderung zu einer Form von Gewaltenteilung verstanden werden, gegen die – da hat der Streibl recht – die Demo gerade Front machen sollte. Demonstriert wird an Fronleichnam und wenn es in den Krieg geht. Sonst nicht. Damit hat er nicht so ganz recht. Denn mit der Demo soll weder einem einzigen Ausländer geholfen, noch ein Parteienkonsens vorgetäuscht werden, den es nicht gibt. Umgekehrt: Weil es ihn längst gibt, deswegen klappt die deutsche »Good-Kraut-Production« (Newsweek). Und es läßt sich ihre Überflüssigkeit auch nicht dadurch begründen, daß man kontrafaktisch das deutsche Volk zu einem Volk von alteingesessenen unbeirrbaren Ausländerfreunden erklärt. *Daß* es so ist, soll gerade durch die Demo dem Ausland vorgeführt und beim Inland als zentrale Richtlinie für die nationale Identität im Herbst 1992 in Auftrag gegeben werden. Streibls Einfall (!), die Demo könnte gerade den Verdacht bestärken, der im Ausland erwacht ist, wird zurückgewiesen: Sein Befund über das deutsche Volk stimme schon, nur müsse das eben aller Welt gezeigt werden. Streibl, der offenbar nicht so recht weiß, wann die Straße ›der Pöbel‹ und wann sie ›das Volk‹ ist, hat diese demokratische Technik der Volkseinschwörung nicht verstanden. Von oben, von der Führung dazu eingeladen zu werden, das schlechte Deutschlandbild im Ausland demonstrativ zu korrigieren, so ein nationalistisches Ansinnen findet seine Parteigänger *im* Volk und macht *dem* Volk zugleich klar, was es ab sofort zu sein hat: ausländerfreundlich!

Eine Störung von links: »Heuchler!«

Die wurde zu einem Skandal, der jeden Brandsatz der Neonazis aus den letzten Monaten kurzzeitig in den Schatten stellte. Da hatte es doch eine Gruppe von Kritikern der Ausländerpolitik der Bundesregierung gewagt, sich bis auf Wurfweite der Rednertribüne, damit den Kameras und Mikrophonen zu nähern, hatte mit »Heuchler«-Rufen und Trillerpfeifen die Konkurrenz mit der Lautsprecheranlage aufgenommen und sogar mittels landwirtschaftlicher Produkte die Fangsicherheit der Leibwächter des Bundespräsidenten getestet. Wären sie still in der Menge geblieben, hätten sie sich auf das Aufzeigen von Papptafeln (»Die Heuchler laufen in der ersten Reihe«, »lip service«, »Hier marschieren die Schreibtischtäter«, »Die deutsche Würde ist unantastbar!«, »Die Biedermänner sind die Brandstifter«, »Los incendarios ideologicos dirigen esta manifestacion«, »Was haben Euch die Ausländer eigentlich getan?«...) beschränkt, dann wären sie – mehr oder weniger zähneknirschend – als Beleg dafür gewürdigt worden, daß in Deutschland nicht zum Demonstrieren befohlen wird, sondern sogar kritische Beiträge in dieser Demo ihren Platz haben. So aber störten sie in der Tat das Bild der friedlichen Demonstration deutscher Ausländerfreundlichkeit. Die geplante Show war wirklich im Eimer.

Das Vergehen dieser »Gewalttäter« wog deshalb so viel schwerer als die abgebrannten Ausländerheime, weil sie die Inszenierung des friedlichen guten Deutschland, vor dem niemand auf der Welt Angst zu haben braucht, also ein *außenpolitisches Anliegen,* durcheinandergebracht hatten. Der sorgfältig aufgebaute Ruf eines Deutschland, das seine antifaschistische Lektion in den letzten Jahrzehnten gelernt hat und deswegen auf der Welt nur noch den Frieden zu bewahren gedenkt, dieser Ruf sollte unterstrichen werden, was für die Veranstalter ausgerechnet durch das Eingreifen einer antifaschistischen Minderheit in Frage gestellt war. Dabei gehen deutsche Politiker sehr selbstverständlich davon aus, daß das Ausland seine eigenen Verwechslungen von autonomen Antifaschisten mit Faschisten und seine eigenen Gleichsetzungen von Sprechchören und Eiern mit Mordanschlägen auf Wohnheime drauf haben muß. Sie scheinen zu wissen, daß die Konkurrenz, die Punkte gegen Deutschland sammeln will, in der Beweisführung genauso großzügig ist wie ihre deutschen Kollegen.

Die Grünen – Antje Vollmer stellte sich höchstpersönlich als Schutz und Schirm für den Bundespräsidenten in Positur – und die Menschen vom Bündnis 90 brachte diese Störung mehr auf die Palme als die Schreibtischtäter von der Faz oder BILD:

»Die linksradikalen Randalierer, die mit Steinwürfen und Gebrüll unsere (!) Demonstration für das Recht (worauf?) *eines jeden Menschen in Deutschland zu stören versuchten, haben damit ihr wahres Gesicht als Rassisten und Ausländerfeinde entlarvt.«* (K. Weiß, Bündnis 90, Stern 47, 26)

Das darf nicht verwundern, da doch diese Menschen ihre neugewonnene deutschnationale Identität daraus ableiten, daß es einerseits schwer für Deutschland und andererseits schwer für sie spricht, wenn sie inzwischen in den nationalen Konsens aufgenommen worden sind. Die Furcht, sie könnten wieder ausgegliedert werden, weil aus ihren Reihen oder aus den Reihen vermeintlicher Sympathisanten Eier und kritische Sprüche gegen das Staatsoberhaupt fliegen, treibt sie zu diesen ebenso hektischen wie abenteuerlichen Distanzierungen. So werden denn – wider besseres Wissen – antirassistische Kritiker der ausländerfeindlichen bundesdeutschen Asylpolitik deswegen zu »Rassisten und Ausländerfeinden« erklärt, weil sie nicht im nationalen Gleichschritt mitmarschieren.

Und Walter Jens ergänzt:
»Das war eine Parallele zum Treiben vor den Asylantenheimen: Der Gewalttätigste ist der Medienstärkste.« (ebd., 27)
Der Abend im Fernsehen bestätigte dies auf seine Weise. Er war in erster Linie dem »Skandal« gewidmet. Die Bilder von der Abschlußkundgebung kamen auf Schleife, Politiker hatten zu erzählen, daß sie sich ihrer Tränen nicht geschämt hätten, und der Münchner Politologe Wolfsohn durfte in illustrer Runde ständig die Quintessenz seiner politischen Wissenschaft wiederholen: »Verbrecher! Einsperren!«

Diese *Aufbereitung* des Skandals geriet jedoch im Folgenden selbst zum Skandal. Als »mediale Verfälschung der wirklichen Situation, die auch die Demokratie gefährden« könne (harter Tobak!), schalt SPD-Thierse das TV-Spektakel und regte an, daß sich doch in Zukunft die Berichterstatter bei den Politikern Ratschläge darüber abholen sollten, welche Sichtweise der Ereignisse gerade in die Landschaft paßt. Ob Abfilmen von Randale vor Asylantenheimen gefragt ist, weil harte Maßnahmen geplant sind, oder ob das Abfilmen von ausländerfreundlichen Gegendemonstrationen gewünscht ist, weil die »mediale Verstärkung radikaler Tendenzen« (Thierse, Stern 47, 34) unterbunden werden muß. Daß hier ganz offen der Zensur das Wort geredet wird, fällt keinem der Gescholtenen auf. Sie scheinen es gewohnt zu sein, ihre objektive Berichterstattung nach ihrer politisch gewünschten Wirkung aufs Volk zu kalkulieren. Nur dem Spiegel ist ein Widerspruch aufgefallen:

»Zehntausende von Demonstranten haben auf Dutzenden von Demonstrationen die gleiche Erfahrung gemacht. Ob sie gegen Raketen oder Kernkraftwerke, Startbahnen oder Wiederaufbereitungsanlagen protestierten – erst die Gewalt sicherte zuverlässig die öffentliche Beachtung. Das Medium sorgt für die verfälschende (!?) Botschaft. Neu ist allerdings, daß nun Politiker über die auf Krawall fixierte Kameraführung des Fernsehens klagen, denen diese Optik bei anderer Gelegenheit so verzerrt nie schien, zum Beispiel dann nicht, wenn es galt, schärfere Gesetze gegen Demonstrationsstraftäter zu begründen.« (Spiegel 47/92, 23)
Mit Sicherheit ist dem beleidigten Spiegelmann dies nur deshalb eingefallen, weil die Politikerschelte den »Medien« galt. Daß ausgerechnet sein Magazin in der Vergangenheit etwas gegen die »verfälschende Botschaft« getan hätte, die nur Gewalttaten ablichtete und jedes begründete Anliegen der Demonstranten damit erschlug, wird er kaum ernsthaft behaupten können.

So gab es denn am und nach dem 8. November
1. eine *nationale Einheitsdemo,* in der sich die fast geschlossen angetretene deutsche Führung mit Teilen des Volkes gemein machte, um dem Ausland den guten Deutschen vorzuführen und um dem Inland die neue Losung zu verpassen, daß sich nämlich für das Volk ab sofort nur noch Ausländer*freundschaft* gehöre und die Abteilung der Ausländer*feindschaft* gefälligst der Politik zu überlassen sei.
2. gab es eine *Störung* dieser Einheitsveranstaltung durch Autonome, die das gewünschte Bild in der Tat trübte. Die hatten vor, »Biedermänner (?) als Brandstifter« und »Heuchler« zu entlarven, und bekamen prompt die übliche Aufmerksamkeit als »terroristische Gewalttäter«.
3. gab es den »*Medienskandal*«, der darin bestand, daß der Skandal sorgfältig »medial« registriert wurde, weswegen er überhaupt erst einer geworden sein soll. Das führte keineswegs zur Entlastung der Störer, sondern zur Schelte und Selbstbezichtigung der Medien, die versprachen, in Zukunft gemäß der neuen Devise zu verfahren und dem ausländerfreundlichen Deutschland mindestens ebensoviel Platz und Bedeutung beizumessen wie dem um so vieles spektakuläreren Treiben der Faschos und Skins. Das erspart den Medien die Zensur, den Autonomen aber keineswegs die vermehrte Aufmerksamkeit durch die Staatsschutzorgane.
4. schließlich wußte man der *Störung* dann auch noch ihr *Gutes* abzugewinnen: »Es gibt seit dem Sonntag keinen Grund mehr, irgendeiner extremistischen Richtung politische oder strafrechtliche Rabatte zu geben.« (Faz 10.11.) Gemeint waren die Linken, die von großzügig eingeräumten Rabatten ohnehin nie etwas bemerkt haben dürften. Und die Faz setzt noch einen drauf: »Und es gibt auch die Illusion nicht mehr, man brauche nur einen Anlaß zu beheben und damit sei alle Gewalt des Vorwandes beraubt.« (ebd.) Das soll wohl heißen: Wehe, Politiker, ihr meint, mit der Lösung des Asylproblems sei jeder unerlaubten Gewaltanwendung der Anlaß genommen. Wer da Hauptund wer Nebenfeind ist, daran möchte diese Zeitung eben bei aller Rechts-Links-Gleichsetzung keinen Zweifel lassen.
5. war damit endlich der 8. November so aufgearbeitet, daß sich alle auf ihn auch als einen *Erfolg* besinnen konnten. Was sind denn schon 300 gegen 299.700?! Die »geklaute Demo« war damit in all ihren Facetten staatstragend zurückerobert.

Ein einig Volk von Ausländerfreunden

Es ist noch gar nicht lange her, da versuchte eine Bewegung, die sich der Linken zurechnete, gegen Ausländerfeindlichkeit in der deutschen Bevölkerung und gegen ausländerfeindliche Ausländerpolitik (ein Pleonasmus übrigens!) ihr Glück mit Werbeveranstaltungen für Ausländer. Die wären zwar ziemlich ausländisch, hieß ihr zentrales Argument, aber bei genauerem Hinsehen dennoch brauchbar für deutsche Belange: für die »Dreckarbeit«, für die sozialen Kassen, für die Verjüngung der Arbeitsbevölkerung, für die Multikultur, für den Beweis deutscher Ausländerfreundlichkeit usw. Deswegen sei es auch falsch, unverantwortlich und undankbar, sie einfach so abschieben zu wollen. Diese alternativrassistische Überzeugungsarbeit wollte den ausländerfeindlichen Deutschen die Ausländer dadurch schmackhaft machen, daß sie als gute Diener aller nationalen Anliegen – tatsächlicher oder erfundener – ausgepinselt wurden.[15] Wie bei jeder Werbung wurden die Ausländer als »Produkte« vorgestellt, auf die der »deutsche Haushalt« einfach nicht verzichten könne. Und ebenfalls wie bei fast jeder Werbeveranstaltung hieß die Antwort: »Hamwaschon, brauchnwanich!« Damit war der Ausländerfreund matt gesetzt. Rassismus und Nationalismus im Ausländerfeind anzugreifen, dazu war er nicht in der Lage, da er beides in seiner Werbekampagne alternativ eingesetzt hatte. Und wenn ihm jetzt noch umgekehrt nachgewiesen wurde, daß nach dem von ihm selbst in Anschlag gebrachten Maßstab – Aufenthaltsgenehmigungen an Ausländer nach dem Kriterium vergeben zu wollen, ob sie sich um Deutschlands Wohl verdient machen – gerade die absolute Überflüssigkeit von Ausländern festgestellt werden müßte; daß sich – nach diesem Maßstab – Teile der deutschen Bevölkerung durchaus zu Recht über eine Landplage durch Asylanten aufregten, dann wußte der Ausländerfreund, wo die Grenzen seiner Freundschaft liegen. Und deswegen weiß er jetzt, daß »wir« ein »Asylantenproblem« haben, das man natürlich human lösen muß – denn er hat ganz entschieden nichts gegen Ausländer.

Der Ausländerfreund ist mit seinen eigenen Argumenten – wie vorauszusehen war – geschlagen worden. Daß ihm nun nicht etwa der Unfug seiner ausländerfreundlichen Werbung, sondern nur noch die *Gemeinsamkeit mit den Umworbenen* auffällt, belegt deutlich, wie sehr er von den in Anschlag gebrachten nationalistischen Maßstäben selbst *überzeugt* war und ist. Seine Tour war eben kein Trick, der mißlungen ist. Er hat sich nicht zum Schein gegenüber den Ausländerfeinden als der um Deutschlands Wohlergehen besorgte Bürger aufgeführt. Er ist so einer.

Ehemals »linke« Werbung für Ausländer gehört zum neuen Arsenal der Ausländerfeinde

Die Gemeinsamkeiten zwischen Ausländerfreunden und Ausländerfeinden, besonders denen mit viel politischer Verantwortung, stehen inzwischen längst über allen noch bestehenden Differenzen. Und spätestens seit der Berlin-Demo sind wir ein einig Volk von Ausländerfreunden. Deswegen darf es nicht – und schon gar nicht die Fraktion der alten Ausländerfreunde – erstaunen, daß sich ihr Katalog an Argumenten jetzt in den Händen der ehemaligen Ausländerfeinde befindet. Die Ausländerpolitiker von Kohl über Seiters und Lafontaine zu Schäuble und Engholm weisen Kriminalitätsstatistiken, die einen überproportionalen Anteil von Ausländern an Eigentumsdelikten nachweisen wollen, als unseriös zurück. Zusammen mit Gewerkschaften und Unternehmerverbänden überbieten sie sich in der Beweisführung, daß ohne Ausländer die deutsche Wirtschaft zusammenbrechen würde:

»Natürlich wollen wir uns in Deutschland zu Hause fühlen. Sind wir uns aber auch genügend im klaren, wer was dazu beiträgt, damit dieses Zuhause funktioniert? In München, um ein Beispiel zu nennen, sind 20 Prozent der Mitarbeiter in Krankenhäusern Ausländer, in Gaststätten sind es mehr als ein Drittel, in Monteur- und Metallberufen knapp 50 Prozent, bei der Straßenreinigung (!) gar über 70 Prozent. Was ausländische Arbeitnehmer seit Jahrzehnten bei uns leisten, das nehmen wir gerne in Anspruch. Da wäre es unmenschlich und töricht, wollten wir sie ausgrenzen.« (R. v. Weizsäcker, PA 2-3,1)

Natürlich fühlen sich die Deutschen nur unter sich zu Hause, konzediert der Präsident. Wenn sie zum Wohlfühlen – die genannten Arbeiten dienen natürlich ausschließlich der Bequemlichkeit der Deutschen – die Ausländer brauchen, die ihnen die Schmutzarbeit abnehmen – so etwas muß kein Deutscher anrühren –, dann heißt es eben abwägen: Lieber selbst solche Arbeiten erledigen, dafür aber in einem ausländerfreien Deutschland leben, oder für den genannten Komfort die Anwesenheit von Ausländern in Kauf nehmen, wodurch allerdings das Gefühl, wirklich zu Hause zu sein, schwer in Mitleidenschaft gezogen wird. Es ist die alte Leier, die als Botschaft den Rassismus der Ausländerfeinde teilt, und die mit Befunden operiert, von denen allenfalls die nackten Zahlen stimmen.

Auch daß die Fremden unsere Kultur nachhaltig bereichern, ist durchgesetzt und gehört längst zum multikulturellen Lehrplan der Schul- und Öffentlichkeitserziehung. Daß deutsche Innenminister derselben Parteien all dies vor einem knappen Jahrzehnt noch ganz anders gesehen, Ausländer für steigende Kriminalitätsraten verantwortlich gemacht und ihnen ausschließlich parasitäre Absichten unterstellt haben, ist Schnee von gestern, allerdings deswegen aus ihrem Agitprop-Arsenal noch längst nicht gestrichen. Das ist auch gar nicht nötig. Denn erstens läßt sich mit ein und derselben Statistik z.b. über die hohe Ausländerquote im Gaststättengewerbe sowohl der »Nachweis« erbringen, daß die Ausländer »uns« die Arbeitsplätze wegnehmen, als auch umgekehrt bebildern, daß ohne die dienstbeflissenen Fremden kein Kotelett mehr auf deutschen (Stamm-) Tischen landet. Die Ausländerpolitiker können die ausländerfreundichen Werbeslogans für Ausländer lässig ihrem Arsenal einverleiben, weil deren Maßstäbe die ihren sind, und weil allein die politische Konjunktur darüber entscheidet, welche Variante jeweils angebracht ist. Zur Zeit liegen sich die Gegner von einst in den Armen, geben sich wechselseitig die ausländer*freundlichen* Stichworte, die an Gemeinheit dadurch nichts eingebüßt haben, und wissen gleichfalls in schönster Harmonie, wann und wem gegenüber die ausländer*feindliche* Variante zum Zuge kommen muß.

Dies liegt daran, daß erstens einmal Ausländer nicht gleich Ausländer ist. Das weiß inzwischen jeder. Die Asylbewerber, die stellen eben die »Flut« dar, die ein »Problem« für Deutschland ist oder werden kann. Bei ihnen handelt es sich um parasitäre Scheinasylanten, an denen auch dem »Linken« inzwischen auffällt, daß sie eigentlich – ohne ihnen dabei zu nahe treten zu wollen – wissen müßten, wie wenig sie sich für Deutschland nützlich machen können. Die Türken, Griechen, Italiener und sogar die Vietnamesen, die ein Erbe der ausländerfreien DDR sind, stehen dagegen für jene Sorte von integrierten Ausländern, ohne die »wir« nicht mehr auskommen. Zweitens wissen beide Seiten, daß sie immer mehr zu einer einzigen werden müssen, weil sie in Deutschland eine radikale Minderheit entdeckt haben, die es einfach nicht schafft, ihrer Ausländerfeindlichkeit die zeit- und sachgemäße ausländerfreundliche Form zu geben. Das sind eben die Rechtsextremen, die nicht unterscheiden wollen. Bei der Verteidigung der Demokratie fallen bei »linken« Ausländerfreunden dann endgültig alle Schamgrenzen. Im »Schulterschluß gegen rechts« kennen sie nur noch Deutsche: Gute, die sich gegen rechts aussprechen und bei denen man dann nicht mehr fragen muß, wo sie stehen; und die häßlichen, die dem Ausland so ein schlechtes Bild von Deutschland vermitteln.

Ein Pyrrhussieg, oder:
Die Trennung der Asylpolitik von dem »Kampf gegen rechts«

Die vor allem im November auf der Berlin-Kundgebung geschmiedete neue Einheitsfront wird nur von den ehemaligen linken Ausländer*freunden* als Sieg deutscher Demokraten gegen rechts gefeiert; natürlich auf ihre Weise, die Kritik an Kohl, an seiner laschen Haltung gegen die Rechten und an seinen »inhumanen Entgleisungen« in der Asylpolitik allemal einschließt.

Von den Politikern wird dieselbe Einheit weniger gefeiert: Die sehen das Bündnis mit dem *linken* Lager wesentlich nüchterner.
 In der Tat handelt es sich dabei in mehrfacher Hinsicht um einen Pyrrhussieg für »Linke«. Nicht nur ist festzuhalten, daß er einhergeht mit einer Radikalisierung der Asylpolitik. Auch innerhalb der Einheitsfront selbst wissen die Ausländerpolitiker sehr genau, daß und warum sie ihre Vorbehalte gegenüber den Ausländerfreunden weiterhin pflegen müssen, obwohl diese nun wirklich alles dafür tun, um im nationalen Konsens voll akzeptiert zu sein. Denn zum einen sind es ehemalige »Linke«, bei denen man nie weiß, ob es sich bei dem gezeigten *Realismus* des Nationalismus nicht insgeheim doch bloß um einen *Idealismus* des Nationalismus handelt. Denn wissen diese Ausländerfreunde eigentlich, fragen sich CDU und SPD, daß zwischen einem Bekenntnis zur Ausländerfreundlichkeit und einem Deportationsvertrag mit Rumänien *kein* Widerspruch besteht? Daß sowohl die Abschiebungen nach Rumänien als auch die Berliner Kundgebung politischen Notwendigkeiten Deutschlands im Jahre 1992 folgen? Haben sie begriffen, daß – wie R. v. Weizsäcker in Berlin ausgeführt hat – wir uns »hüten müssen, beides einander gleichzusetzen«:
 »Jetzt können wir mit den neuen Herausforderungen fertig werden. Mit der Zuwanderung und dem Asyl und anderseits mit der extremistischen Gewalt. Hüten wir uns, beides einander gleichzusetzen. Die Gewalttäter reiben sich doch nur die Hände, wenn wir ihnen auch noch diesen Vorwand liefern...«
Die »Gleichsetzung«, von welcher der Bundespräsident redet, gilt der inzwischen zeitgemäß gewordenen theoretischen Distanzierung von der weiterhin natürlich gültigen Praxis einer Asylpolitik, die den Rechtsextremen recht gibt: Man soll die Asylpolitik nicht als das sehen, was sie nun einmal ist, nämlich als Erfüllung der Schönhuberschen Forderungen. Diesen, auch vom Bundespräsidenten gewußten Zusammenhang, soll man gerade nicht denken. Das würde ein schlechtes Licht auf die deutsche Politik werfen. Deshalb wird den Rechten, denen man einerseits asylpolitisch *recht* gibt, andererseits zugleich der *Kampf* angesagt. Dadurch, daß extremistische Gewalt zu einer gesonderten *Herausforderung* erklärt wird, soll es die asylpolitische *Kumpanei* nicht mehr geben!?
 Ob die Ex-Linken begreifen, daß *beides* sein *muß*, auch wenn vielleicht in ihren Augen die Verschärfung der Asylpolitik und die Streichung des Art. 16 das Deutschlandbild mindestens ebenso beschmutzen wie der Haufen Neonazis? Begreifen sie, daß die Korrekturen am Deutschlandbild nicht über eine Korrektur an den asylpolitischen Prioritäten erfolgen können? Da hört für die Regierung die Sorge um das Ansehen Deutschlands auf.
 Daß sie sich gegenüber den Linken und allem, was sie dazu rechnen will, immer noch alle Optionen von Staatssicherheitspolitik offenhält, daran läßt

sie keinen Zweifel: Extremismus heißt immer rechte *und* linke Gewalttäter! Ihr schlagendstes Argument gegen alle zaudernden und skeptischen Moralisten aus dem Lager der Ausländerfreunde lautet: »Wollt Ihr wirklich die Front aller Demokraten spalten? Wollt Ihr wieder ins Lager der Extremisten abgleiten? Was mag dann erst das Ausland denken?« So wird denn die pure Existenz dieser Einheitsfront zum letzten Argument gegen alle möglichen Bedenken. Und das leuchtet solchen Linken sofort ein, die die Sehnsucht nach Belegen für die letztliche Übereinstimmung mit der deutschen Führung umtreibt.

Rechts- und Links-Terrorismus

»Es gibt seit dem Sonntag (der Berlin-Demo) keinen Grund mehr, irgendeiner extremistischen Richtung politische oder strafrechtliche Rabatte zu geben.« (Faz 10.11.)

»In mehreren Interviews verglich der Regierungschef (Seite) denn auch die Rostocker Ereignisse mit den gewaltsamen Auseinandersetzungen um die Startbahn-West am Frankfurter Flughafen und um das schleswigholsteinische Atomkraftwerk in Brokdorf.« (WK 27.8.) Als Beleg dafür legte das BKA nach Rostock eine ›Strecke‹ von 27 festgenommenen Links- und 2 (!) festgenommenen Rechtsextremisten vor.

»Zu all dem kommt, daß der Linksextremismus nach wie vor ein gefährliches Gewaltpotential darstellt. Es gibt in Deutschland zur Zeit etwa 6500 Mitglieder und Anhänger gewaltbereiter, anarchistischer und vergleichbarer Gruppierungen. Auch das ist mehr als noch im Vorjahr. Auch hier nimmt die Gewaltbereitschaft zu.« (Kohl, Bul 136, 1241)

Es ist bei vielen Politikern – und ihren Lobhudlern von der schreibenden Zunft – wie ein Reflex, gegen den sie einfach nichts machen können. Kaum äußern sie ihre Unzufriedenheit mit dem Wirken des »Rechtsterrorismus«, da klappert automatisch die Warnung vor einem gar nicht existenten »Linksterrorismus« nach. Als ob ihr politischer Instinkt ihnen sofort die Sortierung zwischen »schlimm« und »schlimmer«, zwischen aus dem Ruder gelaufenen Nationalisten und des Terrorismus verdächtigen Staatsfeinden befehlen würde. Daß sie gegenüber den rechtsextremen »Gewalttaten« von Hoyerswerda und Lichtenhagen ambivalente Kriterien in Anschlag gebracht haben, daß sie selbst gegenüber der »Gewalt der Straße« durchaus noch Unterschiede zu machen wissen, obwohl ihnen ihr Gewaltmonopol über alles geht, ist offensichtlich. Doch daß sie von diesem Reflex auch dann nicht lassen können, wenn ihnen die Neonazis und wirklich nur sie zu einem beträchtlichen innen- und außenpolitischen Ärgernis werden, ist schon bemerkenswert.

Wenn es nicht so traurig wäre, wäre es glatt zum Lachen: Die Bilanz des Rechtsextremismus steht in allen Zeitungen. Man muß wirklich nicht mehr auf die Toten und auf die Zahl der Übergriffe auf Asylbewerber verweisen. Die Bilanz der Linken kennt auch jedermann: Die RAF hat endgültig kapituliert. Dem Kommunismus abzuschwören gehört für die 68er, die 75er, die 83er usw. zum guten Ton, da sich für sie mit dem Untergang der SU die Unhaltbarkeit des Marxismus-Leninismus gezeigt hat. Die Restlinke weiß, daß die Staatsgewalt gegen Neonazis schwer zuschlagen muß, um den »Anfängen zu wehren«. Sie bemüht sich um den Schulterschluß mit allen Parteien von der CSU bis zu den Grünen. Dem alten Pazifismus schwört sie ab und entdeckt ganz viele gute Anliegen für deutsche Militärs.

Fazit: Die Rechten erwachen und ziehen ein veritables Mordprogramm auf. Die Linken ziehen die weiße Flagge hoch und finden heim ins Reich des um Ordnung und Weltgeltung bemühten neuen deutschen Staates. Und wer dankt es den Linken? Niemand. Die Hüter der Verfassung schon gar nicht. Einmal in der Kartei, immer in der Kartei. Was müssen die Linken eigentlich noch anstellen, um nicht mehr in Kohls Statistik der Gewalttäter aufzutauchen? Kollektive Leibgarde für deutsche Kanzler spielen, Freiwilligenverbände gegen serbische Milizen bilden oder gleich Fidel Castro stürzen?

Diese historische Ungerechtigkeit hat sogar den einen oder anderen Schreiberling nicht ruhen lassen. Nicht wegen der Ungerechtigkeit, daß eine Linke, die es nicht mehr gibt, zu einer gewalttätigen Massenbewegung hochgerechnet wird, sondern wegen der möglicherweise die rechte Szene verharmlosenden Wirkung warnen sie vor unzeitgemäßer Gleichsetzung:

»Er (Kohl) kann es nicht lassen, Rechts- und Linksextremismus gegeneinander aufzurechnen, als ginge es zur Zeit nicht allein und ausschließlich um fremdenfeindliche Ausbrüche neuer Nazis und deren blutiger Spur, die mittlerweile von 17 Morden gebildet wird. An einer Haltung, die signalisiert, Gewalt von rechts und links müsse gleichermaßen bekämpft werden, ist nichts auszusetzen – außer, daß sie geeignet ist, gerade jetzt die Proportionen in sträflicher Weise zu verkleistern.« (SZ 11.12.)

Nein, er, Kohl, kann und will es nicht lassen. Solange wenigstens nicht, wie nicht auch der letzte freischwebende Linke mit der Entkommunistifizierungsplakette herumläuft. Und seine Verfassungshüter geben ihm die Stichworte, die er wirklich nicht braucht:

»Befragt, warum Linke als gefährlicher gelten als Rechte, antwortete der Leiter der Hamburger Verfassungsschutzbehörde, sie seien gefährlicher deshalb, weil sie den Staat zerstörten.« (FR 1.12.)

Und die Faz ergänzt, daß die Linken von einer »staatszerstörenden ›autonomen‹ Machtgier« (10.11.) getrieben werden.

Von welcher Linken ist da die Rede? Welche Linke im Nachkriegsdeutschland hatte denn uberhaupt die Absicht, den Staat zu zerstören? Der KPD, die den Sozialismus so ziemlich mit demokratischem Antifaschismus (in »historischer Etappenbestimmmung«) gleichgesetzt hatte, wurde sofort der Garaus gemacht. Ostermarschierer kann er schwerlich meinen. Alle Massenbewegungen gegen Atom, Raketen, Ruinierung des deutschen Waldes und Ausländerfeindlichkeit bettelten um staatliche Anerkennung ihrer Anliegen. Die K-, ML- und M-Gruppen gibt es nicht mehr. Die haben sich aufgelöst. Die PDS will eine ostzonale Ersatz-SPD werden und ist damit auf dem Weg in ihre vollständige Bedeutungslosigkeit. Da mag es vielleicht noch den einen oder anderen Herzenskommunisten geben. Honecker soll sogar Mitglied einer neuen KPD gewesen sein, da mag vielleicht sogar der wissenschaftliche Kommunismus in Hinterhofredaktionen literarisch gegen sein Vergessenwerden anschreiben, aber »den Staat zerstören«?! Selbst das Bild von den Kanonen, die gegen Spatzen eingesetzt werden, stellt da noch eine Übertreibung dar.

Wie kommen die Hüter der Verfassung also drauf? Sie verdächtigen die Linken einer nicht-nationalen Gesinnung, die sich für sie in einer Staatstheorie manifestiert, welche Kritik an staatlicher Politik zum Anlaß nimmt, über Veränderungen nachzudenken, statt ihr mit dem Sachzwangs-Attest selbst die Spitze zu brechen. So – linke Idealisten und Kommunisten in einen Topf geworfen – entdecken sie antikapitalistische Theorie. Selbst wenn solche Gedanken im Deutschland der letzten Jahrzehnte die Linke wenig und den Rest der lohnarbeitenden Deutschen noch viel weniger interessiert hat. Sie erklären sie zum programmatischen Rüstzeug jedes Kritikers, der mit seinem Anliegen auf die Straße geht, und verfertigen auf diese Weise die Schimäre einer Massenbewegung, die auf dem Sprung zur Staatszerstörung steht.

Im Unterschied zu der Einsortierung der Rechten, an denen weniger ihre *Absicht* als vielmehr ihre *Wirkung* als Gewalttäter stört, wird bei den Linken von der *Absicht* aus, und zwar ganz *getrennt* von der *tatsächlichen Wirkung*, die sie auf staatliche Vorhaben hat, auf ihre Gefährlichkeit hochgerechnet. Die Rechten *sind* ein Ordnungsproblem. Die Linken gelten als eine Gefahr für den Staat und werden deswegen als Sicherheitsproblem mit den Mitteln von Ordnungspolitik behandelt. Egal, was immer sie hermachen. Ihre – z.T. sogar noch erfundenen – Absichten gelten als die zu unterbindende Wirkung dieses Giftes. Dabei könnten die Verfassungshüter ihren eigenen Akten die Unwahrheit über ihre Bilanzen entnehmen, wenn nicht ihre verfassungspolitische Weltsicht sie ständig zu berufsbedingtem Verfolgungswahn nötigen würde.

Komischerweise macht der Kohl sich trotzdem nicht lächerlich. Es ist, als hätte er allein noch die Ahnung, daß seine Politik von Jahr zu Jahr mehr Gründe für eine tatsächlich unversöhnliche Bewegung in die Welt setzt.

Bonn, 14.11.:
»Für die Erhaltung des Art. 16«

Die ergänzende Gegenalternativdemo zu Berlin versammelte in Bonn alle guten Menschen, die den Art. 16 des Grundgesetzes erhalten wollten und deshalb auf den Sonderparteitag der SPD setzten, auf dem er gekippt werden sollte. Einige von ihnen hatten sich am vergangenen Wochenende bereits auf den Straßen von Berlin herumgetrieben, brauchten jedoch noch ihre eigene Demo: »Unsere Demo!«

In dem Aufruf heißt es:
»Wer das Asylrecht ändern will, stärkt den Gewalttätern den Rücken bei ihren brutalen und menschenverachtenden Angriffen. .... Mit dem Menschenrecht auf Asyl bliebe ein Kern sozialdemokratischer Identität auf der Strecke.« (FR 14.11.)

Wie gehabt: Das, was die Bundespolitik abzuschaffen gedenkt, wird dadurch prompt zu einer Errungenschaft, die dringend verteidigt werden muß. Will denn dereinst ein Werauchimmer ein neues, noch weiter verschärftes Asylrecht schaffen, dann gerät zum hohen demokratischen Gut, was jetzt in den Rang eines Verbrechens an der »Aura der Verfassung« (Hamburger Manifest) gehoben worden ist. Wenn Art. 16 Menschen schützt, dann schützen wir Art. 16, lautet das Motto aller kritischen Menschen, die den Schutz von ausländischen Menschen zum politischen Anliegen des Art. 16 erklären, nur weil die Asylpraxis neben der massenhaften Verweigerung von jeder Hilfe für die einen nun einmal nicht ohne Gewährung von Hilfe für andere Asylbewerber, die zu politisch Verfolgten erklärten, auskommt. Armselig!

Gefällt es ihnen wirklich, wie gegenwärtig und in den letzten Jahren mit Asylanten umgesprungen worden ist – streng nach Artikel 16? Halten sie wirklich die Ablehnung von ca. 95% und mehr Asylbewerbern für einen staatlichen Mißbrauch des Asylrechts? Sollten sie etwa überlesen haben, daß das GG nur das Recht gewährt, einen *Antrag* auf Asyl zu stellen? Davon, daß der *angenommen* werden muß, steht nichts drin. Oder ist ihnen noch nicht aufgefallen, daß das GG selbst die Unterscheidung zwischen politisch Verfolgten und Wirtschaftsflüchtlingen macht, nach der die Bundesregierung sortiert?

Für »Gesinnungsethiker«, wie neuerdings erfolglose Idealisten gelobt werden, stellt jede Praxis gemäß Art. 16 und seinen Ausführungsbestimmungen, die ihnen nicht paßt, einen *Mißbrauch des Grundrechts auf Asyl,* einen einzigen fortlaufenden *Bruch der Verfassung* und zwar eines ihrer geheiligsten Artikel dar. Wieso belassen sie es nicht dabei, daß ihnen einiges an der oder vielleicht sogar die ganze asylpolitische Praxis nicht paßt? Wieso müssen sie ihre Kritik immer als Bruch von hierzulande gültigen Regeln oder Anliegen, als Widerspruch zur christlichen Ethik oder als Abweichung von »sozialdemokratischer Identität« vorstellen? Macht es die Kritik denn schärfer, wenn den Kritisierten ein Verstoß gegen Prinzipien vorgerechnet wird, denen sie sich verpflichtet haben sollen? Natürlich könnten die Angegriffenen auf ein Vergehen gegen ihre eigenen Anliegen aufmerksam werden – wenn, ja wenn es denn nicht vollständig erfunden wäre, daß hier mit gültigem Recht und Anstand gebrochen wird. Den Bruch der Verfassung haben denn auch nur die Verteidiger von Art. 16 gemerkt und nicht die Hüter der Verfassung. Man hätte also wirklich einige Jahrzehnte lang Zeit gehabt, sich an den Gedanken zu gewöhnen, daß von unserer Verfassung das *gemeint* ist, was in ihrem Namen *getan* wird. Denn immer dann wird die Verfassung geändert, wenn die politischen Erfordernisse nicht mehr mit ihr zu harmonisieren sind. Und der Sozialdemokratischen Partei Deutschlands den Bruch mit einem Teil ihrer Identität vorzuwerfen, ist dann blöd, wenn sie ihn gerade sehr bewußt und unter Aufbietung aller Fein- und Grobheiten der innerparteilichen Demokratie vollzieht. Es ist alles Unsinn und nützt also nicht einmal etwas in einem Kampf, der, im höchsten Maße konservativ, die Erhaltung der bestehenden Asylpolitik einklagt.

Aber vielleicht ist es ja wieder einmal gar kein Trick, den diese konservativen Kritiker hier benutzen. Vielleicht haben sie gar nicht den Versuch vor, die Asylpolitiker dadurch umzustimmen, daß sie sie auf Maßstäbe verpflichten, die sie bei ihnen entdeckt haben wollen. Vielleicht sind es ja wieder einmal nur ihre eigenen Maßstäbe, denen sie treu bleiben möchten! Vielleicht meinen sie ja selbst, nicht ohne eine Verfassung, genauer: nicht ohne *diese* Verfassung, noch genauer: ohne den Glauben daran, daß letztlich alle verantwortlichen Deutschen ihrer gesinnungsethischen Interpretation der Verfassung anhängen würden, auskommen zu können. Vielleicht stellen sie ja, im Unterschied zu den Karlsruher Verfassungshütern, die darüber wachen, daß die Politiker sich an genau jene Verfassung halten, die sie sich jeweils zurechtnovellieren, die wahren Hüter der Verfassung dar, die immer der letzten Novelle hinterhertränen, wenn wieder eine neue ansteht. Was übrigens einen echten »Gesinnungsethiker« auszeichnet.

SPD-Sonderparteitag:
Gleich oder erst sofort abschieben?

Wenn schon die CDU mehr oder weniger verhalten die Beschlüsse der SPD zur Asylpolitik, für die sie sich einen Sonderparteitag genehmigt hat, begrüßt, dann muß man über die Sache nicht mehr viel berichten.

Die faktische Grundrechtsänderung ist mit der Regelung, daß Asylbewerber aus Nichtverfolgerstaaten keinen Asylrechtsanspruch haben, unter Dach und Fach. Das damit außer Kraft gesetzte Individualrecht auf Asyl bleibt für die Genossen unbeschädigt, weil sie die Möglichkeit nicht ausschließen wollen, daß die Kennzeichnung als Nichtverfolgerstaat »individuell widerlegbar« (Asyl-Beschluß der SPD; FR 19.11.) sein kann. So bleibt für die jetzt angesetzten Vehandlungen mit den Regierungsparteien nur eine Frage offen: Soll die Ablehnung der Bewerber aus Nichtverfolgerstaaten sofort gleich an der Grenze, also an Ort und Stelle vollzogen werden können, wie dies CDU/CSU fordern. Oder soll der »offensichtlich unbegründete Antrag« in einem »beschleunigten und vereinfachten Verfahren« von einem Richter in »zwei bis fünf Tagen« (Engholm) durchgezogen werden, so daß pro forma noch gegen den Sofortvollzug der Abschiebeverfügung geklagt werden kann, allerdings ohne damit dem sattsam bekannten »Mißbrauch« durch Abtauchen, Krankwerden, Heiraten usw. Vorschub zu leisten. Diesen »Mißbrauch« will natürlich auch die SPD nicht. Weswegen nurmehr offen ist, wie dieser aparte Streit über die Frage: Schnellverfahren an der Grenze durch Grenzer oder Schnellverfahren in grenznahen Auffanglagern unter Beteiligung von richtigen Richtern, ausgehen wird.

Sieg der Partei über sich selbst

In den Reden auf dem Sonderparteitag der SPD war denn auch weniger vom Asylrecht oder der Angleichung an den CDU-Antrag die Rede, als vielmehr von einem Sieg, den die Partei über sich selbst errungen habe. Mit Bravour war der Gegenstand ›Asyl‹ in den der Parteiraison verwandelt worden, und dem Sonderparteitag blieb dann die Selbstdarstellung von erfolgreicher Einheitsstiftung vorbehalten:

»Vor zwei Monaten noch hat man der SPD die Spaltung über der Asylfrage prophezeit. Und ich weiß wohl, daß im Verlauf der Debatte manch altgediente Genossin und manch junger Genosse den Glauben an die Parteiführung zu verlieren drohte – und umgekehrt. Aber wir sind nicht irgendeine Partei. Wir haben unsere Geschichte nicht verdrängt. Die deutsche Sozialdemokratie schaut nicht schweigend zu, wie das Herzstück unserer Verfassung abgeräumt wird. Aber wir haben lernen müssen. ... Wir wollen ehrlich miteinander diskutieren. Es gibt eine Position auch in der SPD, die sich in diesem (Leit-)Antrag nicht wiederfindet. Das ist die Position: ›Finger weg vom Grundgesetz. Wer einmal am Asylrecht bastelt, der wird immer weiter daran herumbasteln‹. Ich sage offen, daß mir eine solche Position nicht fremd ist. Aber ich bin absolut sicher, daß wir sie nicht durchhalten können. Ich will es noch deutlicher sagen. Wenn unser Antrag Sinn machen

soll, dann bedeutet er, daß wir in Zukunft mehr abschieben müssen als bisher. *Das wird zu neuen Konflikten führen, weil es Menschen sind, die wir abschieben müssen – nicht statistisches Material. Wir haben eine Verantwortung ihnen gegenüber, auch wenn sie ungefragt gekommen sind ...«* (G. Schröder, FR 19.11.)
Was spricht eindeutig für die SPD – wenigstens für SPDler: 1. sorgt sie sich um die Einheit der Partei, und zwar 2. in historischer Verantwortung, was 3. ihrer Lernfähigkeit ebensowenig Abbruch tut wie 4. ihrem Interesse an Ehrlichkeit, gerade wenn es 5. darum geht, sich von solchen sozialdemokratischen Positionen zu trennen, die 6. nicht mehr realistisch sind, weil sie 7. den Notwendigkeiten nicht Rechnung tragen, die einfach das vermehrte Abschieben gebieten, das natürlich 8. in typisch sozialdemokratischer Verantwortung für die Menschen erfolgen muß, auch wenn die es 9. eigentlich nicht verdient haben.

Letztlich ist die *Einheit* der Partei dadurch gerettet worden, daß sie sich im stärkenden Bewußtsein ihrer *Geschlossenheit* zu der Position durchgerungen hat, die die *nationale* Lage erfordert.

Auf der stand die CDU bereits. Die hatte es auch viel leichter, da sie nicht so viele Willy Brandts in ihren Reihen hatte. Daß die SPD allerdings ihre parteiinternen Schwierigkeiten, sich von objektiv überholten sozialdemokratischen Positionen zu trennen, dadurch allgemein kundtut, daß sie das Prinzip der *sozialen Verantwortung* für die Elenden der Welt ausgerechnet beim beschleunigten *Entsorgen* der hier unerwünscht angelaufenen Flüchtlinge in Anschlag bringen will, verweist weniger auf moralische Bedenken als vielmehr auf die Abgebrühtheit der geläuterten Genossen.

Rechtsextremismus in Ost und (!) West

Die Überfälle auf Asylantenunterkünfte nehmen kein Ende. Gleichmäßig auf West- und Ostdeutschland verteilt, füllt ihre Aufzählung die Spalten der gewissenhaften Buchhalter von konkret, taz, stern und nach Mölln auch von BILD.

Die Konjunktur jener Deuter der Szene, die den Rechtsradikalismus vornehmlich den Zonis als den geschädigten Erben des SED-Regimes anlasten wollten, ist vorbei. Sie treten zurück ins Glied und dürfen sich ab sofort auf ihrem Aspekt des komplexen Geschehens eine Atempause gönnen. Konjunktur haben jetzt wieder andere, und es stört das Publikum wenig, daß Erklärungen auf den Markt geworfen werden, die ihm eine 180-Grad-Wendung und so manchen Knoten im Hirn abverlangen. Es scheint ausgemacht zu sein, daß an Theorie nur noch die Botschaft interessiert und auf die Stimmigkeit ihrer Urteile gepfiffen ist.

Soziale Not macht rechtsradikal

Wie könnten sonst umstandslos jene alten Behauptungen neu zirkulieren, nach denen *soziale Not* – Arbeits- und Einkommenslosigkeit, Wohnungsnot und Mangel an Freizeitstätten – dem Rechtsradikalismus Vorschub leisten?[16] Diese Phänomene sind nämlich dem SED-Staat wirklich nicht als Altlast anzukreiden, sondern allesamt neueren Datums. Sie stellen eine marktwirtschaftliche *Neulast* dar. Soll jetzt der westdeutsche Staat beschuldigt und das SED-Regime entlastet werden? Soll damit der klammheimlichen Sehnsucht vieler Ex-DDRler nach ihrem alten System Nahrung gegeben werden? Wird hier prosozialistische bzw. antikapitalistische Hetze unter dem harmlosen Gewand der Suche nach einer Erklärung des Rechtsradikalismus verbreitet?

Natürlich nicht. Denn ein solcher Verweis auf Mängel in einem Land, das längst als das gelobte feststeht, stellt diesem immer nur ein ziemlich gutes Zeugnis aus: Von ihm wird allseits erwartet, daß es die Notlage bewältigt und dafür auch die Mittel besitzt. Wohingegen das verteufelte Land nie und nimmer in der Lage gewesen wäre, jene Mißstände wie den verordneten Antifaschismus, die Gängelung in Sachen Völkerfreundschaft und was sonst noch alles den »Gefühlsstau« produziert haben soll, zu beseitigen. Weswegen es denn auch völlig zu recht liquidiert werden mußte. Wohingegen das gelobte Land von allen Bürgern, groß und klein, reich und arm, schlau und erzogen, solidarisch dabei zu unterstützen ist, wenn es sich an die Beseitigung der Mißstände macht, z.B. durch Solidarpakte, die das Elend (»erst einmal!«) vergrößern.

Daß von diesen, nun schon seit der Wiedervereinigung ziemlich eingespielten solidarischen Anschlägen der Politik auf Geld und Arbeit, auf Wohnungsmieten, soziale Leistungen und medizinische Dienste nicht ein Erstarken des Rechtsradikalismus erwartet wird, hat nichts damit zu tun, daß die Kanzlerrunde diesen »Erklärungsansatz« nicht teilt und Kohl und Waigel vielmehr auf dem »Desintegrations-Ansatz« stehen würden. Die stehen allein auf ihrem »Ansatz« und der kennt nur politische Notwendigkeiten für das »solidarische Sparen«, die z.B. in der schlichten Weisheit bestehen, daß billige Löhne und neue Infrastruktur den Standort Ex-DDR für kapitalistische Unternehmungen attraktiver zu machen haben. Bei aller Aufgeregtheit über den Rechtsradikalismus wird doch keine einzige Theorie über ihn als Richtschnur der Politik auch nur in Erwägung gezogen. Man weiß hierzulande nur allzu genau, daß sie nicht zur Politikbegründung, sondern zur Volksverdummung taugen.

Wohlstandschauvi

Besonders beliebt ist bei Grünen und taz-Lesern die Umkehrung der These von der sozialen Depravierung. Jene reservieren sie für den armen Osten. Für den reichen Westen gibt es die vom Wohlstandschauvi: »*Tatsächlich handelt es sich bei dieser Form von Rassismus um handfesten Wohlstandschauvinismus, oder um Budzinski/Clemens zu zitieren: ›Die Abwehr von Flüchtlingen als ›Wirtschaftsasylanten‹ drückt die unverhohlene Angst, relative Besitzstände zu verlieren, wenn international die vorhandenen neu verteilt würden‹, aus. Es ist nicht erlittene Deklassierung, erlebte Arbeitslosigkeit, die Soldaten und Polizisten, Unternehmer und Handwerker zu den Republikanern und ihre Söhne zu den Stoßtrupps der Neonazis gehen läßt. Es ist die Ablehnung des Teilens, verbunden mit der Erkenntnis, daß dies auf Dauer nicht gutgehen wird.*«[17]
Die Widerlegung dieser Behauptung ist ebenso einfach wie die von der Theorie über die soziale Deklassierung. Welche Schlußfolgerungen nämlich ein Mensch aus seiner sozialen Lage zieht, sei sie durch Lohneinbußen und Arbeitslosigkeit oder durch einen »relativen Besitzstand« gekennzeichnet, liegt nicht an der Lage selbst. (Oder sollte sich etwa ein Hitler mit seinem Arbeitsdienst selbst das Grab geschaufelt haben!) Der gewerkschaftlich Orientierte kämpft für einen Sozialplan oder setzt sich für Besitzstandswahrung ein, der Kirchenwetzer hält beides für gottgewollt, die Feministin gibt dem Patriarchat die Schuld am Mangel und erklärt die Lohngleichheit von Mann und Frau zum Sieg usw. Wer Ausländer oder das Ausland bezichtigt, einen Anschlag auf seinen »relativen Wohlstand« vorzubereiten, der kennt auf der Welt nur noch *Nationen* – die eigene und fremde. Dem ist die Sortierung nach Ausbeutern und Augebeuteten längst abhanden gekommen. Der kennt nicht Konkurrenten um Arbeitsplätze und Wohnungen, sondern nur *berechtigte Deutsche* und *unberechtigte Ausländer*. Der sortiert die Konkurrenz nationalistisch vor, weil nur Ausländer an seiner prekären Lage als Inländer schuld sein können. Denn Deutsche, Landsleute, würden ihm den in und durch Deutschland erworbenen relativen Besitzstand nie streitig machen.
Hart an dieser Umdrehung der Deklassierungsthese ist nicht allein ihr theoretischer Unfug, sondern das damit von Linken in die Welt gesetzte *Wohlstandsgerücht*. Es stimmt weder der behauptete Zusammenhang noch der Befund, mit dem er operiert. Die Grünen sind dabei »Opfer« ihrer falschen Diagnose über das Elend in der 3. Welt geworden, das von *der* 1. Welt verursacht worden sein soll. Da sie sich in dieser 1. Welt inzwischen selbst mit gehörigem Verantwortungsbewußtsein eingerichtet haben, das sie gleich auf alle Menschen dieser 1. Welt ausdehnen, entdecken sie überall in ihr Reichtum und Wohlstand – wenigstens »relativen«. Sie folgen der Logik,

daß *die Menschen* der 1. Welt oder des Nordens zwingend reich sein oder zumindest vom Reichtum profitieren müssen, weil *die* 1. Welt die Länder der 3. Welt oder des Südens arm gemacht hat. In ihrem kotzmoralischen Selbstbezichtigungswahn, zu einer *Täter-Nation* zu gehören, erklären sie inzwischen selbst die hiesige Lohnarbeiterklasse mit zu Profiteuren des aus der 3. Welt abgeschleppten Reichtums und stellen die politischen Helfershelfer der 3. Welt ihrem Volk gleich, dem diese Hungerbäuche verordnet haben.

Pikant dabei ist, daß sich diese Linken auch durch die aktuelle Debatte über einen Solidarpakt nicht von der Auffassung abbringen lassen, daß es in Deutschland Armut allenfalls als Erbe des Sozialismus und ansonsten nur die Partizipation am Reichtum aus fernen Ländern gibt. Da verhandeln die führenden Parteien über die Grenzen der Belastung der »einkommensschwachen Gruppen« in dieser Gesellschaft, geben damit auf ihre begriffslose Weise zu verstehen, daß sie das Einkommen der für Lohnarbeit vorgesehenen Klassen und Schichten nicht grenzenlos strapazieren können, wenn sie nicht ihre dauerhafte Funktionalität als einsatzbereite und einsatzwillige Arbeitsmannschaft, inklusive Reserve, gefährden wollen, geben also erhebliche, wenngleich ihnen immer noch nicht hinreichende Erfolge ihres sehr einseitig von oben geführten Klassenkampfes zu – und ausgerechnet (wieso immer noch: ›ausgerechnet‹?) die deutsche Linke versucht dieses Eingeständnis der Politik zu dementieren.

Im übrigen arbeitet sie damit ideologisch den Mächten des Sozialpaktes in die Hände: Der Griff in den Geldbeutel der unteren Schichten ist dann nicht nur nötig, sondern auch möglich. Es ist den Wohlstandschauvis auch zuzumuten, von ihrem »relativen Reichtum« für einen guten nationalen Zweck Knete rauszurücken und auf soziale Leistungen zu verzichten. Da werden einem fast die Fehlurteile sympathisch, die die Ursachen von Ausländerfeindlichkeit und Rechtsextremismus in Arbeitslosigkeit, Wohnungsmangel, Rentenunsicherheit und sinkenden Sozialleistungen ansiedeln. Sie dementieren wenigstens nicht den aktuellen Stand der Armut in Ost- und Westdeutschland. Das bleibt heute den Linken vorbehalten.

Desintegration und Orientierungslosigkeit

»In« ist derzeit besonders die Theorie von der gesellschaftlichen Desintegration, die mit dem Namen W. Heitmeyer verbunden ist, der es verstanden hat, so ziemlich jeden Ansatz in sein Konzept zu integrieren.

Er weist auf »gesellschaftliche, d.h. soziale, politische und berufliche Desintegrationsprozesse hin«, schließt von diesen vorsichtig auf beginnende »Paralyse von zentralen politischen, gesellschaftlichen und staatlichen Institutionen«,[18] und erklärt dies unter Vermischung mit psychologischen Argumentationsmustern zu einem »Ursachenkomplex« für Rechtsextremismus als Ausdruck von Orientierungslosigkeit und Wertverlust. Man kann getrost die in Anlehnung an linke Terminologie daherkommende Diagnose über die gesellschaftlichen Zustände außer acht lassen. Denn sie taugt nur – obwohl sie selbst dazu nicht taugt – zur Ausbreitung des Befundes über die Orientierungslosigkeit in weiten Teilen der »heutigen Jugend«. Daß ausgerechnet jene Jugendlichen, die sich *eindeutig orientieren* und zwar an rechten Idealen, als Beleg für Orientierungs*losigkeit* daherkommen, verweist auf die *Unzufriedenheit* mit der *gewählten* Orientierung. *Falsche* Orientierung ist *fehlende* Orientierung, lautet das Credo dieses Wissenschaftlers. Er weiß also, daß diese Jugendlichen ihren eigenen Wertekatalog besitzen, den es durch einen anderen zu ersetzen gilt.

Als Theorie ernst genommen, bleibt der Schritt von der erfundenen Anfälligkeit der desintegrierten Kids zu einer Orientierung an Fremdenfeindlichkeit und neonazistischem Ausländerhaß zwangsläufig im Dunkeln. Warum folgt die »anfällige Jugend« nicht der Kirche? Warum tritt sie nicht den Gang zur CDU, PDS, dem Sportverein, der Feuerwehr oder dem Karnevalsverein an? Die haben einerseits in Sachen Orientierung mindestens soviel zu bieten wie Skin-Banden und Jung-Nazi-Vereine – was jeder geläuterte Ex-Neonazi gern bestätigt – und liefern darüber hinaus den großen Stabilitätsvorteil, daß sie nicht staatlich verfolgt, sondern – PDS ausgenommen – staatlich gestützt werden. Wer sich eine *abstrakte* Sehnsucht nach Orientierung erfindet, der kann schlechterdings nicht eine ganz bestimmte *konkrete* Orientierung als die notwendige Erfüllung präsentieren. Aber genau darauf kommt es an: Neue Werte braucht das Land! Die Theorie ist also ganz von ihrem Ende her, von ihrem politischen Interesse her gestrickt worden.

Doch darf man W. Heitmeyer auch die gesellschaftliche Diagnose nicht durchgehen lassen. Daß Jugendliche erst lernen sollen, sich in der Welt zurechtzufinden, daß ihnen dieser Lernprozeß Probleme bereitet, weil er wenig überzeugende Antworten auf Fragen nach der Gültigkeit von so harmlosen Interessen wie dem nach einem lebenslang gesicherten Einkommen hat und trotzdem unbedingte, in Zeugnissen ausgedrückte Verbindlichkeit beansprucht; daß für Jugendliche, die von der Hauptschule in das Leben eintreten und dieses nicht so recht von einem Haufen warmer »Kuhscheiße« unterscheiden können, in den man bekanntlich nur versehentlich tritt; daß die Perspektive für solche Jugendlichen in der Arbeitskräftereservearmee oder in der Armee der gänzlich Ausgemusterten alles andere als rosig ist, das trifft zu. Jedoch einen – wie begriffslos auch immer vorgetragenen – Ärger über die ihnen gesellschaftlich vorgesetzte *materielle* Lebenschancenlosigkeit als höchstpersönlichen Mangel an *geistiger Orientierung* zu kennzeichnen, ist theoretisch falsch und politisch eine Gemeinheit erster Güte. Was braucht also der arbeitslose Jugendliche? Der braucht nicht Arbeit und

Geld, nein, der braucht Orientierung, lautet die Antwort. Und die wollen ihm übrigens verstärkt die politischen Parteien anbicten. Von einem einigermaßen anständigem Einkommen fürs Auskommen ist nicht die Rede. Umgekehrt wird gedacht: Gerade weil es ihm noch mehr ans Portemonnaie und wer weiß woran noch gehen soll, deshalb braucht der Mensch, der jugendliche zumal, geistige Stütze, eben Werte, an die er zu glauben hat, wenn er sonst nichts hat.[19]

Da mag W. Heitmeyer auch noch so sehr protestieren und diese Konsequenzen zurückweisen wollen. Er fungiert als der Theoretiker für einen neuen (Werte-) Konservativismus in der Erziehung. Und so ganz fern liegt ihm das wirklich nicht:

Denn er will »*Demonstrationen staatlicher Handlungsfähigkeit als Signal für die Fremden (!), als Symbol für das Ausland (!) und zur eigenen Selbststärkung* (das schafft Orientierung!) *nicht gering einschätzen*«.[20]

Mölln, 22.11.:
Die Falschen verbrennen die Falschen

Mal wieder kommen Ausländer in einem brennenden Haus um. Drei Türkinnen. Wieviel es inzwischen in diesem Jahr sind, sollen diejenigen nachzählen, die die Größe eines Skandals an der Anzahl der angefallenen Leichen messen. Die Aufregung im Lande ist groß. Betroffenheit gilt allgemein als die dafür angemessene Ausdrucksform, obwohl doch die in erster Linie Betroffenen sie gar nicht mehr äußern können. Das irritiert Türken und Deutsche nicht im mindesten. Denn bei ihnen hinterläßt ohnehin nicht das Entsetzen über die Tat selbst Betroffenheit, sondern das nationalistisch angeleitete Entsetzen. So sind sie denn entweder davon betroffen, daß deutsche Landsleute für die Anschläge verantwortlich zeichnen, oder davon, daß es welche von ihnen, also Türken, in ihrer zweiten Heimat so völlig unverdient getroffen hat.

»Jetzt reicht's!«

Auch das ist bemerkenswert. Der Aufschrei, der durch Deutschland geht, setzt sich von allen vorangegangenen Brandsätzen ab. Das kann am Anschlag selbst nicht liegen, denn weder ist der Feuerzauber von Rechtsradikalen etwas Neues in Deutschland noch der von *west*deutschen Neonazis in *West*deutschland. Weder sind es die ersten Toten noch die ersten toten Türken, die Opfer von Rechtsextremen geworden sind. Und trotzdem formulieren Öffentlichkeit und Politik im Gleichklang, daß mit Mölln das Faß endgültig zum Überlaufen gebracht worden sei. Bemerkenswert ist daran erstens, daß es für die Zuständigen überhaupt erst eines vollen Fasses mit solchen Anschlägen bedarf, um öffentlich anzukündigen, daß man jetzt im Schnellverfahren geeignete Maßnahmen ergreifen werde. Und zweitens stellt sich die Frage, warum sich fünfzehn Monate nach Hoyerswerda und drei Monate nach Rostock die Reaktion von Staatsgewalt und Öffentlichkeit auf die Anschläge in Mölln derart von der auf alle vorangegangenen unterscheidet? Warum läuft gerade jetzt das Faß über? Warum sieht die Bundesanwaltschaft, die sich Anfang November noch für nicht zuständig erklärte, –

»Ich bin nach dem Willen des Gesetzgebers bei politisch motivierter Kriminalität primär zuständig, wenn es um Straftaten einer terroristischen Vereinigung geht. ... Der Rechtsstaat ist nun einmal an das formale Gesetz gebunden. Wer sich nicht an das Gesetz hält, handelt willkürlich.« (Generalbundesanwalt von Stahl; Spiegel 45/92,22) –

in diesem Fall Handlungsbedarf für sich?

Jetzt, erklärt sie, seien »deutsche Sicherheitsinteressen« in Gefahr. Und es könne der Verdacht, daß eine »terroristische Vereinigung« an den Taten beteiligt gewesen sei, nicht mehr ausgeschlossen werden. Darf man das so verstehen, daß bei drei toten Ausländern pro Anschlag das »deutsche Sicherheitsinteresse« beginnt? Nein, darf man nicht! Darf man es so verstehen, daß »deutsche Sicherheitsinteressen« erst bei Anschlägen auf die Wohnung von »Gastarbeitern«, nicht jedoch beim Abfackeln von unerwünschten Asylbewerbern (»Scheinasylanten«) beginnen? Auch das kann nicht sein, denn die Sicherheit und Wohlfahrt von türkischen und anderen ausländischen Arbeitskräften war noch nie Sache der staatlichen Behörden, wie die zig Anschläge der vergangenen Jahre beweisen. Liegt man richtiger, wenn man vermutet, daß »deutsche Sicherheitsinteressen« überhaupt nicht deswegen in Gefahr geraten sind, weil auf deutschem Territorium Menschen durch Menschenhand umgekommen sind, sondern weil hier vielmehr das Urteil *deutscher Behörden* über das *staatlich zuerkannte Aufenthaltsrecht* für ganz bestimmte Ausländer durch Rechtsextreme in Frage gestellt wurde.

Damit liegt man offenkundig schon richtiger. Denn wenn das Tötungsdelikt selbst den Rechtsstaat nicht aus der Reserve lockt, dann muß hier eine besondere *staatliche Bewertung* der Anschläge vorliegen, die sich gerade nicht auf den reinen Sachverhalt, sondern auf seine Relevanz für staatliche bzw. sicherheitspolitische Interessen bezieht. So fragt sich der Rechtsstaat, wen es getroffen hat und ob er sich das weiterhin bieten lassen will. Getroffen hat es eine Spezies von Ausländern, denen eine begrenzte Aufenthaltsgenehmigung erteilt worden ist. Das unterscheidet sie von Asylbewerbern, denen dieses Vorrecht gerade nicht zuteil werden soll. Und man liegt auch richtig mit der Annahme, daß den Türken so ein Aufenthaltsrecht nicht deshalb gewährt worden ist, weil sie darum nachgesucht haben oder weil sie die deutsche Kultur zu bereichern versprechen und darüber hinaus noch als ein sympathischer Menschenschlag gelten. Das begehrte Papier der Ausländerbehörde haben sie, weil sie entweder zu jenen Ausländern gehören, die in der deutschen Wirtschaft noch gebraucht werden, oder zu jenen, die ein Geschäft aufmachen und dafür sorgen, daß arbeitsame Türken und ihre noch nicht vertriebenen Angehörigen in der Fremde ein paar ihrer heimatlichen Reproduktionsgewohnheiten vorfinden. Nur deswegen, weil sie für deutsche Belange verwendbar sind, werden diese Ausländer aus heiterem Himmel mit gemeinen Lobeshymnen nur so überschüttet: z.b. daß sie, obwohl Ausländer, also eigentlich auch nicht hierhergehörig, sich doch hier als ziemlich anstellig und brauchbar erwiesen hätten, sich nützlich für Deutschland gemacht hätten, obwohl ihnen keine Garantie für ihren Vorteil versprochen worden ist und sich der für sie in der Regel auch nicht einstellt, daß einige von ihnen akzentfrei deutsch sprechen könnten, sich schon wie gute Möllner fühlen würden und deswegen ihre Einbürgerungsanträge gute Chancen hätten..., kurz und gut: sie ja auf dem richtigen Weg seien, da sie sich von ihrem undeutschen Ausländertum verabschieden wollten.

»Deutsche Sicherheitsinteressen« sind also in Mölln für gefährdet befunden worden, nicht weil Türken in ihren Wohnungen verbrannten, sondern weil mit dem Angriff auf sie ein *nationales* und durch das *deutsche Ausländerrecht abgesegnetes Interesse* an ihnen angegriffen worden ist.

Bei der Gelegenheit wurden gleich zwei weitere Klarstellungen angeschlossen:

Zum einen läßt sich an den Reaktionen von guten Deutschen auf rechtsextreme Angriffe in den vergangenen Wochen und Monaten ablesen, daß auch bei ihnen jene Sorte Gehorsam noch nicht sitzt, die den billigenden Nachvollzug der jeweiligen Sortierung zwischen den Ausländern nach aktuellem staatlichen Interesse garantiert.

Und zum anderen sollte das Ausland erfahren, daß Bürger jener Staaten, die hier auf der Grundlage von Staatsverträgen ihre Dienste tun, auch soweit durch den deutschen Souverän geschützt werden, wie es für ihre Dienstverpflichtung nötig ist.

Die Lehren aus Mölln

Die Politiker, die die ganze Unterscheidung zwischen Inländern und Ausländern in die Welt setzen und damit Menschen danach sortieren, wen sie unter ihrer Fuchtel haben und wen nicht, legen schwer Wert darauf, daß auch die Unterscheidung zwischen Ausländern und Ausländern von allen Deutschen begriffen wird. Jeder soll wissen und es für gut befinden, daß es Ausländer gibt, die die Ausnahme von der nationalen Regel sind, die besagt, daß Ausländer hier nichts verloren haben. Neben denen, die gänzlich unerwünscht sind und ohnehin nur Kosten verursachen (Asylbewerber,»Scheinasylanten«), gibt es welche, die kann Deutschland gelegentlich ganz gut brauchen. Einige, die sowieso nur kurz vorbeischauen, lassen vornehmlich Geld hier (Touristen), andere bringen Kapital ins Land (IBM, McDonalds) und werden deswegen sogar eingeladen. Dann gibt es welche, die bringen eigentlich gar nichts mit und werden dennoch als Ausländer wie Helden gefeiert. Das sind die »Politischen«. Und dann gibt es welche, die nur ihre Arbeitskraft mitbringen und deswegen »Gastarbeiter« heißen, also wissen müssen – wie man es von Gästen verlangen kann –, daß sie nicht zu lange bleiben dürfen. Die bekommen dann ein Ausnahmerecht und dürfen sich je nach Konjunktur und Saison nützlich machen.

Daß Deutschland seine recht prinzipielle Ausländerfeindlichkeit kalkulierend einzusetzen versteht und sich deswegen mit dem Prädikat ›ausländerfreundlich‹ schmückt, das ist ein Sachverhalt, der offensichtlich einigen »Volksgenossen« Kopfschmerzen bereitet. Weil Neonazis und Skins immer häufiger auch jene Ausländer zum Ziel ihrer Angriffe machen, an denen Deutschland durchaus vorübergehend etwas findet, hält die Staatsgewalt es für geboten, für die deutsche Bevölkerung ein Zeichen zu setzen und einen Trennungsstrich gegenüber den Rechtsextremen zu ziehen. Deswegen »reicht es jetzt«! Das Zeichen heißt: »Wer von den Ausländern bei uns unerwünscht ist, das bestimmen immer noch wir, die Politiker, und nicht die Straße! Merkt Euch das, Bürger!« Und der Trennungsstrich lautet: »Alte oder neue Nazis stehen nicht für deutsche Politik, weil ihre radikale Ausländerfeindlichkeit sich nicht mit unseren nationalen Projekten verträgt. Unseren prinzipiellen Verdacht Ausländern gegenüber, sie könnten ein Loyalitätshindernis darstellen und Verwicklungen mit fremden Staatsgewalten mit sich bringen, stellen wir auch schon mal zurück.«

Deswegen beginnt deutsche Politik zur Zeit auch damit,»selbstkritisch« ihre ordnungspolitische Großzügigkeit gegenüber den Angriffen auf Asylantenunterkünfte zu korrigieren. Mit der Instrumentalisierung der Überfälle von Rostock, Hoyerswerda usw. für die eigene Ausländerpolitik ist Schluß, wenn Skins und Faschos in den Roma nur *Ausländer* sehen und nicht *unberechtigte* Ausländer. Es muß alles dafür getan werden, daß die Rechten sich nicht länger als die selbsternannten Vollstrecker staatlicher Asylpolitik wähnen. Das Abschieben nimmt die Ausländerpolitik wieder ganz in ihre Hände und greift auf der anderen Seite zu härteren Strafmaßnahmen gegenüber den Neonazis.

So »wehrt« der demokratische Staat den »Anfängen«. Sein Antifaschismus ist von merkwürdiger Natur: Nicht die Kritik am faschistischen Umgang mit Menschen – mit In- oder Ausländern –, diktiert die neue Kampagne gegen den Rechtsextremismus, sondern die Kritik an dessen Unfähigkeit, den Rassismus an den deutschen Staatszielen zu relativieren.

Was trennt eigentlich Demokraten von den Rechtsradikalen?

Nein, das ist keine provokative Frage und überflüssig ist sie schon gar nicht. Nur weil jetzt nach Mölln die Rechtsradikalen zum innenpolitischen Feind Nr.1 erklärt worden sind, nur weil das Verbot von neonazistischen Organisationen und die Betreuung von Reps und DVU durch den Verfassungsschutz erwogen wird, liegt der Kern des politischen Dissens noch längst nicht offen zutage und ist mit der Etikettierung ›demokratisch‹ versus ›rechtsradikal‹ nicht ausgemacht. Politische Zweckbündnisse zwischen den geächteten Reps und der CDU/CSU oder FDP auf kommunaler Ebene sind nämlich inzwischen durchaus geduldet. Und die inzwischen zwar allseits gerügte, damit aber gerade offenkundig gewordene Stillhaltetaktik der Polizeikräfte in Hoyerswerda und Lichtenhagen läßt es auch nicht obsolet erscheinen, sich genauer nach der Kontroverse zu erkundigen. Wenn man zudem weiß, daß demokratische Politiker eher mit faschistischen Diktatoren vom Schlage eines Somoza oder Pinochet bündeln als mit Kommunisten wie Castro, Ulbricht oder Allende, dann will das Trennende zwischen herrschenden Demokraten und den Rechtsextremen erst einmal bestimmt sein.

Der Fanatismus der Sortierung

Den Rechtsradikalen leuchtet die Sortierung zwischen In- und Ausländern ein.[21] Sie sind von diesem Gegensatz, der auch die Grundlage der demokratischen Ausländerpolitik ist, sogar dermaßen überzeugt, daß sie zu einer Sache der *Menschennatur* erklären, was ausschließlich über die *Konkurrenz von Gewaltmonopolen* geregelt wird. Dies erklärt, daß sie diese Sortierung unbedingter, d.h. fanatischer, praktizieren (wollen) als ihre amtierenden demokratischen Sachwalter. Die Rechtsextremen und Neonazis stellen sich in dieser Hinsicht an. Sie wollen nicht differenzieren. Ausländerfeinde sind sie aus Prinzip und sie bleiben dabei. Denn für sie bedeutet alles Undeutsche letztlich den Ruin Deutschlands. Sie relativieren ihre Ausländerfeindschaft nicht an nationalen Vorteilen – ökonomischer, politischer oder kultureller Art –, die von der Anwerbung bestimmter Ausländer erwartet werden. Sie haben gegen Asylbewerber aus Rumänien genauso viel wie gegen türkische Arbeiter, die bei Daimler-Benz neben ihnen arbeiten. Sie erklären gleichermaßen Kapitalisten, die Geld oder Kapital hier lassen oder »Besatzer«, die uns »schützen«, Sportler oder Kulturschaffende, die für Multikultur sorgen, zu Feinden Deutschlands, die zu seiner »Durchrassung« beitragen. Sie sind also in ihrem Fanatismus ›kalkulationsunwillige Ausländerfeinde‹. Allem Ausländischen wird der gleiche Vorwurf der Unterwanderung deutscher Eigenart gemacht. Sie nehmen sich darüber hinaus sogar die rassistische Freiheit, innerhalb der deutschen Staatsbürger nach »undeutschen Elementen« zu fahnden und werden inzwischen bei Juden, Obdachlosen, Behinderten und Linken fündig.

Was Rechtsradikale nicht fertig bringen, ist der kalkulierende Umgang mit jenem Ausschließungsverhältnis, das der demokratische Staat mit der Definition von Menschen als Inländer und Ausländer in die Welt setzt. Kein Demokrat macht sich zum selbstlosen Knecht seines eigenen Rassismus: Es quasi zur Natur von Menschen zu erklären, daß sie In- oder Ausländer und damit bereits ihrer Herrschaft aufs innigste verbunden sind (klassisch immer noch R.v.Weizsäcker: Deutschland »war Generationen vor uns das Vaterland, das man liebt, so wie jeder Mensch auf der Welt sein Vaterland liebt.« Bul 8.5.85), ist das eine. Von jeder Sorte deutschdienlicher Benutzung von auswärtigem Menschenmaterial deswegen aber vollständig Abstand zu nehmen, das wäre für den *Demokraten* Vaterlandsverrat. Daß auch die nur geduldeten oder für begrenzte Zeiten und Zwecke angeforderten Ausländer immer welche bleiben, dafür wird mit dem Ausländerrecht gesorgt, das den Aufenthalt zu einem besonderen Recht erklärt, der – je nachdem – an Bedingungen geknüpft ist und deswegen auch irgendwann einmal beendet zu sein hat. Einbürgerung ist die Ausnahme, die nur zugelassen wird, wenn der Ausländer bereits vollständig zum Inländer geworden ist, sich assimiliert beziehungsweise integriert hat.

Was demokratische Ausländerpolitiker an den Rechtsradikalen also gar nicht mögen, ist nicht nur ihre Anmaßung des Rechts auf Gewaltausübung. Sie können es zudem gar nicht leiden, wenn Ausländer in die rechtsradikale Schußlinie geraten, die nach sorgfältiger Prüfung durch demokratische Organe von dem Generalurteil, daß Ausländer hier nichts zu suchen haben, *ausgenommen* sind.

Nach Mölln hat die »große Politik« deswegen erklärt, daß sie von den rechtsradikalen Umtrieben nun endgültig die Schnauze voll habe. Einem doppelten Mißverständnis tritt sie seitdem entgegen: Weder setzt die bedingte Benutzbarkeit randalierender Neonazis vor den Asylantenheimen diese damit politisch ins Recht, noch rechtfertigt die aktuelle politische Feindschaftserklärung gegenüber den Asylbewerbern die fanatische rechtsextreme Praktizierung von Ausländerfeindschaft.

Als ausgesprochen kontraproduktiv wird es von Kohl und Schäuble, Engholm und Schröder inzwischen angesehen, wenn rechtslastige Deutsche auf diese Weise den politischen Anstand verletzen: Denn es gehört sich nicht, unsortiert gegen Ausländer vorzugehen, wo es allein vom Erfolg oder Mißerfolg auswärtiger Staatsaffären abhängt, wie die Ausländerfeindschaft jeweils praktiziert wird. Der Rassismus der Rechtsradikalen kommt demokratischer Politik nicht in die Quere, weil die Demokraten eingefleischte Antirassisten wären. Vielmehr stört es sie, daß einige Deutsche sich als unfähig erweisen, rassistische Ideologien für außenpolitische Anliegen fallweise zu instrumentalisieren, und statt dessen mit ungebremstem Rassismus gar einem borniertem Separatismus das Wort reden. Wie soll denn – so lautet eine aktuelle Besorgnis – ein Vereinigtes Europa störungsfrei funktionieren, wenn die europäischen Völker ihre alte Staatszugehörigkeit über ihre neue supranationale Identität stellen, sich auch durch den Einsatz von staatspädagogischen und ordnungspolitischen Mitteln partout nicht davon abbringen lassen, daß der Franzos' oder der »Itaker« dem Deutschen die Arbeitsplätze und die schöne DM wegnehmen wird. Es will eben wirklich noch nicht allen prospektiven Europäern einleuchten, daß sie dereinst – ob beschäftigt oder unbeschäftigt – allein an ihrem Beitrag zur Beseitigung des lästigen weltweiten Dollarregiments gemessen werden!?

Es *werden* also die gar nicht so prinzipiellen politischen Unterschiede zwischen den deutschen Euro-Demokraten und den nationalbornierten Rechtsextremen überhaupt zur Zeit nur deswegen so *prinzipiell,* weil die nationalen Erfolge deutscher Demokraten in und mittels diverser Bündnisse eingefahren werden und sie gerade dies als eine, wenn nicht sogar als *die* Lehre aus dem – immer gemessen an ihren imperialen Maßstäben – erfolglosen faschistischen Alleingang ihres Rechtsvorgängers gezogen haben.

Völkisches

Über den Charakter der Feindschaftserklärung der regierenden Demokraten an die rechte Szene klärt auch die Rolle auf, die der Rassismus des Völkischen in deutsch-demokratischer Außenpolitik spielt. Wo sich für den Jungnazi der deutsche Staatsmaterialismus ganz auf den Idealismus der völkischen Reinheit zusammenkürzt, befindet der demokratische Staat das nicht immer für sehr praktisch, weiß aber durchaus den Rassismus des Völkischen in seine Außenpolitik zu integrieren – wenn's nützt. So steht geschrieben, daß in aller Regel die *Volkszugehörigkeit* über die deutsche *Staatsbürgerschaft* befindet. Das ist einerseits sehr praktisch, da sich auf diese Weise Bürger fremder Staaten – vor allem traf dies einmal auf die »Brüder und Schwestern« zu und trifft jetzt sogenannte Wolgadeutsche, Schlesier, Sudetendeutsche usw. – mit deutscher Großmutter in den Grenzen von 1937 darauf verlassen können, daß sie von Deutschland nicht vergessen werden. Ob ihnen das schmeckt oder nicht, ist dabei ziemlich egal. Sie müssen als Material des deutschen Revanchismus herhalten. Was durchaus nicht sehr gemütlich ist, z.b. wenn es ans Umsiedeln in Wolgarepubliken geht, was auch eine Form der »ethnischen Säuberung« ist, die ohne Vertreibung der Russen ohne deutsche Urgroßmutter nicht zu machen sein wird. Die traditionellen Fürsprecher des deutschen Revanchismus der Heimat- und Vertriebenenverbände haben deswegen nicht mehr die große Presse, weil der völkische Revanchismus offizieller Teil deutscher Außenpolitik und in Verträgen mit Rußland, mit Polen und der ČSFR über die Anerkennung von Rechten »deutscher Minderheiten« paraphiert ist. Wo die Deutschen inzwischen wieder »wer sind«, da dürfen sie sich munter an der Revision der Resultate des Zweiten Weltkrieges zu schaffen machen, ohne daß »die Welt« – heuchlerisch – aufschreit. Wer außerdem schwer daran mitarbeitet, daß sich z.b. Jugoslawien nach Völkerschaften staatlich sortiert, wem es also in seinen europäischen Gesamtplan paßt, daß sich in dieser Balkanregion nach ethnischen Kriterien Staaten gründen dürfen, der nimmt entsprechende Schlächtereien im Namen von Volk und Blut in Kauf.

Dabei sind deutsche Außenpolitiker gerade nicht deswegen für das Staatsgründungsrecht von Ethnien, weil sie sich dem Völkerschaftsrassismus verschworen hätten. Wenn sich das »Selbstbestimmungsrecht der Völker« als Instrument für außenpolitische Intervention in fremdes Gehege benutzen läßt, wenn es als legitim gilt, sich im Namen einer Sorgepflicht für alles »Deutschstämmige« in fremdstaatliche Anlegenheiten – nicht nur diplomatisch – einzumischen, dann wird das gemacht, ohne deswegen jedes Interesse, das diesen Zugriffstitel nicht für sich reklamieren kann, fahren zu lassen; oder umgekehrt jedem völkisch daherkommenden separatistischen Staatsgründungsbegehren gleich recht zu geben. Hier verfährt die imperialistische Instrumentalisierung des Volkszugehörigkeitspostulats nicht so kleinlich, wie dies (Neo-)Faschisten vorhaben. So werden Kohl und Co. das vereinte Europa gewiß nicht an seiner »gemischtrassigen« Komposition scheitern lassen! Wenn es denn aber am Nationalismus anderer Europäer oder an einer Weltwirtschaftskrise scheitern *sollte,* dann wird dies für Deutschland »das Beste« gewesen sein und denjenigen politischen Parteien in Deutschland Auftrieb geben, die schon immer gewußt haben, daß eben die Deutschen und die Franzosen, die Deutschen und die Engländer etc. nicht zusammenpassen.

Diese Instrumentalisierung des Völkischen kommt im übrigen der Wahrheit dieses Rassismus näher als die mit ihr verbundene Ideologie, der sich die Rechtsextremen so verbunden fühlen. Schlichter Unfug ist die Unterscheidung, nach welcher die *Staats*zugehörigkeit ein reiner *Rechts*tatbestand, die *Volks*zugehörigkeit dagegen eine ethnische, also ziemlich *natürliche* Angelegenheit sei. Daß hierzulande über den Volksbegriff »das Blut dick ins Recht« eingeflossen sei, wie H. Prantl (SZ 4.2.93) kritisch anmerkt, läßt sich leicht mit dem Hinweis widerlegen, daß schwerlich eine Sortierung nach Völkern zustande gekommen wäre, wenn nur urgermanisches Blut oder das des Neandertalers gesprochen hätte. Ein Staatsvolk, das nach dem Urteil von Staatsmännern mehr Menschen als die aktuelle Nation umfaßt, steht nur für das Interesse, Angehörige einer anderen Nation mit dem Verweis auf eine historische, d.h. durch Kriege längst überholte Staatszugehörigkeit – zunächst einmal – ideell für sich zu reklamieren: Wenn sich trotz der durch die Scharmützel neugeschaffenen staatlichen Tatsachen und Untertänigkeiten an Leuten einer Nation einige Unterschiede in Sprache, Sitten und Gebräuchen feststellen lassen, wenn die auch noch als Zeichen andersartiger völkischer Identität gepflegt und nicht einfach nur nicht vergessen bzw. ausgerottet worden sind, dann hat das nichts mit Blut, dafür aber sehr viel mit der »Großzügigkeit« der neuen Herrschaft gegenüber den alten Sitten des kassierten Volks, mit der Sehnsucht dieser Neubürger nach ihrem alten Staat und mit dem Interesse eines Kriegsverlierers an dem verlorengegangenen exklusiven Menschenmaterial zu tun. Der Verweis auf die Natur soll dem revanchistischen Argument nur eine besondere, unwidersprechliche Dignität verleihen.

Wo also die (Neo-)Faschisten sich streng dieser Ideologie vom Naturgrund des Völkischen verpflichtet fühlen – wobei selbst ein Hitler an der Macht da so seine schlitzäugigen Ausnahmen kannte –, operieren die modernen Imperialisten mit dieser Naturideologie als Versatzstück ihres politischen Interesses. Das mögen dann die Jungnazis nicht leiden, halten alteinsässige Türken ebenso für undeutsch wie frisch eingewanderte Asylanten, sehen in einem deutsch angeführten Europa die Preisgabe deutscher Identität und in (Knebelungs-)Verträgen mit Polen nur die Preisgabe von Ansprüchen auf deutsches Territorium und Volk. Und die demokratischen Regenten wollen diese Verwechslung von neuen, erfolgversprechenden Wegen zu großdeutscher Souveränität mit ihrer angeblichen Preisgabe nicht dulden. Deswegen verbieten sie diese Konkurrenten um den besten Weg zu neudeutscher Größe, wo sie sich auf der Straße mausig machen, und überlegen ihre Ausschaltung, wo sie als parlamentarische Größe Ungelegenheiten bereiten könnten.

Über die Unfähigkeit von Demokraten, rechtsextreme Urteile zu kritisieren

In der Talk-Show »So« auf N 3, einige Tage nach Mölln am 27.11., wurde einem bekennenden Nationalisten, dem stramm rassistisch argumentierenden Wissenschaftler Robert Hepp, aus dem deutsch-türkisch gemischten Publikum zugerufen:»Sie gehören in die Psychiatrie!« Ein anwesender grüner

Minister verbot ihm die Rede: »Halten Sie die Schnauze!« Und der Moderator der Sendung, R. Hetkämper, ergänzte: »Von meinen Steuergeldern werden solche Leute im Staatsdienst gehalten, können Bücher schreiben und werden auch noch gelesen!« Niemand widersprach.

Man war sich in der übrigen Runde schnell einig, daß der gerade wegen seiner deutsch-nationalen Position geladene Professor in der Talk-Runde, in der Hochschule, im Staatsdienst, unter guten Deutschen usw. nichts zu suchen habe, ihm Wort und Schrift verboten gehören und ein Berufsverbot zu erteilen sei.

So etwas ist schlimm! Nicht etwa deswegen, weil hier mit zweierlei Maß gemessen worden wäre, sich die übrigen Gäste sonst manierlich und gut fundiert ausgetauscht hätten. Das war wirklich nicht übermäßig und auch nicht nötig, weil sie sich schnell in der Ausgrenzung des Herrn Hepp zusammengefunden hatten. Schlimm ist so etwas aus anderen Gründen.

Ist den Teilnehmern (darunter der CDU-Politiker Hennig, der aus der Türkei stammende kritische Wissenschaftler H. Keskin, der grüne Minister Trittin, der Leadsänger von BAP, Niedecken, und der als Jude geladene Bild-Kolumnist Seligmann) nicht aufgefallen, daß hier Methoden im Kampf gegen unliebsame Auffassungen vorgeschlagen werden, die man bis vor kurzem in den sogenannten östlichen »Unrechtsregimen« zu entdecken wußte und die denen den Vorwurf eingetragen hatten, sie würden die »Menschenwürde« mit Füßen treten? Wird nicht immer noch regelmäßig als Stasi-Skandal aufgedeckt, daß DDR-Bürger in psychiatrischen Kliniken landeten, wenn ihre politische Überzeugung sie zu Staatsfeinden gemacht hatte?

Ist der Runde aus eingefleischten Demokraten nicht eingefallen, daß das Rede- und Schreibverbot, die Entfernung aus dem Beruf und die Einweisung in geschlossene Einrichtungen zum Arsenal nationalsozialistischer Unterdrückung abweichender Auffassungen gehörten?

Es ist ihnen *nicht* eingefallen. Die Runde war sich folglich darin einig, daß abweichende, für falsch gehaltene Auffassungen nicht etwa dadurch »unschädlich« gemacht werden, daß einem Millionenpublikum vor dem Fernseher vorgeführt wird, wie leicht der *Inhalt* rechtsextremer Urteile zu widerlegen ist. Vielmehr bevorzugte die Runde den Vorschlag, die *Person,* die solche Urteile verbreitet, unschädlich zu machen.

Bemerkenswert ist dieser Vorgang außerdem deswegen, weil er erstens in demonstrativer Absicht erfolgte und weil er zweitens die ganze Unfähigkeit guter Deutscher aus allen demokratischen Parteien zeigt, offen rassistisch und nationalistisch argumentierende Bürger zu widerlegen.

Demonstrative ...

Wer einen bekannten, in der Vergangenheit bereits durch sämtliche Talk-Shows gezerrten deutsch-nationalen Professor am Tage der Beerdigung der Opfer von Mölln ins Studio einlädt, der weiß, was auf ihn zukommt. Wer ihn dann zielstrebig wiederum aus der Runde ausgrenzt, der hat nicht etwa unfreiwillig eine Gelegenheit versiebt, die Zuschauer gegen rassistischen Nationalismus begründet zu »immunisieren«, sondern der hat sie gar nicht gewünscht. Der wollte vielmehr zeigen, welche Auffassungen auf den *Index* gehören. So wurde denn in der Talk-Show nur streng zwischen erlaubter und unerlaubter Meinung sortiert und dem verehrten Publikum klargemacht, was zu sagen sich nicht gehört. Die Runde betätigte sich als Gremium von Zensoren: Gedacht wird nur, was gestattet ist.

... Entlarvung

Dabei hat dieser Mann im wesentlichen nur zwei »anstößige« Urteile von sich gegeben, die leicht zu widerlegen gewesen wären, wenn nicht hierzulande unter *theoretischer Widerlegung* unerwünschter Auffassungen nur die (sicherheits-)*politische Ausgrenzung* verstanden würde:
– *»Wer gegen Überflutung und Unterwanderung Deutschlands durch Asylbewerber ist, der ist damit noch lange kein Ausländerfeind.«*
– *»Das Konzept der multikulturellen Gesellschaft ist nicht praktikabel, da sich über kurz oder lang verschiedene Ethnien mit verschiedenen Kulturen in die Haare kriegen; wie man ja an den Vorgängen in Jugoslawien und in der GUS sehen kann.«*
Daß die Talk-Gäste und das Studiopublikum nur Anstoß nahmen, hat einen einfachen Grund: Beide Auffassungen, die der bekannte Rechtsradikale äußerte, gehören, wenngleich nicht in dieser Form, so doch ihrem Gehalt nach, mit zum Arsenal der Asyldebatte unter *Demokraten:*
– Welcher gute Deutsche beginnt denn sein Lamento über die Asylbewerber nicht mit dem verräterischen ausländerfreundlichen Dementi: Er habe im Prinzip nichts gegen Ausländer, aber... Und wer von ihnen beherrscht nicht die peinliche Bekräftigung, man zähle sogar einige Ausländer zu seinen Freunden, mit der über die befreundete Ausnahme nur die ausländerfeindliche Regel bestätigt wird! Als Ausländerfeind möchte sich eben niemand abstempeln lassen, wenn Ausländerfeindschaft gerade nicht hoch im Kurs steht.
Hätte Prof. Hepp R. v. Weizsäcker zitiert,
– *»Wir haben die Pflicht zu einem humanen Umgang mit Zuwanderern ... Wir haben die dringliche Pflicht, ein System zu schaffen, daß die Zuwanderung steuert und begrenzt und zugleich das wahre Asyl schützt«* –,

wäre er im Kreis der geladenen Gäste von SPD, CDU, Grünen usw. nicht aufgefallen. Er wäre dann aber auch gar nicht erst eingeladen worden.
– Auch das Urteil über die angebliche Unverträglichkeit von Rassen und Kulturen ist unter Demokraten verbreitet:
So ist z.b. das im Ausländerrecht verankerte Integrationskonzept nichts anderes als die unverdächtiger klingende Fassung des rassistischen Urteils von der angeblichen Unverträglichkeit der Ethnien. Nur dann, wenn sich Ausländer ganz dem Maßstab unterwerfen, der an gute Deutsche angelegt wird, dann haben sie eine Chance, daß ihrem Einbürgerungsgesuch stattgegeben wird. Wer dagegen an seiner Sprache, seinen Sitten und Gebräuchen festhält, der hat hier nichts zu suchen. Warum? Weil er nicht bereit ist, sein undeutsches Wesen abzulegen.

Hätte der deutschnationale Professor etwa in wohlgesetzten Worten das Integrationskonzept »problematisiert«, hätte er die Frage nach der Integrationswilligkeit von Ausländern um die nach ihrer Integrationsfähigkeit ergänzt, wäre der Proteststurm verhaltener gewesen. Denn das leuchtet ziemlich ein, daß man eben »aus seiner Haut kaum herauskommt«.

Vielleicht wäre ihm dann sogar das Beispiel Jugoslawien abgenommen worden, dem die Talk-Runde ebenfalls nichts entgegenzusetzen hatte. Dabei belegt der Zerfall Jugoslawiens die Behauptung gerade nicht, daß in »Vielvölkerstaaten« der Bürgerkrieg wegen einer Unverträglichkeit der Rassen programmiert sei. Auch wenn man sich in die Frage, ob es eigentlich verschiedene Rassen gibt, lieber nicht einmischen sollte, so steht doch fest, daß aus *natürlichen Unterschieden* zwischen Menschen und Menschengruppen niemals *Gegensätze* oder gar *Feindschaften* resultieren. Irgendwie könnte es einem schon auffallen, daß immer dann *Rassen* schuld sein sollen, wenn *Staaten* sich in die Wolle kriegen oder Teil*staaten* sich für bloße Teil-Staatlichkeit zu gut sind. Wenn Serben und Kroaten, die einige Jahrzehnte unter einer Staatsführung ohne Bürgerkrieg miteinander gelebt haben, nun übereinander herfallen, dann tun sie dies nicht deswegen, weil es ihnen im Blut liegt. Vielmehr muß ihnen die Hetze der auf Eigenstaatlichkeit erpichten Republikfürsten, daß »die Serben« bzw. »die Kroaten« ihnen etwas wegnehmen wollten, worauf sie als Serben bzw. Kroaten ein Recht hätten, sehr eingeleuchtet haben. Woher hätten sie auch sonst wissen können, daß sie auf Serben bzw. Kroaten und nicht auf Skipetaren, Magyaren, Türken, Araber oder sonstige fremde »Rassen« zu schießen haben? Wieso fällt eigentlich der Ruf der Natur immer mit den politischen Absichten von Machthabern und solchen, die es werden wollen, zusammen?

Die Unfähigkeit zur Kritik deutschnationaler Positionen

erklärt sich also aus der Tatsache, daß den empörten Kritikern das Deutschnationale ebenfalls nicht allzu fernliegt. Parteipolitisch sind sie *Konkurrenten um dieselbe Klientel, den patriotischen Wähler.* Es unterscheidet sich der rechtsextrem argumentierende Professor von den herrschenden Politikern nur durch eines: Wo diese mit einem »gemischtrassigen« Volk kein Problem haben, wenn es zu ihrer Zufriedenheit funktioniert, und sie »das Fremde« ins Spiel bringen, wenn sie Ausländer nicht brauchen können, da hält der Rechtsextreme an der Macht der Natur fest und sieht bereits den Untergang Deutschlands nahen, wenn sich einige Mio. Ausländer für das Wohl Deutschlands abrackern. Kein Wunder, daß nur die Verwendung von Wörtern, die dem faschistischen Vokabular entnommen sind (»Rasse«, »Unterwanderung«, »Endlösung«, »Durchrassung«), gebrandmarkt wird und die Urteile selbst unangegriffen bleiben. Auch linke Professoren und grüne Politiker machen dabei keine Ausnahme. Sie gehören in die Einheitsfront gegenüber dem bösen Rechten, weil ihre Parteinahme für Anstand sich inzwischen längst in die Parteinahme für *nationalen* Anstand aufgelöst hat.

So war es denn fast zwangsläufig, daß der rechtsgewirkte Professor zur »Unperson« erklärt wurde. Demokraten sind sich nämlich keineswegs dafür zu schade, hier eine gerade bei Rechtsextremisten gepflegte Durchmusterung des deutschen Volkes zur Anwendung zu bringen: Leute wie der geladene Professor Hepp, der ohne Schnörkel ausspricht, wovon viele Bürger überzeugt sind und was dem Denken demokratischer Politiker so fern auch nicht liegt, sind Nestbeschmutzer und gehören einfach nicht zu den wahren Deutschen. Das überzeugt!

Dem schleswig-holsteinischen Politiker Hennig gelang an dem Abend eine einprägsame Unterscheidung zwischen gutem und bösem Nationalismus: *»Patriotismus, das ist die Liebe zu den Seinen. Nationalismus, das ist der Haß auf die anderen.«*
Fragt sich nur, was zu tun ist, wenn »die anderen« uns ständig daran hindern, »in Liebe« zueinander zu stehen. Wenn sie uns ständig die Arbeitsplätze und die Frauen wegnehmen und die Kriminalitätsstatistiken so belegen, daß die Deutschen zu kurz kommen? Ob man dann nicht gerade wegen der »Liebe zu den Seinen« einen mordsmäßigen »Haß auf die anderen« kriegen muß?

Bonn ist nicht Weimar

In allen politischen Salons ist die Theorie wohlgelitten, die das »faschistische Verhängnis« aus einer *Schwäche* der Weimarer Republik erklären will. Sie hätte zu viele Splitterparteien, darunter eben auch faschistische zugelassen, habe teilweise der Straße das Heft der Politik überlassen, statt mit harter Hand und knapp am Rande der Demokratie für Ordnung – für welche eigentlich? – zu sorgen. So seien denn das Chaos und zusammen mit der Wirtschaftskrise das »Verhängnis« ziemlich unausweichlich gewesen. Hitler habe sich die Situation zunutze gemacht und sich – fast noch – demokratisch die Legitimation zur Abschaffung der Demokratie erschlichen. Kurz und gut: Hätte die Weimarer Republik sich rechtzeitig wie der Hitler aufgeführt, kleine Parteien eliminiert, kommunistische und nationalsozialistische Bewegungen mit einer Bürgerkriegsarmee zerschlagen und in Lager verfrachtet, ungehorsame Gewerkschaften verboten und das Parlament auch der Form nach durch Parteienverbote zum Akklamationsorgan für die Führung gemacht, so wäre der Hitler ihr glatt erspart geblieben!

Die Theorie hat wenig mit den Ereignissen der Weimarer Republik zu tun. Denn bekanntlich hat sie dem Hitler das Regieren mit Ermächtigungsgesetzen (»Notverordnungen«) erst vorgemacht. Auch mit den Kommunisten ist sie wenig zimperlich umgegangen. Selbst vor einem halben Bürgerkrieg hat sie nicht zurückgeschreckt. Daß die anderen Parteien an ein Verbot der NSDAP nicht gedacht hatten, lag schlicht daran, daß die Ziele der meisten von ihnen – die Tilgung der »Schmach von Versailles«, die Aufrüstungspolitik und ein radikaler Antibolschewismus – auch zum Programm der Faschisten gehörten. Warum sollte man ihnen dann bei entsprechendem Wahlausgang den Weg in eine Koalitionsregierung zur Ablösung Brünings oder v. Papens versperren? Die Mißerfolge der Weimarer Regierungen in diesen nationalen Angelegenheiten ebneten Hitler zusätzlich den Weg. Viele der Wähler sahen die Lage Deutschlands genauso. Und als geübte Demokraten *wählten* sie Hitler.

Doch läßt sich auch eine falsche Theorie als Leitfaden von Politik ausgeben. Heute wollen die Bonner die – erfundenen – Versäumnisse von Weimar nicht wiederholen. Schon gar nicht wollen sie sich von Neofaschisten und ähnlich denkenden Volksgenossen Untätigkeit vorwerfen lassen. Engholm krempelt die Ärmel hoch, damit »unser Volk nicht auf die Idee kommt, andere mit dieser Aufgabe (Ausländer raus!) zu betrauen.« (FR 24.10.) Und Schäuble setzt nach: Er möchte die »Erziehung zu nationaler Identität nicht ausgerechnet den Rechten überlassen«. (Pa 52-53,3) Beide wissen sich einig in dem Anliegen, den Schönhuber – möglichst – dadurch auszubooten, daß sie selbst ihn überflüssig machen.

Auch die Lieblingsdiagnose R. v. Weizsäckers, derzufolge es in der Weimarer Zeit an *Demokraten gefehlt* habe, taugt weder zur Erklärung des Faschismus, noch trifft sie überhaupt die Sache: Wären die Faschisten alle Demokraten gewesen, dann wären sie keine Faschisten gewesen, lautet seine Behauptung. Und fast ist man geneigt, sie als unter dem Niveau unseres Präsidenten liegend abzutun, wenn nicht ihre Botschaft so apart wäre. Sie enthält ein Sonderangebot an alle Deutschen, egal ob sie nun faschistische, rechtskonservative, liberale oder linksidealistische Positionen vertreten. Es heißt »Wehret den Anfängen« und verspricht die Verhinderung der Hitlerei, wenn man nur geschlossen die paar Neonazis aus dem Kreis der guten Deutschen ausgrenzt und den »Rechtsextremen« an der Regierung dafür die Geschicke der Nation überläßt. Einem Volk, das eingedenk seiner »unseligen Vergangenheit« und im Namen eines guten Deutschlands dadurch der Bonner Politik den Segen erteilt – einer Politik, die Reps und DVU alt aussehen läßt –, daß es sich gegen eine erfundene Gefahr in Gestalt jugendlicher Fascho-Gangs einspannen läßt, so einem Volk muß einfach das Zeugnis der demokratischen Reife zuerkannt werden. Heute fehlt es also deshalb nicht an Demokraten, weil sich das deutsche Volk, von dem nicht unerhebliche Teile wieder einem Hitler hinterherlaufen würden, durch die etablierten Parteien bedient fühlt. Nicht weil sie Demokraten, sondern weil sie mehrheitlich folgsam sind, werden sie heute von R.v.Weizsäcker gelobt. Weswegen eben aus Bonn und Berlin nicht Weimar wird.

Im übrigen muß man wirklich einmal darauf hinweisen, daß sich in jeder Hinsicht die Ansprüche, die die Nazis auf ihre Tagesordnung gesetzt hatten: Ansprüche an die Einigkeit von Volk und Führung, an Machtentfaltung nach außen bei sozialem Frieden mit gelben Gewerkschaften nach innen, an starke Führung und national zuverlässige Arbeiter, an rücksichtslosen Einsatz fremden Menschenmaterials für Deutschlands Größe, an die Heimatliebe der Jugend und an die Gleichschaltung der Presse, an Weltgeltung und modernste Streitkräfte, an Annektierungspolitik und Revanchismus – durch das Deutschland von heute erfüllt, ja sogar übererfüllt sind. Am Deutschland von heute blamiert sich eine Kritik, die ihre Maßstäbe von Hitler und seinem Reich bezieht. Solange wenigstens, wie Deutschland auf der Erfolgsstraße marschiert.

Was tun gegen Rechtsextremismus? (Teil I)

Nach Mölln: Der Rechtsstaat muß Flagge zeigen

Einsperren, kurzen Prozeß machen, Flagge zeigen, Vorbeugehaft, Rasterfahndung, Parteiverbot, härtere Abschreckungsurteile, Verschärfung des Landfriedensbruchparagraphen, rechtsstaatliche Stärke demonstrieren, Razzien, bessere Polizeiausrüstung, Selbstjustiz, andauernde Untersuchungshaft bei Wiederholungsgefahr, Einführung des verlängerten Unterbindungsgewahrsams, Legalisierung des polizeilichen Lauschangriffs, Sicherungsmaßnahmen, Gefängnis und Geldbußen bei rassistischer Propaganda, volle Härte des Gesetzes spüren lassen, befristetes und räumlich begrenztes Demonstrationsverbot, Vorfeldbeobachtung, Sicherheitsoffensive, Berufsverbot, befristete Verlängerung der Kronzeugenregelung, Grundrechte aberkennen, fliegende Spezialeinheiten der Polizei, polizeigerechtere Gestaltung der verdeckten Ermittlung, Ausbau des Verfassungsschutzes, Verschärfung des Haftrechts, BKA-Einsatz, GSG 9 und BGS-Einsatz usw.

Dies ist eine ungeordnete und nicht vollständige Sammlung von Vorschlägen zur Bekämpfung des Rechtsextremismus. Sie ist der Tagespresse im Monat November entnommen. Alle Vorschläge stammen von Politikern der etablierten Parteien.

In Deutschland ertönt der Ruf nach mehr Staatsgewalt, nach dem starken Staat, nach Demonstration staatlicher Härte. Und zwar ertönt er einhellig. Nicht nur die demokratischen Politiker, auch die Bürger überbieten sich in ihren Leserbriefen in Anregungen zur Etablierung von totalitärer Ordnung. Auch das linke Lager – ehemalige Nachrüstungsgegner, Pazifisten und Brokdorf-Kämpfer – billigt dieses Mittel gegen Rechtsextremismus: das unerbittliche Zuschlagen der befugten Gewalt. Tabus gibt es da nicht. Nur Folter und Todesstrafe gehören nicht zum Arsenal der offiziellen Vorstellungen. Sonst ist jedes Mittel recht und wenig Interesse gilt der Frage, was denn mit den demokratischen Bürgerrechten sei. Einig ist man sich, daß diese jungen Mitbürger mit Kurzhaarschnitt all diese Rechte verwirkt haben. Der Parteinahme für die rechte Szene wird bereits derjenige verdächtigt, der nur die Frage nach Meinungs-, Demonstrations-, Berufs- und sonstiger Freiheit zu stellen wagt.

Dabei wollen angeblich alle nur das eine: die Unterbindung der Gewalt der Straße! Es sind also Gewaltgegner aller Couleur, die aus ihrer Vorliebe für die Staatsgewalt kein Hehl machen und sich in diesem Exzeß der kreativen Ausgestaltung des Rechtsstaats zum Polizeistaat treffen. Sie treffen sich dabei – nebenbei gesagt – mit denjenigen, die die ganze vorstellbare Härte der

Staatsgewalt treffen soll. Rücksichtslosen Einsatz der Staatgewalt fordern auch die Rechtsextremen – nur eben gegen Ausländer und andere »Undeutsche«.

Schutz der Asylanten?

Daß in dem Katalog der staatlichen Maßnahmen der flächendeckende Schutz der Asylantenunterkünfte nicht enthalten ist, liegt nicht daran, daß die besorgten Politiker etwas vergessen hätten, wie diejenigen wähnen, die sich dann selbst vor die Heime stellen, um das staatliche Versäumnis in Form einer Privatpolizei zu kompensieren. Nein, da ist nichts vergessen worden.

Kann denn niemand mehr in der Republik ein solches Schutzanliegen von dem staatlichen Interesse an der Demonstration der unbedingten Gültigkeit seines Gewaltmonopols unterscheiden? Mit Verboten und Abschreckungsstrafen will die nationale Führung doch nur aller Welt zeigen, daß der harte Kern der Rechtsextremen hierzulande nichts zu lachen, daß er nichts mit deutscher Politik zu tun, und daß er keine Chance gegen die Staatsgewalt hat. Nicht den Schutz der betroffenen Ausländer, sondern den *Schutz des Rechtsstaats* haben die Hüter der Staatsgewalt auf ihrem Programm stehen: Wer sich unbefugterweise das Recht auf Ausübung von Gewalt anmaßt und das auch noch gegen so deutsche Einrichtungen wie die Unterkünfte einer willigen türkischen Reservearmee im Dienste des nationalen Unternehmertums, den muß die befugte Gewalt mit aller Härte des Gesetzes treffen. Das ist sich deutsche Politik schon allein deshalb schuldig, vermeldet sie, weil sie in der jüngsten Vergangenheit im In- und Ausland in den Verdacht geraten sei, sie habe die »Gewalt der Straße« honoriert, der Rechtsstaat gar vor »braunen Horden« kapituliert.

Mit dem Schutz gefährdeter Ausländer hat das nichts zu tun und soll das auch gar nichts zu tun haben. Warum – so lautet die unausgesprochene Logik dieser staatlichen Unterlassung – soll man die Menschen mit großen Aufwand schützen, die man abzuschieben gedenkt? Damit unterstreichen alle vorgeschlagenen Maßnahmen nur, was die rechtsgewirkten Gruppen auf ihre Fahnen geschrieben haben: Das Leben eines Asylbewerbers ist ein minderes Rechtsgut als das Ansehen und die unbedingte Gültigkeit des deutschen Gewaltmonopols.

Staatlicher Kampf gegen den Rechtsextremismus

So martialisch die Vorschläge klingen, so wenig scheinen sie dafür bestimmt zu sein, dem Rechtsextremismus das Wasser abzugraben. Denn was soll das

Einsperren von Neonazis und das Verbieten von Parteien bewirken? Rechtsextremistisches Gedankengut läßt sich weder durch Verbot noch durch Knast ausräumen. Allenfalls reduziert man so seine öffentliche Äußerung. Zudem hängt es nicht nur in den Köpfen der paar tausend Glatzen, der paar tausend organisierten Faschisten und in denen der »Rattenfänger« von DVU und Reps. Was ist mit den deutschen Bürgern, die der Asylantenvertreibungspolitik der »Straße« offen Beifall zollen und Zugaben fordern? Was ist mit den Deutschen, die »nichts gegen Ausländer haben«, aber die Bundesregierung für ihre lasche Haltung in der Ausländerfrage mit dem Wählen von DVU und Reps bestrafen wollen? Was ist mit den treuen deutschen Bürgern, die zwar »die Vorgänge« nicht billigen können, die wegen des Ansehens Deutschlands keine der rechtsextremen Parteien wählen, die aber »Verständnis« für jene Landsleute aufbringen, die meinen, sich gegen die »Überflutung« ihrer Gemeinde durch Asylbewerber nur noch mit Straßenblockaden vor ZASTs wehren zu können?

Wenn es darum geht, Nationale Front(en) aufzulösen und ein Verbot von DVU und Republikanern in Erwägung zu ziehen, dann sind die legitimierten Gewalttäter offenbar bereits zufrieden, wenn die Neonazis nicht mehr massiv auftreten, sich nicht mehr wie bisher öffentlich äußern, wenn dem Ausland keine Gelegenheit mehr gegeben wird, mit dem sauberen Daumen auf das schmutzige Deutschland zu deuten, und wenn die ausländerfeindlichen Bürger mangels anderer Alternativen wieder der SPD, CDU/CSU, FDP oder den Grünen hinterherlaufen. Nicht als Ideologie, die eben nicht nur in Hinterköpfen herumspukt, sollen Rassismus und Nationalismus aus der Welt geschafft werden. Unterbunden werden soll der Rechtsextremismus bloß, wo er sich als *Störung von nationaler Politik* geltend macht. Da paßt der Einsatz von staatlicher Gewalt: Als ein Ordnungsproblem wird diese Störung behandelt.

So geht denn auch für Demokraten in leitender Position jener Rechtsextremismus deutscher Bürger voll in Ordnung, der sich als Wahlkreuz bei den demokratischen Parteien äußert. Der stört ja nicht.

Es ist, als hätten die demokratischen Politiker ein Gespür dafür, daß jeder ernsthafte Versuch einer Ausrottung faschistischer Ideologien zugleich auch den Grundlagen demokratischer Staatlichkeit an die Wäsche gehen müßte. Und in der Tat haben sie dies Gespür: Denn daß Reps und DVU Konkurrenten in der politischen Arena sind, nicht aber unversöhnliche Staatsfeinde, beweisen sie noch in jeder Wahl, in der sie diese Parteien wie politisierten Handel mit NS-Devotionalien behandeln, weil ihr in deren Programmatik so recht keine Angriffspunkte auffallen.

**Ein Nachtrag:
Rechtsextremismus als Anlaß für den großen Aufwasch!**

Es scheint zur Zeit fast so, als sähen gewählte und ungewählte Politiker im Rechtsextremismus das *Objekt* ihrer Maßnahmen und zugleich einen *Anlaß* dafür, einer mehrheitlich begeisterten Öffentlichkeit ihre Vorstellungen über die Durchsetzung von Recht und Ordnung im demokratischen Gemeinwesen Deutschland präsentieren zu können. Und munter wird diese Gelegenheit benutzt, um in einem großen Aufwasch gleich das Arsenal der Mittel des totalitären Rechtsstaats für alle möglichen anderen Ordnungswidrigkeiten – zunächst erst einmal ideell – zu vervollständigen: Zunahme von Klein- und Großkriminalität, das Drogen»problem«, die illegalen Grenzgänger, ausländische Schwarzarbeiter, Waffenschiebereien und natürlich der Links-Extremismus usw. komplettieren das Bild einer zerrütteten und zum Chaos treibenden Gesellschaft, das dann passend nachgereicht wird. Die Debatte über die Bekämpfung des Rechtsextremismus wird zum »Selbstläufer«. Politiker aller Parteien nutzen die Gelegenheit, um ihr polizeistaatliches Ideal des Rechtsstaats vorzuführen. Das trennt sich ganz von seinem Anlaß, dem Rechtsextremismus, und findet dann in Mafia und Dealern, RAF und Asylmißbrauch umgekehrt hinreichendes Material, um zu bebildern, daß die publizistische Gewaltorgie keineswegs über das ursprüngliche Ziel hinausschießt.

Ansehen von, Scham über und Stolz auf Deutschland

Es ist bereits eine merkwürdige Sache, sich das *eigene Ansehen* zum Anliegen zu machen. Will man es denn wirklich allen recht machen, die über einen urteilen? Spielen dabei nicht Beurteilungskriterien eine wichtige Rolle? Was ist, wenn Ansehen auf Opportunismus gegenüber Stärke oder Reichtum basiert? Was ist, wenn es auf Abhängigkeit und Berechnung fußt? Was ist, wenn es von Willkür oder subjektiver Sympathie abhängig ist? Die Sorge um das eigene Ansehen gibt es offenbar nur dort, wo das eigene Schicksal an der Beurteilung von Fremden, die einem durchaus nicht gewogen sein müssen, hängt.

Noch merkwürdiger ist es, sich um das *Ansehen anderer* zu kümmern. Oder sich gar zu schämen, wenn das Ansehen anderer Schaden nimmt. Warum schämt sich eine Frau für ein Kind, das sich öffentlich »danebenbenimmt«? Weil es seine Mutter ist! Das soll ein guter Grund sein? Wo doch gar nicht die Mutter, sondern das Kind in ein »Fettnäpfchen« getreten ist. Da muß schon sehr viel – freiwillige oder verfügte – Verantwortung im Spiel sein, außerdem die mit der Öffentlichkeit geteilte Verurteilung des »Fauxpas«

des Lütten und schließlich die Überzeugung, daß sich für das eigene Kind so etwas nicht gehört, weil man ja auf es stolz sein will.

Am merkwürdigsten aber ist es, sich als Bürger um das Ansehen »*seines Staates*« zu sorgen und sich zu schämen, wenn neofaschistische Mitbürger sich an Ausländern vergreifen. Warum reicht es vielen Bürgern nicht, den Rechtsextremismus einfach deswegen zu verurteilen, weil er sich an Leib und Leben von Menschen vergreift? Warum macht erst die *Wirkung* solcher Taten auf das deutsche Ansehen die *Taten* zu einem öffentlichen Unglück? Was geht denn überhaupt den Bürger das Ansehen des Staates an? Hat er nicht genug damit zu tun, sich um Einkommen und Wohnung(-smiete), um Gesundheit und Versicherungen, um Zeugnis und Lehrstelle, um Bafög und Examen zu kümmern? Mangelhafte Erfüllung seiner Wünsche an dieser Privatfront schaden im übrigen dem deutschen Ansehen nie! Das könnte zu denken geben.

Warum haben denn so wenige Bürger den Mut zu sagen, das Ansehen Deutschlands sei ihnen egal! Sie hätten sich diese Staatsbürgerschaft nicht ausgesucht. Deswegen könnten sie ihr etwas Verbindendes, zu dem sie wirklich stehen könnten, auch nicht entnehmen. Die Verwechslung des natürlichen Geburtsaktes mit der politischen Vereinnahmung als deutscher Staatsbürger – ein Lieblingsargument R.v.Weizsäckers – läge ihnen fern, daraus eine Art naturnotwendiger Verbundenheit mit Deutschland abzuleiten, erst recht. Sie trügen deswegen auch keine Verantwortung für dieses Land. Und Gründe für einen Stolz auf Deutschland hätten sie auch keine, zumal die Bilanz, die sie hier für sich in Deutschland ständig anstellen müßten, eher bescheiden ausfalle. Scham für die Taten von Neofaschisten und Skins käme nicht in Frage, weil es sich bei denen um politische Gegner handele, mit denen es keine Gemeinsamkeit gebe. Schon gar nicht würde es ihnen einfallen, über die Betonung einer angeblichen deutschen Identität die politische Trennungslinie zu vergessen. Die Unsitte, sich im Ausland aufzuregen, wenn sich Landsleute aufführen, teile man nicht. Und daß man Deutschland so etwas nicht zugetraut hätte, daß so etwas nicht zu Deutschland passen würde, sei gleichfalls nicht ihre Auffassung. Mit Ausländern hätten sie hier nicht viel zu tun und wüßten deswegen nicht, warum sie sich für wildfremde Menschen einsetzen sollten. Nicht einmal bei verprügelten oder erschlagenen Inländern würde ihnen eine Lichterkette oder eine Schutzaktion einfallen. Sie hätten – alles in allem – wirklich genug mit dem Alltagsstreß zu tun, den ihnen hier deutsche Steuereinzieher, Behörden, Chefs und Vermieter bereiten.

Das hört man nicht! Vielleicht hat es ja auch mit fehlendem Mut gar nichts zu tun!

Warum liegt der Politik das deutsche Ansehen am Herzen?

Dabei gibt es natürlich Deutsche, denen das Ansehen ihres Landes berechtigterweise schwer am Herzen liegt. Und zwar, weil sie Deutschland und das, was es ökonomisch, politisch und militärisch auf der Welt hermacht, repräsentieren und mehren wollen. Wenn sich Politiker Sorgen darüber machen, daß im Ausland das Deutschlandbild korrigiert wird, dann kann man das verstehen. Aber muß man diesen Standpunkt deshalb schon teilen? Zumal er weniger mit einer einfachen Meinung über Deutschland als mit der Geltung Deutschlands in der Staatenkonkurrenz zu tun hat.

Wenn das türkische Parlament beschließt, eine Menschenrechtsdelegation nach Mölln zu schicken, die nachschaut, ob die türkischen Bürger hier auch anständig behandelt werden; wenn die israelische Knesseth den deutschen Staat zu härterem Vorgehen gegen antisemitische Rechtsextreme auffordert; wenn gar aus Frankreich zu hören ist, daß die guten Beziehungen schon darunter leiden könnten, wenn die deutsche Regierung nicht klar Position gegen den innerdeutschen Faschismus beziehen würde; und wenn von den USA mehr »action« (SZ 3.12.) gegen die Neonazis gefordert wird, dann liegt in all diesen Fällen eine sogenannte »Einmischung in die inneren Angelegenheiten Deutschlands« vor, für welche die Türkei, Israel oder Frankreich allgemein anerkannte gute Gründe vorbringen können. Immerhin geht es um türkische Staatsbürger, um Menschen jüdischen Glaubens und um den Kampf gegen Faschismus, der kein nationales Problem, sondern eine Sache der »Menschenrechte« sei.

Da mag es der Bundesregierung aus eigener Berechnung heraus noch so sehr klar sein, daß es der türkischen Regierung kaum um die Wohlfahrt ihrer Bürger geht, daß die israelische Regierung nicht Religion über Staatsbürgerschaft stellt, und auch Frankreich seinen Le Pen hat. Da mögen sich Kinkel und Kohl insgeheim noch so sehr aufplustern, der Türkei und Israel raten, sich an die eigene Nase zu fassen, und sich sicher sein, daß diese »Einmischung« wenig Substanz aufweist. Sie tun sich aber schwer, diese »Einmischung« zurückzuweisen, gerade weil sich die Türkei und Israel der von Deutschland selbst weltweit angewandten Einmischungstitel bedienen. Jeder Staat nämlich, der von Deutschland als Verfolgerstaat auf den Index gesetzt worden ist, hat es sich gefallen lassen müssen, daß er im Namen von »Menschenrechten« oder »Wolgadeutschen« zum »Unrechtsstaat« erklärt worden ist. Und in jedem einzelnen dieser Fälle ging es nicht um Hilfe für verfolgte Menschen, sondern darum, in die inneren Verhältnisse eines anderen – zumeist für unbotmäßig erklärten – Staates hineinzuregieren und ihm das Leben schwer bis unmöglich zu machen. Jetzt gilt vorübergehend einmal Deutschland fast als Verfolgerstaat und erfährt, was interventionistische Außenpolitik ist.

An einem lädierten Ansehen im Ausland, am angegriffenen *Bild* von Deutschland stören sich deshalb deutsche Demokraten. Es kann ihnen nicht gleichgültig sein, was das Ausland, also die fremden Herrschaften über Deutschland denken. Denn in dieser Sphäre der Politik, der Diplomatie, läßt sich einer auch noch öffentlich ausposaunten Meinung über den Konkurrenten entnehmen, wie es um das aktuelle Verhältnis der Staaten zueinander bestellt ist. An der öffentlichen Deutschlandschelte durch die Türkei und Israel stört erstens deren Absicht, die unumschränkte Gültigkeit der deutschen Staatsgewalt durch diplomatische Interventionen punktuell und mehr demonstrativ in Frage zu stellen. Und es stört zweitens, daß in den auswärtigen Affären von Europa-, Weltpolitik und Weltmarkt alle Konkurrenten daraus Vorteile zu ziehen versuchen. Sie stellen nämlich bei solchen Gelegenheiten die Frage, ob Deutschland wirklich zu Recht jener neue Platz als angehende Weltmacht gebührt. Ob diese Einmischungen von Erfolg gekrönt sind, das hängt dann allerdings nicht von diplomatischen Beschwerden allein ab.

Rechtsextremismus und angezündete Ausländerwohnungen sind also bloß das Material, das die ideologischen Vorwände abgibt, unter denen die Konkurrenz ein wenig an der Hierarchie der Staaten zu rütteln versucht. Das gewinnt in dem Maße an Bedeutung, wie diese Hierarchie nicht mehr festgefügt, sondern Gegenstand umtriebiger Positionskämpfe ist.[22]

Soll man als Bürger solche Anliegen deutscher Politik teilen oder lieber alles versuchen, um nicht noch weiter von ihnen betroffen zu werden?

Deutsche Großbetriebe dulden keine Neonazis

Auch deutsche Betriebe sorgen sich um das Ansehen der Nation im Ausland. Mit ganzseitigen Anzeigen reihen sich BMW, Daimler Benz, VW und andere in die Front der demonstrativen Ausländerfreunde ein. Sie verkünden sogar, jeden Arbeiter sofort entlassen zu wollen, der mit rassistischen Parolen gegen ausländische »Kollegen« hetzen würde. Eine Gefahr für deutsche Arbeitplätze sähen sie nicht in Ausländern, sondern in den Rechtsextremen. Und ausländisches Kapital hätte bereits Beteiligungen an deutschen Firmen und Investitionen in Ostdeutschland wegen der »braunen Gefahr« abgesagt.

Das verwundert schon. Denn daß sich führende deutsche und andere Großunternehmen den Kapitalexport in faschistisch regiertes Ausland verboten hätten, ist nicht bekannt. Auch hat man wenig davon gehört, daß sie immer dann ihre Zelte im Ausland abgebrochen hätten, wenn dort rassistische Regime an die Macht kamen. Apartheitsregime waren und sind für sie ebensowenig tabu wie mittelamerikanische Diktaturen. Wo die Bedingungen für das Geschäft stimmen, da spielen eben Rassismus und Faschismus der regierenden Sponsoren für die nationalen Großkapitale keine Rolle.

In der Tat kennt das Kapital keine Vorurteile rassischer, religiöser, politischer oder kultureller Art gegenüber dem Arbeitsvermögen. Die Arbeitsleistung des weißen Mannes schätzt es ebenso wie die des schwarzen, gelben oder roten Mannes, wenn die eine so lohnend ist wie die andere. Es weiß den Christen ebenso wie den Juden oder den Moslem zu schätzen, wenn er nur ganz im Dienst am Profit aufgeht. Die Angabe mit demokratischen Errungenschaften, die das Arbeitsrecht z.b. im Kündigungsrecht dem Art. 3 GG entnommen hat, steht denn auch weniger für die hochmoralischen Prinzipien des Unternehmensvorstandes als vielmehr für die *Gleichgültigkeit* des Kapitals gegenüber all jenen Besonderheiten des individuellen Arbeitsvermögens, sofern die seinen profitablen Einsatz nicht tangieren. Dies hindert kein Unternehmen daran, vorhandenen Rassismus produktiv einzusetzen: Daß Ausländern erst einmal für noch schlechtere Arbeit noch weniger gezahlt wird als den deutschen Lohnarbeitern, gehört ebenso zu den Schönheiten der Arbeitswelt wie der Leichtlohn für Frauenarbeit.

Betriebsklima

Verräterisch ist die Begründung, die für die Antirassismus-Kampagne deutscher Unternehmer gelegentlich gegeben wird. Ausländerfeindliche Hetze würde das Betriebsklima stören, heißt es. Da könnten sich doch glatt deutsche und türkische Arbeiter in die Wolle kriegen, statt sich gemeinsam für die Vermehrung des Reichtums von Daimler-Benz, BMW oder VW einzusetzen. Verräterisch ist dies deswegen, weil sich die bestimmte Hautfarbe oder Staatsbürgerschaft, der bestimmte Inhalt des Rassismus oder der Ausländerbeurteilung dabei gänzlich herauskürzen. So würde kein Betrieb auf die Idee kommen, seinen Laden zu schließen, wenn der nur mit deutschen Rassisten besetzt ist. Warum auch, wo doch deren Einigkeit gegenüber »Kanaken und Fidschis« ein stabiles Fundament für ein harmonisches und arbeitsförderndes Betriebsklima abgäbe. Dort würde umgekehrt nur ein Türke stören und das Klima vergiften, der sich gegen die geschlossene Front der deutschen Belegschaft todesmutig zur Wehr zu setzen wagte.

Daß jedoch ausgerechnet mit öffentlichen Kampagnen für ein harmonisches Betriebklima gesorgt und der gelegentliche Ärger in Großbetrieben zwischen deutschen und türkischen, griechischen oder »jugoslawischen« Arbeitern abgestellt werden soll, ist wenig einleuchtend. Da stehen den Betrieben ganz andere Mittel zur Verfügung. Besonders der Verweis auf den randvoll gefüllten Arbeitsmarkt für die Inländer und der auf die Abschiebungsgesetze für die Ausländer hat zur Zeit besondere Konjunktur.

Konkurrenz

Eher denken deutsche Großbetriebe daran, dem Ausland das Bild eines um Sauberkeit bemühten deutschen Standorts vorzuführen. Dafür wird schon einmal ein Exempel statuiert, die Entlassung eines rechtsgewirkten deutschen Arbeiters verfügt oder »ganz spontan« eine Belohnung für »zweckdienliche Hinweise zur Ergreifung der Täter von Mölln« aus der Portokasse ausgeworfen, wie dies Opel getan hat. Denn rechtsradikale Umtriebe können im Ausland schon ihre Wirkung haben, gerade dann, wenn »das Ausland« seine eigenen Gründe hat, auf deutsche Politik ein besonderes Auge zu werfen. Wenn nämlich die Welt – wie nach jedem Krieg – gerade neu geordnet wird, über die Kompetenz zum Weltordnen und über den Rang in ihr noch gefeilscht wird, wenn überdies der Weltmarkt »eng« wird und entsprechend die Konkurrenz härter, dann kommen Nationalstaaten, die so etwas in ihren Handelsbilanzen und als Währungsdruck verspüren, auf die Idee, den heimischen Kapitalen durch *nationalistische Kampagnen* etwas Erleichterung zu verschaffen. Daß die USA in regelmäßigen Abständen für bestimmte Produktionsbereiche die Losung »buy american goods« ausgeben, das kennt man und auch den dahinter stehenden Streit um Protektionismus und Freihandel. Als wohlfeiles Argument in solchen Kampagnen tun Verweise auf die häßlichen Deutschen dann durchaus ihren Dienst, deren Neofaschismus man mit dem Kauf eines jeden Produkts »made in Germany« stütze, auch wenn es vielleicht wirklich besser und/oder billiger als das einheimische Pendant ist. Da soll – auf Abruf – der Kunde gegenüber dem Ausland seine ganze Königsmacht demonstrieren. Er darf sich einmal einbilden, der Vollstrecker einer internationalen Kampagne gegen deutschen Faschismus zu sein, auch wenn es um den gar nicht geht, und an seiner Kaufentscheidung so gut wie nichts hängt – wenigstens im Vergleich zu einer staatlich verfügten Importbeschränkung, die aber bekanntlich immer gleich die erste Stufe zum Handelskrieg ist. Dagegen ist die antifaschistisch begründete Kampagne gegen deutsche Waren eben moralisch fast unangreifbar; wohlgemerkt: fast. Denn wenn auf diese Weise ein politisch inszenierter Handelskrieg beginnt, dann vergessen BMW und Daimler, Siemens und VW schnell ihre antirassistischen Manieren und fordern die hiesige Regierung zum Eingreifen gegen das freche Ausland auf.

Der DGB ist ausländerfreundlich:
»Du brauchst deutsche Kohle und deutschen Stahl!«
(Plakat auf einer Arbeiterdemonstration)

Deutsche Gewerkschaften sind nicht ausländerfeindlich. Wenigstens solange nicht, wie nicht irgendwelche Ausländer Deutschlands Wirtschaft erfolgreich Konkurrenz machen. Dann bleibt den Gewerkschaften gar nichts anderes übrig, als denen – natürlich nur zum Zwecke der Sicherung von Arbeitsplätzen – jeden ökonomischen Mißerfolg an den Hals zu wünschen. Bei der chronisch ausländerfreundlichen Gewerkschaft fällt das nicht unter Ausländerfeindlichkeit, wenn sie die Bundesregierung auffordert, in Brüssel, Moskau, Tokio oder Washington dafür zu sorgen, daß das Ausland nicht mit Mitteln des »unlauteren Wettbewerbs« die deutsche Industrie in Mitleidenschaft zieht, also deutsche Arbeitsplätze vernichtet. Unter Ausländerfeindlichkeit fällt für den DGB nur die Anmache von Gastarbeitern oder Asylbewerbern durch deutsche Zeitgenossen.

Die Fortschritte der Gewerkschaft auf diesem Felde sind unverkennbar. Alte Bedenklichkeiten hat sie abgelegt. Wo eine IG Metall einst noch beteuerte, daß sie keinesfalls für Massenentlassungen im Ausland sei, schon gar nicht als Folge eigener Arbeitsplatzsicherungsstrategien, und wo sie dafür auch schon mal die gewerkschaftliche Internationale zusammengetrommelt hat, da fallen ihr heute nur noch die »unzulässigen Subventionierungspraktiken« des Auslands ein. Der Prolet gilt folglich nur noch als Inländer oder Ausländer. Als Lohnarbeiter hat er bei der Gewerkschaft längst verspielt. So ist es für die IG Metall inzwischen gerecht, wenn japanische oder sonstige Stahlarbeiter es zu büßen haben, wenn ihre Regierungen bestraft werden – wegen »unlauteren Wettbewerbs«. Dabei ist sich der deutsche Gewerkschaftsbund inzwischen ziemlich sicher, daß der immer dann im Ausland stattfindet, wenn sich hierzulande nicht der eigentlich Deutschland zukommende Erfolg bilanzieren läßt.

Aber so ist das eben: Ohne diese Sorte Ausländerfeindlichkeit der gehobenen Art ist der gewerkschaftliche Einsatz für den Erfolg des weltweit herumfuhrwerkenden deutschen Kapitals nicht zu haben. Wer gegen die Weltmarktkonkurrenz unbedingt an »deutschen Arbeitsplätzen« festhalten will, der redet einer Politik das Wort, die deutsche Erfolge auf Kosten des Auslands einfahren soll. Aber weder die kleinen noch die großen Kriegserklärungen fallen hierzulande unter Ausländerfeindlichkeit. Sie tragen den Stempel der Sorge um die Nation – die sich, das kann nicht oft genug gesagt werden, beim DGB ›Arbeitsplätze‹ buchstabiert – und sind deshalb notwendig und gehen in Ordnung. *Nationalismus als offen rassistische Gesinnung* von deutschen Menschen ist der Gewerkschaft jede Menge kritisches Schulungsmaterial und einige Lichterketten wert. Der *Nationalismus als außenpolitische Tat* der deutschen Regierung dagegen findet die Gewerkschaft als Mitstreiter auf der Straße. So werden aus Arbeitern, die zur Entlassung anstehen, in den gewerkschaftlichen Kämpfen Aktivisten der imperialistischen Konkurrenz: *»Du brauchst deutsche Kohle und deutschen Stahl!«* Arbeitsplätze und Einkommen sichert das nicht. Aber vielleicht »die deutsche Kohle und den deutschen Stahl«.

DEZEMBER

Der Asyl-»Kompromiß«:
Deutsche Fortschritte beim Ordnen der Welt

Die große Koalition der Ausländerpolitiker hat ein Einsehen gehabt und ist nun den schärfsten ihrer Kritiker hilfreich zur Seite getreten. Mit den neuen Beschlüssen zum Ausländerrecht vom 6.12. (s. Anhang 3) stellt sie klar, daß Asylpolitik nichts anderes war und ist, als was sie diese Kritiker vorgeführt haben: Asylpolitik ist keine Frage von Humanität, nicht um Schutz von Verfolgten vor den Verfolgern geht es, um Hilfe für Verelendete schon gleich gar nicht. Asylpolitik ist eine Abteilung von Außenpolitik, in der die Staatenwelt nach Freund und Feind interessiert sortiert wird und in der die diplomatischen Feindschaftserklärungen an Staaten mit dem Verweis auf »Verfolgung« und »Verelendung«, also mit dem Deuten auf »menschliche Schicksale« den Ruf von uneigennützigen Hilfsaktionen erhalten sollen.

Die der Untätigkeit bezichtigten Politiker haben sich diesen Vorwurf zu Herzen genommen und sind in einem Maße tätig geworden, daß es vielen von denen, die nach der starken Hand des Staates gerufen haben, weil es mit Asylanten und Rechtsextremismus so nicht weitergehen könne, schon wieder fast zu viel ist. Das ist ziemlich ungerecht: Denn erstens sind nur alle Maßnahmen, die das deutsche Ausländerrecht, die Genfer Konvention, das Schengener Abkommen usw. ohnehin bereits erlaubten, gebündelt und zugespitzt worden. Und zweitens setzten die neuen Beschlüsse nur strikt das um, was die deutsche Bevölkerung von rechtsradikal bis linksmoderat verlangt hat: »Asylanten raus!« Genau diesem Anliegen folgen die Beschlüsse auf eine gänzlich schnörkellose Weise, die einiges vom neuen deutschen Selbstbewußtsein gegenüber Europa und der Welt offenbart. Wer – natürlich immer ganz Ausländerfreund – Deutschland durch Asylbewerber »überfordert« sah, der soll jetzt mit dem geschmäcklerischen Meckern aufhören. Man kann nicht verlangen, daß die Staatsgewalt den Hobel ansetzen soll, und sich dann über die Späne beschweren!

Die Beschlüsse: »Stell Dir vor, Art. 16 bleibt erhalten und kein Flüchtling kommt!« (SZ)

1. Flüchtlinge haben hier in Deutschland nichts zu suchen. Ausländer, die für politische, ökonomische oder kulturelle Zwecke gebraucht werden, die lassen sich besorgen (vgl. u.a. die »Vertragsarbeitnehmer«-Regelung).
2. Das Elend von Flüchtlingen aus aller Welt, an dem deutsche Politik mitgewirkt hat, geht Ausländerpolitiker nichts an. Wirtschaftsflüchtlinge, d.h. alle, die dazu erklärt werden, mißbrauchen das Asylrecht.

3. Wer politisch verfolgt ist, das entscheidet sich nicht an seinem persönlichen Schicksal, sondern daran, ob er aus einem »Nichtverfolgerstaat« kommt. Deswegen ist der individuelle Asylrechtsanspruch aufzuheben.
4. Es werden Listen von Nichtverfolgerstaaten politisch beschlossen, nach denen dann Grenzbeamte und Richter entscheiden dürfen. Das sehen deutsche Gerichte, die schon immer ihre Unabhängigkeit dazu benutzt haben, rechtsstaatlich abzusichern, was die Politik beschlossen hatte, allemal ein. Zumal dies Verfahren Zeit spart: Ein Blick in den Paß genügt, um die Abweisung oder Abschiebung anzuordnen. Auf die Liste der Nichtverfolgerstaaten kommen jene Staaten, auf deren Politik bereits so erfolgreich Einfluß ausgeübt worden ist, daß sie zu unseren Freunden zählen. Verfolgerstaaten sind solche, die es an Willfährigkeit noch fehlen lassen.
5. Da von der Ausländerpolitik beschlossen worden ist, daß zur Zeit ca. 96% aller Flüchtlinge das Asylrecht mißbrauchen – was für eine prächtige außenpolitische Erfolgsbilanz das ergibt! –, muß nicht etwa der Art. 16 abgeschafft, sondern nur den Asylbewerbern der Zugang zu ihm versperrt werden. So kann die Formulierung des Grundgesetzartikels erhalten bleiben. Denn erstens wird er noch gebraucht und zweitens fällt dann der SPD vielleicht die Zustimmung leichter. Die Quadratur des Kreises ist also gelungen!
6. Es ist zudem verfügt worden, daß alle Verfolgten nicht mehr als verfolgt gelten, wenn sie sich der Verfolgung durch Flucht entzogen haben. Wer seinen Häschern in ein anderes Land entkommt, ist also in Sicherheit – auch wenn er noch nicht in seinem Wunschfluchtland ist. Wäre er sonst durch dieses Land geflohen! Neben den »Nichtverfolgerstaaten« weisen die Beschlüsse eine – der Ergänzung harrende – Liste »sicherer Drittstaaten« aus, die als Fluchtwege bevorzugt werden. Wer durch sie flieht, ist schon in Sicherheit! Was will er in Deutschland?
7. Zu »sicheren Drittstaaten« sind vorsorglich alle an Deutschland angrenzenden Staaten erklärt worden. Folglich muß nicht einmal mehr der Paß geprüft werden, um die Abweisung des Flüchtlings rechtsstaatlich begründen zu können. Daß er sich überhaupt an einem deutschen Grenzposten meldet, wird dem Flüchtling zum Verhängnis. Denn an welchem Posten er auch immer antritt – seine Flucht über einen »sicheren Drittstaat« ist damit belegt. Hält der Asylbewerber also die Regelungen des neuen Asylrechts ein, ist er bereits in die Falle getappt.
8. Die »sicheren Drittstaaten« haben dann die Flüchtlinge »am Hals«, die Deutschland geschlossen und ohne die Frage der »politischen Verfolgung« überhaupt prüfen zu müssen, an den deutschen Grenzen zurückweist. Also zur Zeit so gut wie alle! Gerade die ehemaligen Ostblockstaaten dürfen dann ihrer Funktion als Halden für deutschen »Müll« nachkommen: Nicht nur Gift- und Atommüll, sondern auch aus Deutschland abtransportierter »Menschenmüll« wird ab sofort bei ihnen zwischengelagert.

9. Ob ihnen das paßt oder nicht, spielt keine Rolle. Immerhin unterliegt die deutsche Grenze deutscher Hoheit. Und da die ehemaligen Ostblockstaaten sich von NATO und EG einiges erwarten, haben sie erst einmal gewisse Vorleistungen zu erbringen, denken deutsche Außenpolitiker im vollen Bewußtsein ihrer gewachsenen »Verantwortung« für den »befreiten Osten«. Sperren sich Polen und die Tschechische Republik dagegen, sind *sie* ab sofort schuld an der »Flut«, die Deutschland überspült.

10. Wenn Polen, die ehemalige ČSFR, Rumänien oder Ungarn dabei deutsche Hilfe anfordern, werden sich deutsche Politiker nicht lange bitten lassen. Es war schon immer ihr Prinzip, erst in den Ländern ein – den deutschen Anliegen allerdings sehr bekömmliches – Unheil anzurichten, um dann als Feuerwehr gerufen zu werden. Das nennen sie ab sofort »Lastenverteilung« oder – für betroffene Ausländer – »burden-sharing«. Auf diese Weise lassen sich Erfolge deutscher Einmischungspolitik nicht wie bisher mittels der Aufnahme von »politisch Verfolgten« (den sogenannten Freiheitskämpfern), sondern durch die Massenabweisung und Abschiebung der »Scheinasylanten« erzielen. Zwei Fliegen werden sozusagen mit einer Klappe erschlagen!

11. Es gilt deswegen inzwischen als Bedrohung, was unter anderen Umständen noch ein Kredit verheißendes Kompliment gewesen wäre, nämlich von Deutschland als »Nichtverfolgerstaat« oder als »sicherer Drittstaat« klassifiziert zu werden. Polen, die Slowakei und die Tschechische Republik strengen sich deshalb an, um, dem deutschen Muster folgend, ihre eigenen Ostgrenzen abzudichten. So wird die deutsche Grenze faktisch an die tschechische Ostgrenze verlegt, was die Slowakei dazu nötigen wird, ihrerseits deutsche Asylpolitik an ihrer Grenze zu Ungarn, Rumänien oder der Ukraine zu exekutieren. Polen erlaubt deswegen ab sofort auch nur noch denjenigen Russen eine Einreise, die die Einladung eines Polen vorweisen können, der für sie finanziell aufkommt. Den Verkauf von elektronischen Grenzsicherungsanlagen haben deutsche Firmen inzwischen auf Vermittlung von Seiters angeboten. Für die deutschen Grenzen ist das von Vorteil. Damit ist garantiert, daß sich jene häßlichen, die Völkerfamilie beunruhigenden und die UNO zum Eingreifen zwingenden Szenen im Niemandsland, wie sie sich zur Zeit zwischen Israel und dem Libanon abspielen, in Grenzen halten.

12. Natürlich ist sich Deutschland der »schweren Verantwortung« bewußt, die bei der Sortierung der Welt nach Freund und Feind auf seinen Schultern liegt und hofft deshalb darauf, daß auch die »EG-Freunde« etwas von dieser Last abnehmen und sich den deutschen Sortierungsverfahren und -kriterien anschließen. Denen bleibt kaum etwas anderes übrig, wenn nicht auch sie »überschwemmt« werden wollen; gerade dann, wenn sie, aus welchen historischen Gründen auch immer, andere Anerkennungsquoten haben. Wenn in Frankreich immer noch ca. 36% aller Tamilen, in Dänemark sogar ca. 90%

anerkannt werden, wenn die Anerkennungsquote von Türken in Frankreich und Belgien um ein Vielfaches über der deutschen liegt (vgl. FR 26.6.92), dann liegt auf der Hand, in welche europäischen Regionen Asylbewerber zu flüchten versuchen. Von einem deutschem Diktat kann da keine Rede sein, eher von »Notwehr«, sagen die deutschen Politiker. Oder wie eine Zeitung schreibt: »Je größer der Brand, desto mehr wird beim Löschen die Nachbarschaft einbezogen werden.« (Faz 8.12.)

13. Politiker kalkulieren damit, daß letztlich die Herkunftsländer der Flüchtlinge, wenn sie nicht bei den Deutschen in Ungnade fallen wollen, ihre Grenzen selbst dicht machen müssen. So würde das Übel an der Wurzel gepackt, wie es neuerdings ganz radikal heißt. Allerdings – und darin liegt die Schönheit von Grenzen – ließe sich derselbe Effekt auch anders erzielen: Die angrenzenden Staaten nehmen ihre Ernennung zu »sicheren Drittstaaten« vorweg und lassen als »Nichtverfolgerstaaten« niemanden mehr hinein oder durch! So werden die »Anschläge« auf Asylbewerber in Zukunft im Ausland anfallen, nicht mehr in Rostock. Das ist gut – fürs deutsche Ansehen.

14. Wer sich zu Unrecht an der deutschen Grenze abgewiesen fühlt, kann natürlich klagen – möglichst vom Ausland aus. Wenn ihm das gerade wegen der Verfolgung schwer fällt, geht das deutsche Behörden nichts mehr an: Kommt die Klage an, dann kann es wohl mit der Verfolgung nicht so schlimm sein. Kommt sie nicht an, dann gibt es sie nicht! So bleibt das Individualrecht auf Asyl erhalten.

15. Mit den Flüchtlingen, die das Geld haben, per Schiff oder Flugzeug zu flüchten, werden deutsche Behörden schon fertig. Dafür ist ja das Individualklagerecht und einiges mehr verändert worden: Die deutsche Gerichtsbarkeit führt zwecks Schnellverurteilung erstmals wieder die sonst dem Faschismus zugerechneten, als Ausdruck von politischer Korrumpierung des Rechts geltenden »Sondergerichte« in Tatort- bzw. ZAST-Nähe ein, mit »Sonderrichtern«, die eine »Sondervergütung« erhalten sollen, die wohl als Akkord- oder als Schmutzzulage für die »Frontschweine« gedacht sein dürfte.

16. Die Verfahren gehen mit dem rechtsstaatlichen Gut der »Unschuldsvermutung« sehr gewissenhaft um. Nur wenn »ernstliche Zweifel« an der gerichtlichen »Vermutung« bestehen, daß der Antrag eines Asylbewerbers gänzlich unbegründet war, haben deutsche Gerichte, die diese »Vermutungen« selbst angestellt haben, ein Einsehen! In dubio pro reo? Natürlich, denn der Angeklagte wäre ja in diesem Fall die deutsche Ausweisungsbehörde! Auf deren Urteil sich im übrigen das Gericht zu stützen hat – ganz im Sinne deutscher Gewaltenteilung!?

17. Flüchtlinge, denen ein Verfahren ausnahmsweise (wie die SPD als »Kompromiß« durchgesetzt hat: Denn wirklich politisch Verfolgte genießen bei uns doch nach wie vor das Asylrecht!) konzediert wird, dürfen die Grenze passieren und werden zwecks »Aufbewahrung« in Lagern konzentriert, die

sie jetzt gar nicht mehr verlassen dürfen. Sonst könnten sie glatt deutschem Recht durch die Finger schlüpfen. Ihnen auch noch Geld in die Finger zu geben, mit dem sie zwischen Aldi-Wurst und Penny-Käse wählen könnten, geht auch nicht. Das wäre ja gleichbedeutend damit, ihnen gänzlich unverdient die Segnungen der freien Marktwirtschaft zuteil werden zu lassen. Wer einfach hierherkommt, obwohl er doch nicht soll, der darf sich nicht wundern, wenn er wie ein Strafgefangener behandelt wird, haben sich Schäuble, Engholm und Co. gedacht.

18. Wer meint, illegal die grünen Land- oder blauen Seegrenzen passieren zu können, oder wer nicht angibt, woher er kommt, wird sowieso abgeschoben, weil er sich nicht zur Abschiebung an der Grenze gemeldet hat. Er hat das Gebot der »Mitwirkungspflicht« verletzt, das ihn dazu nötigt, den Behörden bei seiner eigenen Abschiebung behilflich zu sein. Weswegen sein Antrag als »offensichtlich unbegründet« abgelehnt werden muß. Die »Unschuldsvermutung« ist dabei nur lästig. Und ungebetene Ausländer dürfen sich wirklich nicht einbilden, auf dieses Rechtsgut, das schon bei Deutschen nur sparsam eingesetzt wird, einen Anspruch zu haben.

19. Die anhängigen ca. 400.000 »Altfälle« werden nach diesen Regelungen versorgt. Wir machen uns doch nicht zum Sklaven unserer Rechtsstaatlichkeit und wenden das »Rückwirkungsverbot« auf Ausländer an, sagen sich die Politiker der drei Parteien. »Nulla poena sine lege« galt vielleicht bei den alten Römern!

20. Dann hat man zugleich noch über Bürgerkriegsflüchtlinge befunden, daß ihr Herkunftsgebiet eng begrenzt (»Wo bei Euch Krieg ist, legen wir fest!«), ihr Aufenthalt befristet (»Wann bei Euch Krieg ist, sagen wir!«) und ihre Chance, später einen Asylantrag zu stellen, zu reduzieren ist (»Nach dem Krieg wird aufgebaut, was Euch zerstört worden ist, und nicht abgehauen!«).

21. Schließlich wird die automatische Vererbbarkeit der Staatszugehörigkeit »bei fehlendem Bezug zum Staatsgebiet« eingeschränkt. Weil die »Wolgadeutschen« und andere sonst weiterhin an der Vorstellung festhalten könnten, sie seien hier auch dann noch willkommen, wenn in Rußland längst die Freiheit herrscht.

22. Und schlußendlich wird festgehalten, daß auch das umgekehrte Interesse nicht zu kurz kommen darf, wenn denn – z.B. von deutschen Unternehmen – der Wunsch nach zusätzlichen ausländischen Arbeitskräften für Erntezeiten, den Bau oder sonstige Saison- oder Tagelöhnerei geäußert wird. Bei diesen »Vertragsarbeitnehmern« muß alles legal zugehen, d.h. daß die Anwerbung über Staatsabkommen läuft, kontingentiert und zeitlich befristet ist. Die Abschiebung ist diesen Polen oder Tschechen mit dem Vertrag bereits garantiert. Ihr Lohn ist so beschaffen, das man von ihm in Polen leben können muß. Hierzulande geht das nicht. Aber auch so etwas kann sich – eingeleitet gerade

durch solche Arbeitskontingente von Nicht-Deutschen, wie sie Hitler bereits kannte – schnell ändern.

Resultate

Mit der Verabschiedung dieses Instrumentariums und erst recht mit seinem Einsatz haben deutsche Politiker einiges erreicht:

Nach innen

Asylanten raus: Natürlich wird so ein Regelwerk seine Wirkung auf die Asylantenflut nicht verfehlen. Deutschland wieder soweit ausländerfrei gemacht zu haben, wie es das nationale Interesse erfordert, wird in einiger Zeit der erste Erfolg sein; wenngleich der Spiegel schon wieder staatskritisch an der Effektivität der Maßnahmen herummosert. Ihm ist die Mauer um Deutschland immer noch zu durchlässig. Er befürchtet, daß immer noch Asylbewerber durchschlüpfen und Ausländer illegal einreisen, per Fallschirm abspringen und untertauchen können (Spiegel 51/92,30. Übrigens kann er getröstet werden: Deutsche Grenzsicherungsbehörden setzen viel neue lebendige Arbeit – das schafft in grenznahen Regionen Arbeitsplätze! – und viel elektronisches Gerät ein, um jeden Illegalen aufzuspüren.)

Deutschland ist ausländerfreundlich: Damit ist Deutschland denn auch endgültig ausländerfreundlich. Grund für Ausländerhaß gibt es nicht mehr, weil es von oben mit der Verabschiedung des neuen Asylrechts und dem übrigen Drumherum so beschlossen worden ist. Wenn immer noch Tausende von Asylbewerbern illegal einreisen und schwer loszuwerden sind, dann hat ab sofort nicht die deutsche Führung versagt, sondern dann sind Polen, Tschechen oder gar Österreicher schuld. Um die Handvoll wirklich politisch Verfolgter können sich deutsche Behörden und Bürger in Zukunft liebevoll kümmern; was solche Ausländer auch verdient haben, da sie aus den neuen Unrechtsstaaten kommen. Wenn einige hart gesottene Ausländerfeinde – was mit Sicherheit der Fall sein wird – immer noch keine Ruhe geben werden, nach wie vor die eine oder andere Ausländerunterkunft nebst Inhalt abbrennen wird, so verdient dies nicht mehr die öffentliche Aufmerksamkeit. Denn die deutsche Asylpolitik hat ihnen dazu wirklich keinen Anlaß mehr gegeben und das deutsche Volk ist in seiner Mehrheit jetzt ausländerfreundlich.

Rechtssouveränität gesichert: Dazu beseitigt Deutschland die »Schmach«, daß ausgerechnet dahergelaufene fremdländische Elendsgestalten den deutschen Staat unter Berufung auf sein eigenes Recht nötigen können, ihnen Einlaß zu gewähren. Damit ist jetzt Schluß: Das Asylbegehren basiert ab sofort de facto und wie es sich gehört auf der Gnade des obersten Souveräns, unterliegt also ausschließlich und bis in die Rechtsfragen hinein allein dem politischen Interesse und gründet sich nicht mehr auf ein den Ausländern eingeräumtes Recht.

Rechtsextremismus integriert: Skins und Neonazis können wieder stolz auf ihr Deutschland sein. Das neue Asylrecht ist ein Schritt auf dem Weg zu einem »Deutschland, das nur den Deutschen« gehört. Herr Schönhuber wird, wenngleich mit gemischten Gefühlen, zwar damit werben, daß die Deutschen in Zukunft lieber gleich das »Original und nicht die Kopie« wählen sollten. Da jedoch die Kopie das Original stramm überholt hat, ist fraglich, ob er damit beim Wähler ankommt. Denn die Protestwähler haben guten Grund, bei der nächsten Wahl ihrer Stammpartei wieder die Treue zu kreuzeln.

Handlungsfähigkeit wiederhergestellt: Und schließlich dürfen sich auch die restlichen »politikverdrossenen« Bürger an der »wiedergewonnenen Handlungsfähigkeit deutscher Politik« begeistern. Dem »Asylmißbrauch« ist Einhalt geboten worden. Da hat es die deutsche Regierung den »Kanakern« endlich mal gezeigt!

Nach außen

Osteuropa zum deutschen Vorland erklärt: Nach außen hat sich Deutschland damit einen Cordon sanitaire erpreßbarer Staaten eingerichtet, die als deutsch beaufsichtigtes EG-Zwischenlager fungieren sollen. Dadurch wird den ehemaligen Ostblockstaaten klar gemacht, welche Rolle sie im Fall der Erschaffung der Vereinigten Staaten von Europa zu spielen haben: EG-Staaten dritter Klasse werden sie auf absehbare Zeit bleiben. Und nur wenn sie sich in diese Rolle schicken, dürfen sie sich die Hoffnung machen, dereinst auch in ihren Ländern das Volk streng kapitalistisch herannehmen zu können.

Europäische Außenpolitik vorformuliert: Zugleich haben deutsche Politiker ein gehöriges Stück europäischer Außenpolitik nach ihren Maßstäben vorformuliert und das Schengener Abkommen, das ab 1.1.93 offene Grenzen zwischen den Vertragspartnern sichern sollte, in einem Punkt außer Kraft gesetzt. Im Alleingang, ohne die »Nachbarn« im Westen groß zu fragen, sortiert Deutschland die Herkunfts- und Durchgangsländer der Flüchtlinge nach Freund und Feind durch und setzt damit Daten, an denen die übrigen EG-Staaten kaum vorbeikommen. So werden denn die für den 1. Januar 1993 beschlossenen offenen Grenzen wenigstens für alle Nichteuropäer weiter dicht bleiben; solange wenigstens, bis an allen europäischen Außengrenzen nach den Kriterien deutscher Asyl- und Außenpolitik verfahren wird. Was für sich schon eine bemerkenswerte Demonstration deutscher Selbsteinschätzung ist: Im klaren Bewußtsein davon, daß deutsches Recht quasi zugleich »Völkerrecht« setzt, ist es verkündet worden.

Dritte Welt zum Elendsghetto gemacht: Und schließlich legt Deutschland allen Staaten, aus denen Menschen vor Verfolgung und Verelendung flüchten, nahe, daß sie besser daran täten, die eigene Bevölkerung mit einer Mauer an der Flucht zu hindern. Nur so werden sie sich im Westen Freunde schaffen. Wo in der Dritten Welt nichts mehr zu holen ist, da besteht ihre ausschließliche weltpolitische Rolle darin, sich als Elendsghetto dauerhaft zur Verfügung zu halten.

Asylpolitik ist imperiale Politik

Man weiß letztlich gar nicht mehr, was man politisch höher veranschlagen soll: die Radikalität, mit der Deutschland von unliebsamen Ausländern gesäubert wird und mit der dabei neue Maßstäbe für politische Handlungsfähigkeit durchsetzt werden, oder die imperialen Freiheiten, die sich Deutschland dabei gegenüber dem Rest der betroffenen – östlichen wie westlichen – Staatenwelt herausnimmt.

Dabei läßt sich bei genauer Betrachtung das eine vom anderen gar nicht trennen. Denn ein kapitalistischer Staat mit entsprechenden Ambitionen auf der Welt, der kommt gar nicht mehr umhin, das »Flüchtlingsproblem« von vornherein global zu sehen. Der ist nicht damit zufrieden, daß seine Grenzen der »Flut« standhalten. Der nimmt seine Verantwortung für die neue friedliche Weltordnung bitter ernst und definiert den Staaten der Welt neue Aufgaben an den Hals. Massenhafte Flüchtlingsströme aus den Ländern der 2. und 3. Welt sind ihm Beleg dafür, daß in der Welt nicht mehr für alle Menschen Platz ist, und daß jene Menschen, die in der alten und neuen »Peripherie« zu nichts mehr nütze sind, ganz besonders in den »Industrieländern« nichts verloren haben. Wenn diese Menschen weder durch Arbeit bei privaten Kapitalen oder bei Staatsbetrieben bei sich zuhause ein Einkommen erzielen, das ihnen das Überleben sichert, noch in den Industrieländern als Arbeitskräfte oder Reservearmee benötigt werden, weder unter eine sozialstaatliche Betreuung fallen – die wird nämlich in und für solche Staatsgebilde für absolut überflüssig gehalten –, noch aus eigener Kraft sich ihre Überlebensmittel aus der unfruchtbar gemachten Erde zusammenkratzen können, dann sind sie eben *absolut zuviel*. Wenn die Elendsgestalten gerade *Mittel* und *Produkt* des Erfolgs der »reichen Länder« sind, und wenn denen an der Ausbeutung der 3. Welt gerade die Mehrung des Kapitalreichtums der 1. Welt so gut gefällt, dann ist das polit-ökonomische Urteil über die absolute Überflüssigkeit dieser Menschen so gut wie identisch mit einem Todesurteil. Das lautet: Die 3. Welt möge sich gefälligst selbst um ihre Hungerbäuche kümmern und nicht ständig anderen Staaten zur Last fallen. Das Programm »Fluchtursachen bekämpfen« paßt dazu.

Auch die Bewohner der 2. Welt können sich auf einiges gefaßt machen und ihre jetzt schon ständig zunehmende Armut durchaus als sicheres Zeichen dafür nehmen, daß es auf absehbare Zeit nicht besser wird: Selbstlose Hilfe gibt es nicht und zu selbstsüchtiger Hilfe besteht angesichts der Dauerkrise auf dem Weltmarkt keine Veranlassung. Wo sich Waren nicht in Profit umsetzen lassen, werden sie nicht produziert und wird folglich kein Kapital angelegt, lautet die billige Weisheit der Marktwirtschaft, der sich der gesamte Ostblock jetzt verschrieben hat, und deren Wirkungen – nicht deren Fehlen – sie sofort zu spüren bekommen.

Deutsche Asylpolitik definiert damit die angrenzenden Ostblockstaaten zu ihrer Einflußsphäre, als Vorposten gegenüber dem ehemaligen Sowjetreich. Umstandslos wird diesen Staaten die Abhängigkeit von Deutschland reingerieben, in die sie sich mit ihrer weichen Revolution und ihrem für inadäquat gehaltenen Anliegen, von Europa profitieren zu wollen, begeben haben. Der »tiefere« Sinn aller bereits mit Polen und der ehemaligen ČSFR abgeschlossenen Verträge wird folglich jetzt offen eingeklagt. Und es wird nicht mit Drohungen gegeizt, wo sich Polen und Tschechen nicht sehr erfreut darüber zeigen, von Deutschland per nationaler Asylpolitik schlicht verplant worden zu sein.

Deutsche Asylpolitik ist folglich ein »Beitrag« zu einem veritablen, imperialistisch produzierten Weltordnungsprogramm. Es heißt: Was machen wir mit dem Menschenschrott, der das Resultat unserer Weltbenutzung aus den letzten ca. 40 Jahren ist? Da ihm eine Perspektive als Lohnarbeiter oder als wohlfahrtsstaatlich aufbereitete Reservearmee nicht eröffnet werden soll, ihm für private Subsistenz die Mittel genommen sind, »humanitäre Hilfe« nur das aufgerüttelte Weltgewissen beruhigen soll, heißt die Frage zugespitzt: Wie läßt sich verhindern, daß dieses Elend, das sich durch Nichtbetreuung von selbst zu erledigen hat, zu einem Störfaktor der imperialen Weltordnung wird, indem es z.B. in der Hoffnung auf bessere Überlebensbedingungen durch die Welt zieht, in der Heimat mit Hungeraufständen für Unordnung sorgt oder sich in der 2. Welt vielleicht sogar daran erinnert, ohne Marktwirtschaft besser gefahren zu sein? Auf diese Fragen ist deutsche Asylpolitik eine Antwort.

Freund und Feind: neu definiert

Damit wird zugleich ein neues zusätzliches Kriterium zur Durchsortierung der Welt nach Freund und Feind etabliert. Neben der alten imperialen Feindschaftserklärung – Feind ist, wer sich immer noch weigert, nach westlicher

Pfeife zu tanzen –, die mit der Beendigung des Kalten Krieges ihre weltpolitische Dimension ziemlich verloren hat, bekommt eine neue und anspruchsvollere Definition Bedeutung: Unfreundliche Behandlung darf zusätzlich der »*Freund*« erwarten, der sich weigert, die ihm vorgeschriebene Rolle in der »befreiten« und imperialistisch neu sortierten Welt einzunehmen. Wenn ehemalige Ostblockstaaten wie etwa »unsere Nachbarn« daran festhalten, daß ihnen als neue europäische Mittelmächte doch mehr Hilfe bei der Etablierung eines funktionierenden Kapitalismus zustehe, dann können sie ebenso als unbescheidene Anspruchsteller zurückgewiesen werden wie jene Drittwelt-Staaten, die sich allen Ernstes vom Westen noch »Hilfe zur Selbsthilfe« erwarten. Um Freund des Westens zu werden und in den Genuß von Kredit zu kommen, mit dem ein bißchen Staat gemacht werden kann, reicht es nicht mehr, sich zum Westen, also zu Demokratie und Marktwirtschaft zu bekennen. Es reicht nicht mehr, weil es den Osten in Form der konkurrierenden Weltmacht nicht mehr gibt. Jetzt ist die 3.Welt erst dann ein Freund Deutschlands, wenn sie sich mit ihrer neuen Rolle abfindet. Und die Nachbarstaaten dürfen sich erst dann der berechnenden deutschen Freundschaft sicher sein, wenn sie sich als potentiell benutzbares Sprungbrett gegenüber den GUS-Staaten in Reserve halten. Wer sich in einer um den Ost-West-Gegensatz bereinigten Welt als neue Weltaufsichtsmacht versteht, der praktiziert einen Feindschaftsbegriff, der sich nicht an der Westorientierung, am Bekenntnis zu Demokratie und Marktwirtschaft, sondern am *Grad der Willfährigkeit* gegenüber dem nationalen Interesse der führenden Weltmächte orientiert.

Flucht(-ursachen) bekämpfen

»Wir können die Zuwanderung der Menschen zu uns nach Europa ... nur besser steuern und ein Stück weit eindämmen, aber nicht grundsätzlich verhindern. Wir müssen daher auch bei den Ursachen dieser Wanderungsbewegungen ansetzen.« (Pa 45,6)
So begründet Schäuble den neuen Radikalismus der Entwicklungspolitik und grenzt sich damit unmißverständlich gegen gleichlautende Strategien der alten anti-imperialistischen Bewegungen ab. Ging es denen – bei gutwilliger Interpretation ihrer Anliegen – darum, auf den Zusammenhang zwischen Kapitalismus und dem Elend in der 3. Welt , also auf die in den »Metropolen« liegenden Ursachen der Fluchtbewegungen aufmerksam zu machen, so möchte Schäuble dies nicht nur weit von sich weisen, die Ursachen in der 3. Welt ansiedeln, sondern er möchte obendrein noch das Maß solcher »Ursachenbekämpfung« unmißverständlich festhalten. Sie fällt ihm nämlich überhaupt

nur als Mittel zur Unterbindung von Flucht, also zur Abwehr der auf Deutschland zukommenden Flutwelle ein. Jeder Gedanke an Fürsorge, an Hilfe für die Flüchtlinge kürzt sich dabei fast von allein heraus.

Dementsprechend fällt die Vorstellung des Programms zur Bekämpfung von Fluchtursachen aus:

Zunächst einmal – so verkündet der zuständige Minister – sind »*unsere Möglichkeiten, offensiv und präventiv Fluchtursachen zu bekämpfen, begrenzt*«. (Spranger, alle Zitate i.f. aus: Pa 5/93, 3f) D.h., wir wollen nicht mehr zahlen! Denn die einmal unter dem Namen ›Entwicklungshilfe‹ getätigten Investitionen lohnen sich nicht mehr – weder politisch noch wirtschaftlich.

Hinzu kommt, daß die Entwicklungsländer es uns durch »*ihre desolate Sicherheitslage*«, durch die unsere »*Helfer persönlich höchst gefährdet sind*«, sehr schwer machen, die begrenzten Mittel überhaupt an den Mann zu bringen. D.h., wir können gar nicht helfen.

Außerdem ist gar nicht einzusehen, daß wir unser schönes Geld in Projekte stecken, »*wenn Bürgerkriege die Aufbauerfolge zunichte machen*«. D.h., die Hilfe ist ohnehin unsinnig.

Dabei hat sogar die Hoffnung getrogen, mittels der Aufforderung zur Demokratie vor Ort endlich die Bedingungen vorzufinden, um helfen zu können: Denn »*auch die lange herbeigesehnten Wahlen brachten nicht den demokratischen Neubeginn und den Frieden*«. D.h., fürs Helfen fehlt dort die entscheidende Voraussetzung, nämlich unsere Tour zu regieren.

Und selbst bei »*relativ günstigen Rahmenbedingungen macht es keinen Sinn, hektische Aktivitäten zu entfalten*«. D.h., das Helfen hilft auch da nichts, wo das Helfen möglich wäre.

So besteht folglich der erste Schritt der Fluchtursachenbekämpfung nicht darin, Hilfs- oder Selbsthilfeprojekte anzukurbeln, sondern »*Frieden und Sicherheit nach innen und außen zu sichern*«. Dabei zeigen uns »*ethnische und religiöse Konflikte..., wie begrenzt unsere Einwirkungsmöglichkeiten sind, wenn die Bevölkerung in gewalttätige Ausschreitungen verwickelt ist. Hier helfen einzelne Projekte und Maßnahmen wenig. Die Menschen müssen zu Einsichten finden*«. D.h. den Menschen ist nicht zu helfen.

Was bleibt also zu tun, wenn schon Hilfe und die zur Selbsthilfe einfach an der Mentalität dieser Menschen – so sagt er, ›Urwaldaffen‹ meint er – scheitern muß? Wenn die eben Frieden und Sicherheit, Demokratie und »günstige Rahmenbedingungen« nicht hinkriegen, also zur Zivilisation als der Voraussetzung jeglicher Hilfe einfach nicht geschaffen sind, dann kriegen die erst einmal kein Geld. Damit würden sie doch nur Unordnung stiften. (Die Frage, wie eigentlich die Waffen ins Land gekommen sind, mit denen die Bürgerkriege jetzt ausgetragen werden, darf man natürlich nicht stellen.) Vielleicht muß man ja selber Frieden und Sicherheit stiften, was sich dann an dem Anliegen der Fluchtursachenbekämpfung zu orientieren hat. Zu dem

Zweck ist es nötig, »*ganz exakt* (auf einmal!) *die Bevölkerungsgruppe zu bestimmen, mit der wir zusammenarbeiten wollen*«. Denn wir wollen mit unseren Blau- oder Grünhelmen dort nicht auf Dauer präsent sein und Fluchtbewegungen unterbinden. Das sollen die dort schon selber machen. Also muß ein Stamm als guter Stamm ausgeguckt werden, der dann mit Gewaltmitteln dafür belohnt und instand gesetzt wird, die Flucht(-ursachen) zu bekämpfen. Das werden die doch wohl noch hinkriegen.

So stellt der Minister für Entwicklungspolitik mit kaum verhülltem Rassismus die Sachlage dar. Eindeutig! Daß die Liste der Bedingungen, die ihm jede Hilfe absurd erscheinen lassen, entweder seinem rassistischen Wahn entsprungen ist oder er in ihr nur aufzählt, was Kolonialismus und Imperialismus in diesen Ländern angerichtet haben, muß den Minister für die Abwicklung ganzer Weltgegenden nicht interessieren.

München leuchtet:
Was tun gegen Rechtsextremismus? (Teil II)

Wo der Staat seinen Part gegen den Rechtsradikalismus übernommen hat, da möchten deutsche Bürger nicht abseits stehen.

In München hat das Elend mit den Lichterketten angefangen. Zeitgleich mit der Verabschiedung des Asylkompromisses, fast als Spalier für ihn, haben es ca. 300.000 Münchner für gut befunden, sich mit Kerzen und anderen Leuchtkörpern gegen Ausländerhaß schweigend in Reih' und Glied zu stellen. Das hat bis jetzt rundum in Deutschland noch nicht aufgehört, obwohl immer mehr unverdächtige Persönlichkeiten des öffentlichen Lebens darauf hinweisen, daß es nun langsam genug sei.

Was hat es auf sich mit diesen Lichterketten? Warum leisten Millionen von Deutschen dem Ruf ihrer Stadt Folge, wenn diese »Nein« sagen will? Was ist das für eine Empörung, die sich nicht im Sessel vor dem Fernseher halten läßt, sondern unbedingt mit gleichgesinnten Menschen zur Kerze greifen muß?

Das *Demonstrative* der Empörung gilt dem ungebührlichen Benehmen von Landsleuten und dem Licht, das dadurch auf Deutschland fällt. Wer schlicht einen Ärger auf die Rechtsradikalen hat, der reiht sich nicht so mir nichts, dir nichts in eine solche Demonstration ein. Vom Hocker reißt es die Leute, weil sie als gute Deutsche das Bedürfnis treibt, sich selbst, ihrer politischen Führung und aller Welt unbedingt zeigen zu wollen, daß die Deutschen und ihr Deutschland anders sind, besser, daß sie gute Menschen, gute deutsche Menschen sind – kurz, daß Deutschland nicht nur aus Neonazis besteht.

Das mag als Zeichen *guter Gesinnung* begreifen wer will: In ihrer übergroßen Mehrheit, so verkünden diese Menschen nämlich schweigend, sind die Deutschen nicht dafür, daß Asylanten und schon gar nicht die Gastarbeiter einfach so angezündet werden. Und das soll dann *für* Deutschland sprechen? Es bedarf also inzwischen hierzulande vieler Massendemonstrationen, um glaubhaft zu bekunden, daß sich Mord an Ausländern für deutsche Jugendliche einfach nicht gehört. Wem bei solchen Beteuerungen nicht übel wird, dem ist nicht mehr zu helfen! Für diese Deutschen gehört es offenkundig *nicht* zu den *Selbstverständlichkeiten* des Umgangs mit Fremden, daß man solche armen Schweine in den ZASTs nicht umbringt. Sie müssen dafür auf die Straße gehen und andächtig Kerzen anzünden. Anschließend dürfen sie sich auch noch ganz toll fühlen und ihr neues Selbstbewußtsein auskosten, etwas für Deutschland getan zu haben.

Und sie haben dieses ihr Ziel sogar erreicht. Die Welt hat jetzt nicht erst recht Angst vor den guten Deutschen bekommen. Vielmehr hat es aller Welt sehr eingeleuchtet, was die Kerzenhalter zeigen wollten. Und landauf, landab konnte man lesen, daß die Deutschen doch nicht alle mit den Neofaschisten gleichzusetzen seien, daß sie eben doch mehrheitlich aus ihrer Vergangenheit gelernt hätten usw. Bloß was eigentlich?

Übrigens fanden auch diejenigen Ausländer, die sich auf ihre Duldung hierzulande schwer etwas einbilden, die Lichterketten einsame Spitze und haben kräftig mit geleuchtet. Auch sie fühlten sich offensichtlich wohl und sicher neben Deutschen, die als das *personifizierte Bekenntnis* herumliefen, daß sich das Abfackeln von ihresgleichen, zumal das in Mölln, wirklich nicht gehört.

Auch ihnen ist nicht aufgefallen, daß Schutz von Ausländern oder gar Kritik an der gleichzeitig (als neues Asylrecht) beschlossenen größten Aktion zur Vertreibung von Menschen aus Deutschland nach der Judenvertreibung *nicht* das Anliegen der Lichterketten war. Daß es vielmehr umgekehrt darum ging, dieser Politik ihren Segen dadurch zu geben, daß man sich völlig aus ihr *herausgehalten* und sie nicht der Rede für wert befunden hat. Wer dafür demonstrativ einsteht, daß Deutschland gut ist, mit Ausnahme einer kleinen Minderheit unverbesserlicher Jungnazis, der hat die unverbesserlichen Asylpolitiker, die mit Ausländern noch ganz andere Sachen anstellen, längst ideell in die Lichterkette mit aufgenommen. Und die haben sich dann auch nicht lange geziert und sich gleichfalls als Kandelaber eingereiht. Davon, daß wenigstens dann Menschen fluchtartig die Kette verlassen oder sie gar gesprengt hätten, ist nichts bekannt geworden.

Nachtrag: An die Adresse »der Linken« gerichtet

Gar nicht so gewollt

Natürlich hat wieder keiner der Kettenmenschen das so gewollt. Zumindest nicht alle. Daran möchten kritische Menschen festhalten. Dabei ist es völlig Wurscht, was einzelne Demonstranten *denken,* wenn sie es für sich behalten und mit ihrem Tun dem Anliegen der Lichterkette zum *Gelingen* verhelfen. Soll die Torheit der Teilnehmer solche Demonstrationen vor der gerechten Kritik schützen? Ist die Lichterkette deswegen etwas ganz anderes als sie ist, nur weil viele ihrer Teilnehmer nicht begreifen wollen, wofür sie sich den Mantel bekleckert haben?

Außerdem sind solche Versuche von nachträglicher Distanz oder Ehrenrettung schon sehr verlogen. Denn keinem Aufruf »Eine Stadt sagt ›Nein‹« hat es an Eindeutigkeit gefehlt. Ums Ansehen von Deutschland ist es gegangen! Und auch den Linken hat dieses gutdeutsche Anliegen schwer imponiert. Sie haben sich selbst sehr gut in einem vermeintlich kleinsten gemeinsamen Nenner aller Protestanten wiederfinden können. Zumal sie wieder einmal eine Massenbewegung feiern durften, die unbedachte Worte gegen die herrschenden »Rechtsextremen« nur gespalten hätten. Alle Dummheiten wie gehabt. Nur, daß ihnen die Masse jetzt nicht einmal über den offen nationalistischen Inhalt ihrer Demonstration suspekt wird. Nein, auch hier findet »immerhin ein erster Schritt« statt.

Wenn ausgerechnet diese deutschnationale Feierstunde ein erster Schritt auf dem Wege zu einer machtvollen Demo *gegen* Bonner Asylpolitik gewesen sein soll, dann fragt sich, warum die DVU zur Teilnahme aufgerufen hat und sich kein einzigen Politiker (doch, H. Lummer) fand, der sich nicht in höchsten Tönen lobend über sie ausgesprochen hätte. Sollte denen, die doch in dieser Hinsicht das Gras wachsen hören und dafür überall ihre Hörrohre installiert haben, entgangen sein, daß die Lichterkette eigentlich ein Marsch auf Bonn war?

»Was tun!«

Aber man muß doch »was tun«, heißt dann das letzte Argument dieser begriffslosen Moralisten. Nein, man *muß* nicht. *Was,* also *irgendetwas,* schon gleich nicht. Und was *tun,* um sich damit um jeden *Gedanken* zur Sache zu drücken, auch nicht. Aber bitte, wer als basisnahe Alternativpolizei dafür sorgen will, daß deutsche Behörden die Asylbewerber *unversehrt* in ihre heimatlichen Gefängnisse oder Slums abschieben können, der soll Asylantenheime bewachen. Und wer unbedingt mithelfen will, die demokratische Herrschaft der regierenden »Rechtsextremen« abzusichern und in ihrem Ansehen zu festigen, der soll den »Naziterror stoppen«. Gedankt wird ihm das im übrigen wenig. Denn wer sich auf der Straße – in welcher Absicht auch immer – gegen die Neonazis aufstellt, der gilt als Links-Terrorist und wird von den Verfassungshütern mit den Rechten in eine Schublade mit dem Etikett ›Gewalttäter‹ gestopft.

Nur wer sich inzwischen dadurch in Deutschland eingehaust hat, daß er auch in der Realpolitik ein Stück seines Ideals von Deutschland oder wenigstens seiner Möglichkeit entdeckt, der schafft es, den Wald vor lauter Bäumen *nicht* zu sehen. Wenn man nicht wüßte, warum solche Linken in den neofaschistischen Häufchen eine Gefahr für Deutschland sehen, statt in deutscher Politik eine Gefahr für die Menschen, die sie auszubaden haben, dann könnte man glatt zum Anhänger der Ablenkungstheorie werden. Es ist aber nicht so. Sie können nicht einem Ablenkungsmanöver der Politiker zum Opfer gefallen sein. Denn die verheimlichen nichts. Es ist schlimmer: Ihr Wahn, die Demokratie vor einer erfundenen faschistischen Gefahr retten zu wollen, macht sie blind gegenüber allem, was die politische Klasse in Deutschland im Namen von Demokratie zuwege bringt, wie das neue Asylrecht, den Solidarpakt, die Verelendung von Ostdeutschland, die Abschaffung des Sozialstaats, die Aufrüstung für den weltweiten Einsatz demokratischer deutscher Wehrmacht usw.

Wer sich ohne jegliche nationalistischen Flausen an den Rechtsextremen stört – und dafür gibt es in der Tat gute Gründe –, wer sich also die Frage ernsthaft vorlegt, wie man dem völkischen Nationalismus und den aus ihm gefolgerten Überfällen auf Aus- und Inländer beikommen kann, landet sehr schnell bei ganz anderen Fragen.

Wer es nicht so sehr mit dem Einsperren und Verbieten hat, sondern auf die Idee kommt, den »geistigen Nährboden« des Rechtsextremismus »austrocknen« zu müssen, der liegt nicht ganz falsch. Er hat sich aber etwas vorgenommen, was ihn direkt zu den guten Deutschen innerhalb und außerhalb der Lichterketten führt. Da reicht es eben nicht, den »Rattenfängern«, also den theoretischen Drahtziehern der rechtsradikalen Trupps das Handwerk zu legen. Denn »Rattenfänger« sind immer nur so erfolgreich, wie es »Ratten« gibt, die ihre Flötentöne *überzeugend* finden. Denen es also einleuchtet, wenn ihnen mitgeteilt wird, daß »wir« ein Asylantenproblem haben; die sofort begreifen, daß Ausländer nicht dieselben Rechte haben können wie Inländer; für die die Unterscheidung zwischen politisch Verfolgten und Scheinasylanten in Ordnung geht; die genau wissen, daß es auf die Dauer nicht gut gehen kann, wenn verschiedene Kulturen miteinander auskommen sollen; die aber auch begriffen haben, daß deutsche Kultur durchaus durch die eine oder andere fremde Sitte bereichert werden kann; die also nichts gegen Ausländer haben, wenn die sich so aufführen, wie deutsche Lebensart und deutsche Gesetze dies von Deutschen verlangen.

Wer rechtsradikale bis faschistische Urteile aus der Welt schaffen will, der muß mit dem Kampf gegen den honorigen und folgsamen Nationalismus deutscher Bürger *beginnen.*

Wer gegen Rechtsradikalismus kämpfen will, der hat es zu tun...

....mit dem Nationalismus deutscher Bürger:

– Erst wenn deutsche Bürger es für eine Zumutung halten, daß mit der Staatszugehörigkeit eines Menschen bereits darüber entschieden sein soll, ob er zu seinen Freunden zählt oder nicht; erst wenn sie darauf bestehen, daß sie sich ihre Freunde nur nach Sympathie, nach der politischen Auffassung eines Menschen, nach seinen Neigungen und Interessen aussuchen; und daß folglich auch ihre Feinde nicht mit den Feinden zusammenfallen, die der Staat sich auf der Welt macht;
– erst wenn deutsche Bürger begreifen, daß »politische Verfolgung« eine Definitionssache deutscher Außenpolitiker ist und nichts mit den Drangsalen zu tun hat, denen Menschen in ihren Staaten ausgesetzt sind;
– erst wenn deutsche Bürger empört das Ansinnen zurückweisen, sich in die Rolle des verständigen Beraters eines deutschen Außenministers zu begeben, Flüchtlingsströme auf der Landkarte hin- und herzuschieben und sich neue Grenzbefestigungen gegen »Scheinasylanten« einfallen zu lassen;
– erst wenn sie sich darüber totlachen, wenn ihnen Politiker, die jährlich Staatsschulden in zweistelliger Milliardenhöhe machen, weismachen wollen, es gäbe für soziale Belange von Aus- und Inländern absolut kein Geld;
– erst wenn deutsche Bürger bezweifeln, ob es den behaupteten Unterschied zwischen gesundem Patriotismus und einem ungesunden Nationalismus gibt;
– erst wenn deutsche Bürger einmal zurückfragen, warum ihnen »ihr Vaterland am Herzen liegen soll«, wenn es sie mehrheitlich mit Sozial- und anderen Pakten immer ärmer macht, sie für die Erhaltung einer starken DM immer nur zahlen läßt, sie immer ungesunderen Arbeits- und Lebensverhältnissen aussetzt und dann bei ihnen für medizinische Versorgung immer mehr abkassiert, und das ihnen jetzt zu allem Überfluß die Perspektive in Aussicht stellt, für »gewachsene deutsche Verantwortung auf der Welt« den Kopf – unter einem Blau- oder Grün-Helm – hinzuhalten;
erst wenn deutsche Bürger *eingesehen* haben, daß es dafür keine guten Gründe gibt, erst dann ist mit der Kritik des demokratischen Nationalismus deutscher Bürger auch dieser »geistige Nährboden« für seinen fanatisierten Abkömmling, den Rechtsextremismus, »ausgetrocknet«. So gesehen müssen

diese Linken eben auch bei sich selbst beginnen. Sie sind längst selbst zu einem Teil dieses »Nährbodens« geworden.

Und übrigens: Erst dann *könnte* der Schutz von Ausländern, die hier bloß ein bißchen besser leben wollen, gelingen – wenn, ja wenn es nicht eine Asylpolitik gäbe, die solches Schutzanliegen für ziemlich überflüssig erachtet.

... mit Asylpolitik und völkisch begründeter Außenpolitik:

Was ist mit all den guten deutschen Demokraten in verantwortlichen Positionen, also den Asyl*politikern,* die die Asylantenvertreibung nicht den vergleichsweise ineffektiven Aktionen der »Straße« überlassen wollen, sondern sie in großem Stil per Änderung des GG-Artikels 16, mit Listen von Nichtverfolger- und sicheren Drittstaaten, mit neuen Grenzbefestigungen und radikaleren Abschiebungsverfahren im großen Stil, eben als deutsche Politik, vollziehen wollen? Ist an all diese Deutschen auch gedacht, wenn zum Kampf gegen Rassismus und Nationalismus geblasen wird? Dann wird es aber Zeit.

Die *unordentlichen* Taten der Rechtsextremen leben auch von all jenen *ordentlichen Gedanken* und *ordentlichen staatlichen Beschlüssen,* die deutsche Politiker zu ihren Taten beflügeln.

Wer also den Rechtsradikalismus angehen will, der wird nicht umhinkönnen, die asylpolitischen Stichwortgeber selbst in die Kalkulation mit einzubeziehen.

...mit der Unterwerfung der Menschen unter die Konkurrenz staatlicher Gewaltmonopole:

Doch auch das ist nicht alles. Wer den Rechtsextremismus bekämpfen will, der muß sich schließlich darüber im klaren sein, daß der nur seine völkischen Lehren aus der staatlichen Sortierung zwischen In- und Ausländern zieht, die jedem deutschen Nationalisten ebenso einleuchten wie die Zwangsrekrutierung, die ihn ungefragt zum Staatsbürger erklärt. Neben dem »Nährboden«, den Jungnazis im unverdächtigen Nationalismus der deutschen Staatsbürger vorfinden; neben der Asylpolitik, die den Rechtsextremismus ins Recht setzt – auch wenn dies gar nicht ihr politisches Anliegen ist – ; daneben gilt es sich zu verdeutlichen, daß der Rechtsextremismus im letzten von der politischen Organisierung der Klassengesellschaft lebt, also von der Errichtung eines Gewaltmonopols über ein Volk und ein Territorium, von der damit beschlossenen Sortierung der Menschheit in Inländer, die zwangsweise zu Staatsbürgern gemacht werden und dafür ihre demokratische Obrigkeit auch lieben (sollen), und in Ausländer, die eben nichtdeutsch, also einer anderen, konkurrierenden Staatsgewalt untertan sind.

Dazu abschließend ein Tip aus einer Frühschrift von zwei großen deutschen Philosophen:
»In dem Maße, wie die Exploitation des einen Individuums durch das andere aufgehoben wird, wird die Exploitation einer Nation durch eine andere aufgehoben. Mit dem Gegensatz der Klassen im Innern fällt die feindliche Stellung der Nationen gegeneinander.« (K. Marx, F. Engels, Kommunistisches Manifest)

Auf zur neuen Nationalerziehung, oder: Wie man den Teufel mit dem Beelzebub austreiben will

Wenn die Regierenden und ihre dienstbaren Abteilungen unzufrieden damit sind, wie sich ein Teil ihres Volkes besonders vor Ausländerunterkünften aufführt, dann wollen sie dies nicht nur schnell mittels des Einsatzes der Staatsgewalt abstellen. Sie fragen sich zudem, ob sie sich nicht bei der Indoktrination des Nachwuchses eines Versäumnisses schuldig gemacht haben. Dabei fällt ihnen sofort das Erziehungs- und Bildungswesen ein, das sie – und das ist eine hübsche Klarstellung – als Mittel zur Produktion eines verläßlichen Volkes begreifen. Irgendwie glauben sie an die pädagogische Manipulationstheorie, derzufolge das schulisch verordnete Denken sich zwangsläufig in den Hirnen des Nachwuchses festsetzt. Das liegt daran, daß sie sehr verwöhnt worden sind. Denn lange Zeit haben sie keinen Grund mehr zur Klage gehabt. *Aus* der Schule wurde ein Volk in »das Leben« entlassen und betätigte sich dort sehr folgsam. Das wird dann wohl seinen Grund *in* der schulischen Erziehung haben, sagen sich die Liebhaber dieses pädagogischen Totalitarismus. Und umgekehrt klagen sie die Schule dann an, wenn sich im Volk Gedanken und Taten breit machen, die ihnen gar nicht passen. Daß jedermann nur *denkt,* was ihm *einleuchtet,* ist dabei schon die ganze Widerlegung der Vorstellung vom Nürnberger Trichter. Daß aber leider sehr oft nur *einleuchtet,* was sich als *tauglicher* Gedanke zur Anpassung an gesellschaftliche Notwendigkeiten erweist, ist die ganze ärgerliche Wahrheit über die »Indoktrination« und erklärt die so beliebte Berufung auf Manipulation.

Rechtsextremismus, der sich als Störung des gesellschaftlichen und politischen Lebens geltend macht, verweist für sie folglich auf ein

Versagen der Schule: Verordneter Antinationalismus

Um den Zulauf von Jugendlichen zum Rechtsextremismus zu verhindern, müsse, so D. Wunder, Vorsitzender der GEW und SPD-Mann, ein »neues Nationalbewußtsein vermittelt werden«:
Aus »*Unsicherheit habe man 45 Jahre lang an den Schulen auch die Frage nach der nationalen Identität ausgeklammert und ›statt dessen haben wir uns mit Ersatzlösungen wie dem Verfassungspatriotismus oder dem europäischen Staatsbürger begnügt‹*«. (FR 16.11.)
Und einige Wochen später nehmen Vertreter aller Parteien in zwei großen Bundestagsdebatten diesen Faden auf:
»*Hat es (gemeint ist die radikale Ausländerfeindlichkeit) nicht auch damit zu tun, daß wir uns in den zurückliegenden Jahren und Jahrzehnten zu wenig mit den Grundlagen unseres staatlichen Gemeinwesens, unserer Identität, dessen, was unsere nationale Gemeinschaft bildet, befaßt haben? Haben wir die Menschen nicht zu wenig mit der Frage ›Was ist eigentlich das Gemeinsame, was uns als deutsche Nation verbindet?‹ beschäftigt? Haben wir uns nicht zu lange zu sehr mit wirtschaftlichem Wachstum und sozialen Verteilungskämpfen beschäftigt? Haben wir vielleicht dadurch eine Haltung gefördert und sie daraus abgeleitet, die eben bei jeder Diskussion – ... – alsbald, wenn es konkret wird, sofort wieder in das Verteidigen von Besitzständen und zu der Einstellung führt, daß nichts angetastet werden muß.*« (Schäuble, Pa 51,2)
»*Demokratische Streitkultur ist gut in Einzelfragen, aber der Grundkonsens ist noch notwendiger ...*«, ergänzt die FDP.
Und die CSU präzisiert: Die SPD habe mit ihren neuen Gedanken zur Erziehung
»*eine fundamentale Kritik an zwei Jahrzehnten Pädagogik der SPD geübt. Die von vielen SPD-Kultusministerien befürwortete antiautoritäre Erziehung und die sogenannte Erziehung zur Kritikfähigkeit waren im Grunde genommen Synonyme für Nichterziehung*«. (Bötsch)
Der Diagnose, linke Lehrer produzieren rechte Schüler, schließen sich inzwischen auch Grüne an. (vgl. Spiegel 4/93,43f)
Bemerkenswert ist die Lässigkeit, mit der Vertreter all dieser Parteien inzwischen als *Mangel* deklarieren, was doch lange Zeit hindurch gerade dem deutschen Nachkriegsschulwesen *zugute* gehalten wurde, nämlich die Absage an eine Nationalerziehung. Nationalismus verhindert zu haben, das wird jetzt der Schule als ihr Versäumnis vorgeworfen. Aus dem ehemaligen Gütesiegel wird ein Makel.
In Analogie zum Befund über den »verordneten Antifaschismus« in der DDR, der den Rechtsextremismus von DDRlern begünstigt haben soll, wird für das westliche Schulsystem ein »verordneter Antinationalismus« diagnosti-

ziert, dem der ausländerfeindliche Nationalismus von Jugendlichen zu verdanken sei. Was diesen nun mit einer Erziehung zum Nationalbewußtsein ausgetrieben werden müßte. Eine hübsche Selbstbezichtigung leisten sich die Politiker: Der Jugend haben wir den Nationalismus *vorenthalten*, deshalb tritt er uns jetzt *ungezügelt* entgegen, was es dringend erforderlich macht, ihn unter die *richtige Aufsicht* zu stellen. Der Teufel soll mit dem Beelzebub ausgetrieben werden!
 Das neue Ziel der Erziehung nennt sich natürlich anders. Es nennt sich Erziehung zu »neuem Nationalbewußtsein«, »Werteerziehung«, »Erziehung zu nationaler Identität, die wir nicht ausgerechnet den Rechtsextremisten überlassen sollten« (Schäuble, Pa 52-53, 3) usw. Und es wird da auch Unterschiede und Streit zwischen den Parteien geben, aber eben nur Unterschiede in den *Spielarten des Nationalismus*.

Falscher Befund

Dabei stimmt der Befund von *fehlender* Nationalerziehung vorn und hinten nicht. Welches staatlich organisierte und dem gesamten Nachwuchs zur Pflicht gemachte Schulsystem hat denn *nicht* vor, die Jugend für den Staat und seine Politik einzunehmen? Als ob in der Vergangenheit Lernziele der folgenden Art an der Tagesordnung gewesen wären:
»Das mit der staatlichen Verfaßtheit von Gemeinwesen ist so eine Sache. Da soll den Schülern gar nichts vorgemacht werden. Ausgerechnet vom Thron des Gewaltmonopols herab Gewaltlosigkeit zu predigen, ist schon ziemlich unglaubwürdig. Wenigstens der Frage, was es mit einer Gesellschaft auf sich hat, die zur Regelung ihrer Konflikte des dauerhaften Gewalteinsatzes bedarf, dürfen Schüler nicht ausweichen. Einwände gegen Demokratie können wir gut verstehen, nicht umsonst lassen wir zwischen vorgegebenen Alternativen wählen, haben wir uns gegen die Risiken von Mehrheitsentscheidungen versichert und teilen keineswegs im Alltag der Politik die – auch erkenntnistheoretisch höchst problematische – Gleichung, daß bei der Mehrheit immer die Wahrheit liegt. Und daß es die Schüler mit dem Nachkriegsdeutschland sozial, ökonomisch und politisch gut getroffen haben, möchten wir nicht behaupten. Dazu wissen wir zu genau, was wir von ihren Eltern jetzt und von ihnen selbst später verlangen. Die Sache mit der nationalen Identität, die in Sprache, Kultur und Gegend unwidersprechliche Argumente für Deutschland bereitstellen soll, hält einer ernsthaften Prüfung ohnehin nicht stand, wie jeder ausländische Goetheliebhaber belegt. Die Schüler sollen sich also unter fachlicher Leitung kundig machen über alle nur möglichen Formen der politischen und ökonomischen Organisation von Gemeinwesen, sollen in Ruhe ihre Auswahl zwischen Monarchie und Rätesystem, zwischen

Demokratie und kommunistischer Entstaatlichung, zwischen Markt- und Planwirtschaft treffen. Und wenn diese Entscheidung gegen uns ausfällt, dann haben wir eben Pech gehabt und treten ab ...«
Volksbildung in der staatlichen Pflichtschule ist immer Nationalerziehung. Es fragt sich, was den obersten Verwesern des Bildungssystems an der Nationalerziehung der letzten 30 Jahre nicht gepaßt hat und was sie jetzt dagegen setzen möchten. Sie waren im übrigen ja auch bis vor kurzem ziemlich zufrieden mit ihrem Volk, das – im Westen – regelmäßig zu ca. 95% Demokratie und Marktwirtschaft gewählt und sich auch nicht groß darüber aufgeregt hat, als ihm echte Alternativen genommen wurden. Der Befund, es handele sich beim deutschen Volk mehrheitlich um Egoisten und vaterlandslose Materialisten, wie Schäuble wähnt, kann also nicht ganz die Wahrheit sein. Übrigens: Würde das Urteil zutreffen, hätte es ein Schäuble, von dieser Position aus und mit diesem Korrekturanspruch versehen, schon gar nicht mehr formulieren können!

Unzufrieden sind die Politiker mit der alten Nationalerziehung, weil sich *ihre Maßstäbe* radikalisiert haben. Unzufrieden sind sie bereits mit einer Erziehung, die ziemlich darauf abhebt, die Erfüllung von gesellschaftlichen Anforderungen ganz als Leistung des eigenen freien Willens zu vollziehen und begreifen zu können.[23] Bei der Herstellung der nationalen Identität zwischen ganz freiem Wollen und staatlichem Sollen kann der angehende Staatsbürger den staatlichen Pflichten noch zu leicht durch die Finger schlüpfen. Das wenigstens ist der Kern ihrer Klage, daß Erziehung nur Verlust (der Werte), Losigkeit (der Orientierung) und Auflösung (der nationalen Identität) gebracht habe. Aus der – vermeintlichen – Distanz des freien Willens zur Identifikation mit Werten und Normen unseres Staatswesens zu gelangen, ist ihnen eine viel zu unsichere Angelegenheit. Sie hätten es lieber umgekehrt. Erst dann, wenn die Werte sitzen, wenn die Nation das Maß und die deutsche Nation überhaupt das Größte ist, dann dürfen die Zügel etwas gelockert werden.

Auch ein zweites Manko, das sie in der alten Nationalerziehung entdeckt haben wollen, ließe sich so beseitigen. Die Unsicherheit nämlich, ob denn die gelungene Identifikation mit den *Werten des westlichen Systems* den Nachwuchs auch ausgerechnet für den *deutschen Nationalstaat* einnimmt und nicht für irgendeinen beliebigen, der sich diese Werte ebenfalls auf seine Fahne geschrieben hat. Oder ob nicht die »künstliche« Trennung von Werte- und Nationalerziehung Menschen hervorbringt, die das Tun der nationalen Führung immer an den Werten messen und ihre Zustimmung nur einem Bild von Deutschland erteilen, nicht aber seiner jeweils regierenden Mannschaft.

Der Streit zwischen der alten, als liberalistisch, antiautoritär und damit als unzuverlässig verdächtigen Nationalerziehung und der neuen läßt sich – begrifflich – also so zusammenfassen:

– Dem freien Willen das gesellschaftliche Sollen zur Aufgabe zu machen, damit die Zustimmung zu Notwendigkeiten eine Sache des eigenen Willens ist, wird die Fassung entgegengesetzt, daß erst dann der freie Wille zu seinem Recht kommen darf, wenn die Zustimmung zu den Werten der Nation zweifelsfrei gesichert ist.

– Sich einfach darauf verlassen, daß die staatliche Zwangsexistenz als Deutscher schon dafür sorgt, daß sich jeder Bürger die geteilten Werte auch als Gütesiegel für die deutsche Nation zurechtlegt, möchte man ebenfalls nicht mehr. Statt dessen soll umgekehrt sichergestellt sein, daß alles, was die Nation tut und vom Bürger verlangt, deswegen, weil sie es tut, schon als Ausdruck eines sakrosankten Wertesystems begriffen wird.

Nationalerziehung nicht bloß gegen rechts, sondern für das ganze Volk

Dieser Streit zwischen zwei Konzeptionen nationaler Volksbildung steht natürlich nicht nur deswegen jetzt auf der Tagesordnung, weil in den letzten Monaten der Rechtsradikalismus zugenommen hat. Der spielt die Rolle des auslösenden Moments. Die neue Nationalerziehung ist nicht allein ein Konzept gegen unerwünschte Rechtstendenzen, sondern erstens ein Konzept zur Bekämpfung aller abweichenden Nationalismen und zweitens ein Programm für die Einschwörung des Volkes auf die neuen Anliegen der Nation. Sie soll nicht nur eine völkisch denkende *Minderheit* neutralisieren, sondern das *Volk in seiner Gesamtheit* auf die Aufgaben, die sich Großdeutschland vorgenommen hat, vorbereiten. Dabei wird schon zur Sprache kommen, was an den Neonazis nicht paßt. Das ist gewiß nicht ihr Nationalismus, denn der bringt ihnen Sympathien ein und steht für erfolgreiche Nationalerziehung. Es stören vielmehr ihre unzeitgemäßen und außen- wie innenpolitisch unpraktischen, separatistischen Übertreibungen des Völkischen.

Den rechtsradikalen Nationalismus muß man auf die moderne Linie bringen. Ihm muß man beibringen, daß moderne Weltmachtpolitik sich nicht von einer rassistischen Völkersortierung abhängig macht, sondern sie jeweils dort einsetzt, wo es paßt, und sie dort auch kritisiert, wo sie die politische Linie behindert.

Dem linksorientierten alternativen Nationalismus dagegen müssen die Überreste einer alten Unart ausgetrieben werden, alle Menschheitsideale von Freiheit, Gleichheit und Brüderlichkeit immer als (noch gültige) *Maßstäbe für,* statt als (ohnehin ziemlich überholte) *Titel der Politik* in Anschlag zu bringen. Sie müssen lernen, daß ihre Ideale bei Deutschland und seiner jeweiligen Politik bestens aufgehoben sind. Die autodidaktisch organisierten Fortschritte in dieser Hinsicht sind bereits jetzt unverkennbar.

Neue Nationalerziehung: Der Lernzielkatalog

dieser Erziehung zu neuem Nationalbewußtsein wird in aller Vorläufigkeit ungefähr so lauten.

Die Schüler sollen lernen:
– Wir sind stolz auf Deutschland, weil Deutschland seine wahre Souveränität wiedergewonnen hat und wiedervereinigt ist. Deswegen haben wir auch eine Verantwortung für den Frieden auf der Welt. (»Rechte« Variante)
– Wir sind stolz auf Deutschland, weil es im demokratischen Nachkriegsdeutschland eine Antiatom-, Friedens- und Umweltschutzbewegung geben konnte. Deswegen haben wir auch eine Verantwortung für den Frieden auf der Welt. (»Linke« Variante)
– Deswegen gehört das Deutschland, das sich für seine Existenz, für jeden Weltmarkterfolg, für jeden Panzer oder für jeden kleinen Nazi bei der Weltgemeinschaft entschuldigt und daraus abgeleitete Weltmachtansprüche dementiert, der Vergangenheit an. Das steht einem Land, das begonnen hat, sich an Führungsaufgaben (»in leadership«) zu beteiligen, nicht mehr gut zu Gesicht. Wir können für uns nicht länger eine Sonderrolle abseits von den Konfliktherden der Weltpolitik beanspruchen.
– Wir sind ausländerfreundlich. Unsere Ausländer- und Asylpolitik ist nicht von Haß und Wut, sondern von innen- und außenpolitischen Notwendigkeiten diktiert. Welche Ausländer jeweils zu den guten und welche zu den bösen gehören, wird uns von der Regierung rechtzeitig mitgeteilt.
– Unser Nahziel heißt Europa. Das haben wir uns in unserer neuen Verfassungspräambel versprochen. Und unsere Versprechen halten wir. Das wissen die Bürger der ehemaligen DDR. Wer uns daran hindert, verstößt gegen unser wichtigstes Verfassungsgebot. Und Europäer, die bei Europa nicht mitmachen wollen, sabotieren die Erschaffung einer friedlichen europäischen Völkergemeinschaft. Das werden wir uns nicht gefallen lassen können. Wir treten nämlich für Inter- oder Supranationalismus ein, was aber nicht bedeutet, daß wir auf nationale Identität verzichten. Supranationalismus ist für uns Patriotismus auf höherer, friedlicherer Stufenleiter.
– Die USA sind unsere Freunde, solange sie sich nicht dem Weltfrieden mit überholten Hegemonialansprüchen in den Weg stellen. In der UNO, mit der NATO, mit KSZE und anderen Bündnissen sorgen wir dafür, daß niemand mehr chauvinistische Alleingänge auf der Welt unternehmen kann.
– Dafür müssen wir unser Verhältnis zur Bundeswehr neu überdenken und verfassungsmäßig präzisieren. Auf eine deutsche Verteidigungsstreitmacht, die überall auf der Welt für Frieden und Völkerfreundschaft sorgt, können wir auf Dauer nicht verzichten. Wir als deutsches Volk fühlen uns inzwischen dieser Aufgabe gewachsen.

Ein aktueller Nachtrag aus gegebenem Anlaß:
Neue Wehrpolitik für gewachsene Verantwortung

Es ist zwar ein zeitlicher, keineswegs aber sachlicher Zufall, daß gut einen Monat nach der Vereinbarung über das neue Asylrecht von der Regierung ein Konzept über den weltweiten Einsatz der Bundeswehr vorgelegt wird (s. Anhang 4). Auch in dieser Hinsicht wird eine Wende in der Nachkriegspolitik eingeleitet. Wer sich »gewachsene Verantwortung« attestiert, möchte souverän über alle Mittel verfügen, die zu ihrer Wahrnehmung nötig sind.

Dabei ist die erste Phase deutscher Nachkriegspolitik keineswegs durch offensiven Antimilitarismus gekennzeichnet. Nur für Friedensbewegte gehörte es lange Zeit zu den unerklärlichen Widersprüchen deutscher Politik, wie sich die Mitgliedschaft in der NATO mit dem Gelübde vertragen kann, daß »von deutschem Boden nie mehr ein Krieg ausgehen soll«. Denn dieses Gelübde hat Deutschlands Verteidigungsminister nicht daran gehindert, den Aufbau der stärksten konventionellen Armee im westlichen Europa zu vollenden, damit die BRD auf die ihr zugewiesene Rolle auf dem »Schlachtfeld Deutschland« vorzubereiten und nebenbei eine Rüstungsindustrie zu sponsern, deren Produkte auf der Welt einen guten Namen haben.

Der NATO-Ernstfall, dem diese Vorbereitung galt, trat jedoch nicht ein. Und zwar nicht wegen irgendeines Gelübdes, sondern weil er überflüssig geworden war. Denn ein Gorbatschov hatte inzwischen im Kapitalismus einen überlegeneren Sozialismus und in seiner einseitigen Aufkündigung des Ost-West-Gegensatzes eine Bedingung für den Weltfrieden ausgemacht. So konnte sich Deutschland auch ohne Krieg die DDR als Beute einverleiben.

Der ewige Weltfrieden begann dann sofort mit der Errichtung einiger neuer Kriegsschauplätze. Und für Deutschland – einschließlich der inzwischen seriös gewordenen Friedensbewegung – stellte sich die Frage, ob es auf ihnen mitmischen wolle, dürfe, müsse und könne. Wie beim Asylkompromiß spielte das Grundgesetz dabei eine wichtige Rolle, das angeblich den souveränen Einsatz der Bundeswehr vor allem auch »out of area« verbot. Zwar wurden von der CDU-Regierung immer wieder Verfassungsausleger präsentiert, die das ganz anders sahen, doch hielt sich hartnäckig das kontrafaktische Gerücht, mit dem Grundgesetz habe sich Deutschland der Entmilitarisierung verschrieben. Dies und der Umstand, daß sich ein Kohl (fast) nur mit Geld in den ersten großen Krieg des neu ausgebrochenen Weltfriedens einmischte, festigte bei den Freunden eines friedlichen Deutschland den Ruf von einer Republik, die gewachsene Verantwortung und Militär nur zu Zwecken der Friedenssicherung nutzen würde.

Daß »wir« eigentlich sogar schon im Golfkrieg gegenüber Israel eine friedensgarantierende Kriegsbeteiligungsverantwortung gehabt, daß sich deutsche Soldaten ohne Gesichtsverlust auch in Somalia aus gänzlich humanitären Gründen um stabilere Verhältnisse zu kümmern hätten und daß das »Jugoslawien-Problem« nicht ohne Militär zu lösen sei, leuchtet inzwischen sogar den meisten »Linken« ein. So durfte man eine Zeitlang den Grundgesetzvorbehalt des Art. 87a je nach Standpunkt als *ärgerliche Schranke* oder als *notwendige Bremse* diskutieren. Wobei der ganze Witz dieser Debatte darin bestand, daß die Übergänge von der einen zur anderen Position längst fließend geworden waren. So fragten deutsche »Tauben«, die das GG als Hindernis für möglichen neudeutschen Militarismus priesen, zugleich zaghaft an, inwieweit es nicht eine Schranke für Friedensmissionen darstellen würde. Und deutsche »Falken« sahen das ganze genauso, nur eben umgekehrt: Deutschland müsse entsprechend seiner neuerworbenen Souveränität über alle dazugehörigen außenpolitischen Mittel verfügen, deren maß- und friedvoller Einsatz durch das Grundgesetz bzw. seine Novellierung gesichert sei bzw. würde!

Es dauerte denn auch gar nicht lange, bis die SPD zugab, daß ihr strikter Grundgesetzvorbehalt nicht etwa Deutschlands Wehr vor ihrem souveränen Einsatz schützen, sondern sie nur vor jedem *grundgesetzwidrigem* Krieg bewahren sollte. So hatte denn die Debatte auch parlaments-öffentlich endlich den ihr zukommenden Gehalt. Es ging allein um folgende Fragen:

Welche Souveränität in militärischen Fragen steht einem neuen Deutschland mit gewachsener Verantwortung für den Weltfrieden zu? Und wie muß das Grundgesetz geändert werden, damit dies dann unmißverständlich festgeschrieben ist?

Konkurrenz der Nationen

Es ist merkwürdig und zugleich auch wieder nicht, daß die erste Frage eigentlich nur als Debatte über die zweite Frage thematisiert wurde. Merkwürdig ist dies, weil es eine öffentliche Diskussion über die Frage, auf welchen Schlachtfeldern zu welchem nationalen Vorteil in Zukunft »unsere Jungs« – zwar nicht mehr das Gesicht, dafür aber – ihren Kopf verlieren sollen, im Klartext noch nicht gegeben hat. Gar nicht merkwürdig ist dies, weil einerseits alle neuen und auch von Deutschland mit Beschlag belegten Titel für Weltordnungsansprüche nach der Beendigung des Kalten Krieges wie »Weltordnung«, »Weltfrieden«, »Weltinnenpolitik«, »Verantwortung« usw. nur die Ideologie zu einer neuen Phase innerimperialistischer Konkurrenz sind, die kaum gemütlich verlaufen kann. Und weil andererseits die politischen Taten bereits alles Nötige über den Inhalt konkurrierender Weltordnungsansprüche vermelden: Nicht nur das allgemeine Gerangel darüber, wer jetzt erfolgreich die bestehenden supranationalen Einrichtungen (UNO, NATO, KSZE etc.)

für nationale Belange einzusetzen vermag – eine Frage, die immer identisch ist mit dem Versuch, die Position der USA als Nr. 1 probeweise in Frage zu stellen; auch die neue Hektik, überall Krisenzonen auf der Welt zu entdekken, die militärischer Aufsicht bedürfen, obwohl partout sich davon niemand die Erschließung neuer Ölquellen oder politische Willfährigkeit der lokalen Staatsfürsten versprechen kann; aber auch die Qualität des politischen Streits über Fragen des Weltmarkts im GATT, mittels der EG und der NAFTA, der Dauervergleich von Währungen (DM versus Dollar) und Aktiennotierungen in Frankfurt, Tokio und New York verweisen darauf, daß alle führenden Subjekte des Weltgeschehens um die »Konflikt«trächtigkeit ihres Ringens um eine neue Weltordnung wissen. Sie erfahren, daß ihre nationalen Interessen ständig und vermehrt denen der alten Freunde aus dem Bündnis widersprechen. Und sie tun sich in ihrem »Krisenmanagement« zunehmend schwerer. So wollen sie die »Krisen« gemeinsam in den Griff bekommen, ohne jedoch auf solche nationalen Erfolge in der Währungs- und Machtbilanz zu verzichten, die immer nur auf Kosten des Weltordnungs»partners« eingefahren werden können. Wenn sie irgendwann meinen, ohne den Einsatz von militärischem Druck in dieser »Konkurrenz« nicht mehr bestehen zu können, dann erst werden sie um den Gegensatz wissen, der dieser Sorte imperialistischer Konkurrenz ebenso notwendig wie unauflöslich innewohnt.

Das neue deutsche Asylrecht gehört dazu. Ein Staat, der sich aus eigener Machtvollkommenheit ein Recht verpaßt, das es ihm erlauben soll, über Grenzen zwischen fremden Staaten (z.B. die polnisch-russische Grenze) wie über die eigene nationale Grenze zu befinden, das die Neubestimmung der weltpolitischen Rolle einiger Drittweltstaaten als Elendsdeponien für den imperialistischen Abfall einschließt und das zugleich den europäischen Partnern einiges in Sachen Außenpolitik, wie z.b. die deutsche Sortierung der Weltstaatengemeinschaft nach Freund und Feind, einfach erst einmal vorgibt, so ein Staat braucht als Unterpfand seiner gewachsenen Souveränität auch die »letzten Mittel« der Außenpolitik, braucht sie effektiv umgerüstet für neue Aufgaben und braucht das dazu passende rechtsstaatliche Instrumentarium.

Ein Art. 87a für alle Gelegenheiten

Der einen Monat nach der Einigung über das neue Asylrecht im Januar 1993 vorgelegte Koalitionsentwurf zur neuen Rolle der Bundeswehr verpaßt in seiner schamlosen Offenheit allen Positionen der deutschen Öffentlichkeit, die sich noch an ihre gutartige Übersetzung des deutschen Auftrags für den Weltfrieden klammern möchten, einen Tiefschlag. Doch selbst der überrascht offensichtlich inzwischen niemanden mehr, was schwer dafür spricht, daß die Debatte der letzten Jahre über unsere grundgesetzliche Behinderung ihre Wirkung getan hat und sich das deutsche Volk ohnehin gegenüber dem regierungsamtlichen Bemühen, den Vorwurf der »Untätigkeit« in nationalen Belangen zu widerlegen, ziemlich aufgeschlossen zeigt.

Die drei Punkte des Entwurfs der Regierungsparteien sortieren nach allen nur denkbaren *Kriegsanlässen* alle nur denkbaren *Kriegsführungs-Bündniskonstellationen* durch. Sie lassen dabei nichts aus.

– Da gibt es die »friedenserhaltenden Maßnahmen«, die in so friedvollen Aktionen wie Blockaden, Hoheitsbeschränkungen und Boykotten bestehen, d.h. noch ganz ohne »Kampfeinsatz« deutscher Truppen gedacht werden können, aber nicht müssen. Und das setzt sich fort in der Benennung »friedensherstellender Maßnahmen«, die nur die Umschreibung für den Kampfeinsatz sind. Daß daneben noch die »Ausübung des Rechts auf kollektive Selbstverteidung« aufgeführt wird, rückt die vorangegangenen Kriegsoptionen ins rechte Licht. Um Landes»verteidigung« geht es bei »friedenserhaltenden und -herstellenden Maßnahmen« dann wohl nicht – wenigstens nicht im engeren Sinne dieses Wortes. Wo nach deutschem Urteil – und supranational abgesichert – irgendwo auf der Welt ein erfolgreich *durchgesetztes* deutsches Interesse gefährdet ist, muß der Frieden gesichert werden. Wo jedoch irgendwo auf der Welt nach deutschem Urteil einem nationalen Interesse erst *zum Durchbruch* verholfen werden soll, da muß der Frieden auch schon einmal militärisch hergestellt werden. Wenn jemand Deutschland selbst in seinen europäischen Grenzen vom Atlantik bis zur Wolgarepublik zu nahe tritt, dann kann der Fall der »Selbstverteidigung« eintreten. Wie gesagt, es wird nichts ausgelassen.

– Daß Deutschland sich nie wieder im Alleingang in »militärische Abenteuer« stürzen, keinesfalls mit einer »Interventions- und Kriegsführungsarmee« die Welt unsicher machen will, das ist die parteiübergreifend verwendete deutsche Redensart für das Interesse, politische und militärische Bündnisse für die Absegnung und Durchführung der drei genannten Kriegsführungsoptionen einzusetzen. Da sich die deutschen Militaristen jedoch sehr gut vorstellen können, daß nicht jedes nationale Interesse, das nach dem Einsatz des letzten Mittels der Außenpolitik verlangt, in der UNO oder im Sicherheitsrat gut aufgehoben ist – entweder weil ihm dort die nötige Zustimmung versagt wird oder weil bei erfolgter Absegnung die einbezogenen Bündnispartner zu *uneigennütziger* militärischer Hilfeleistung nicht bereit sind –, wollen sie sich vorbehalten, in welchen Bündniskonstellationen sie ihre nationalen Kriegserklärungen zu verfolgen gedenken. Vom Sicherheitsrat der Vereinten Nationen, der bekanntlich den ständigen Mitgliedern ein Vetorecht einräumt, über die NATO bis hin zu KSZE, der WEU oder zu ad hoc getroffenen »regionalen Abmachungen«, die sich auf die Charta der Vereinten Nationen (Art. 51: Das »Selbstverteidigungsrecht« der Charta »erlaubt« den Alleingang, wenn es um »Selbstverteidigung« geht.) berufen können, ist da alles versammelt, was an existenten, neu zu ordnenden oder erst neu einzurichtenden politisch-militärischen Bündnissen für Kriegsführungszwecke zur Verfügung stehen könnte. Wie gesagt, da wird nichts ausgelassen.

– Natürlich darf die Erlaubnis von *Alleingängen,* sofern sie die Zustimmung von zwei Dritteln des Bundestages finden, nicht fehlen. Denn letztlich ist jede Instrumentalisierung eines militärischen Bündnisses nur so erfolgreich, wie man nicht auf sie angewiesen ist. Die Vorbereitung auf eine Militärmacht solchen Zuschnitts ist im Gange. Sie wird aber noch ihre Zeit dauern – weswegen sich die deutschen Strategen zur Zeit noch sehr leicht damit tun, ihre Bereitschaft zur Unterordnung zu betonen. Und selbst für den Alleingang hat man sich eine doppelte »Bremse« einfallen lassen: Da ist zum einen von einer »regionalen Selbstverteidigungsabmachung« die Rede. Man wird sich folglich – in bekannter Manier – für den Kriegseintritt von anderen Staaten zu Hilfe rufen lassen und sie selbst zu Hilfe rufen. Daß – zum anderen – hinter so einem Alleingang die ganze Wucht der demokratisch-parlamentarischen Absegnung stehen muß, ist erstens nur rationell und zweitens eine fast überflüssige Bestimmung, da in »Schicksalsfragen« die Nation ohnehin zusammensteht – wie jüngst beim Asylkompromiß vorgeführt. Falsch wäre es, die kunstvolle Logik der Verknüpfung von Kriegsoptionen mit supranationalen Instrumenten in ein Interesse an Alleingängen aufzulösen. Dagegen spricht nicht nur, daß so etwas Deutschland zur Zeit gar nicht möglich ist. Vor allem spricht dagegen, daß sich deutsche Weltmitordnungsambitionen immer notwendigerweise an der Noch-Führungsmacht USA messen, die es mehr als vierzig Jahre lang geschafft haben, die westlichen Partner unter ihrer Führung und zu ihrem Nutzen – der durchaus den der Partner einschloß – zu versammeln und einzusetzen. Ihre Rolle als unumschränkte Weltmacht, die paradoxerweise abzubröckeln beginnt, wo sie ihren Monopolcharakter erstmalig entfalten könnte, ist zwangsläufig das Ideal deutsch-europäischer Außenpolitik.

Woran sollte sich ein deutsch geführtes Europa in politischen, ökonomischen und militärischen Fragen auch sonst noch messen?[24]

Nation als Lage

oder: Die Wahrheit über die Ausländerfrage
10 Thesen mit einem Zusatz zum Schluß

1. Für Deutschland hat eine neue Phase seiner Geschichte begonnen. Die Annektierung der DDR, die deutsche Beute aus dem Sieg im Kalten Krieg, stellt *nicht* den krönenden Abschluß eines jahrzehntelangen Ringens um nationale Einheit dar, mit dem sich das Land nun zufrieden gibt. Vielmehr resultiert »gewachsene Verantwortung« aus ihr. Denn der Zugewinn an Territorium, die Verfügung über zusätzliche Ressourcen ist für die politische Führung der BRD nichts anderes als eine Mehrung der *Instrumente,* deren Einsatz ihr bereits zu Zeiten des Ost-West-Gegensatzes einen respektablen Platz in der Staatenwelt gesichert hat. Die Ära des prekären »Weltfriedens« hat diese Nation zu nutzen verstanden: Sie hat sich ausgiebig der Waffen der kapitalistischen Konkurrenz bedient, als die Konkurrenz der Waffen in einem »Wertebündnis« namens NATO für die Auseinandersetzung mit der Sowjetunion reserviert war. Im Rahmen des Friedensgebots unter den kapitalistischen Mächten ist Deutschland auf Kosten seiner Konkurrenten zur Weltwirtschaftsmacht aufgestiegen. Dabei haben seine Politiker die Tatsache, daß das ansehnliche Quantum an militärischer Gewalt, welches zur Zurichtung widerspenstiger Nationen vonnöten war, von den Partnern erledigt wurde, in eine penetrante Selbstdarstellung umgemünzt; *deutsche Erfolge* auf dem NATO- und USA-kontrollierten Weltmarkt sind – Genscher sei Dank – alle *friedlich* zustande gekommen.

Mit dieser Legende ist nun Schluß. Für die Sicherung seiner Erfolge, auf die es ein *Recht* hat, will Deutschland ab sofort geradestehen. Es *muß* sogar mehr »Verantwortung« übernehmen, weil sich die Geschäftsbedingungen der »freien Welt« verändert haben – ohne die Gemeinschaftsaufgabe des Widerstandes gegen das »Reich des Bösen« stellt sich nämlich heraus, daß die »neue Weltordnung«, um die es allen geht, kein Gemeinschaftsprojekt ist. Das überlegene *System,* die siegreiche *Staatsraison* von »Marktwirtschaft und Demokratie« wird in Form einiger nationaler Selbstverwaltungen gepflegt, und den Hütern der historisch gewachsenen Unterabteilungen ist die »Weltordnung« genauso viel wert, wie sie sie ihren Interessen gemäß gestalten.

Dazu weiß sich nun auch Deutschland befugt. Seine Geschichte seit der Niederlage im letzten Weltkrieg definieren deutsche Politiker als Ausnahmezustand; ihrer Nation hat es an der »vollen nationalen *Souveränität*« gefehlt, die jetzt wieder hergestellt ist und wahrgenommen werden muß. Die »Rückkehr zur *Normalität*« ist angesagt; die besteht darin, daß die BRD anderen Staaten höflich, aber bestimmt, d.h. im Ernstfall mit Gewalt – wo das Geld nicht zieht – mitteilt, wie sie zu kaufen, zu sparen, zu herrschen und zu gehorchen haben. Normal und souverän ist Deutschland, wenn es sich in der näheren und ferneren Nachbarschaft einmischt, wenn es gelegentlich die Landkarte aufmischt und anderen Völkern nachdrücklich Ratschläge erteilt. Wenn es auf Gehör rechnen kann, sooft es für die Teilung oder Vereinigung anderer Staaten eintritt, den ihm genehmen Gebrauch von Macht im Ausland bis hin zu Fragen der Staatsauflösung bzw. -gründung regelt. Kurz: Deutschland ist, was ihm zusteht, nur als *imperialistische Weltmacht*.

2. Deutschland begreift die unter seiner Beteiligung hergestellte Veränderung der Welt als Auftakt für die eigene *Offensive*. Die Kapitulation der SU nimmt es nicht als endgültigen Sieg der guten Sache von Marktwirtschaft und Demokratie; eher schon als eine »Lage«, in der die weltweite Zuständigkeit der westlichen Führungsmacht USA, die Handhabung der amerikanischen Gewaltmittel als quasi Gewalt*monopol* von zweifelhaftem Nutzen ist. Die BRD hält die *Neuordnung der Welt* für geboten – aber sie verbindet mit diesem anheimelndem Programm eine Notwendigkeit, die es in sich hat: Deutschland versteht unter »Neuordnung« eine Kündigung der überkommenen Hierarchie unter den maßgeblichen freien Staaten. *Mit*bestimmung ist auf jeden Fall erforderlich, im Grunde freilich geht es um einige handfeste Alternativen. Die schwarz-rot-goldigen Politiker treten in sämtlichen Fragen des Weltordnens zur *Konkurrenz* an.

Die 45 Jahre seit dem Ende des 2. Weltkrieges werden damit einer neuen Bewertung unterzogen: Sie gelten nicht mehr als jene Phase, in welcher Deutschland es unter dem Schutz und Schirm der NATO erneut zur Führungsmacht in Europa gebracht hat. Sie sind ab sofort vielmehr eine Phase, in der Deutschland doppelt *gelitten* hat: erstens an der ungerechten Bedrohung durch ein System, das sich jetzt sogar eigenem Eingeständnis zufolge als historisch überholt definiert, und zweitens an der Knebelung der nationalen Souveränität durch ein Bündnis, in welchem Deutschland genötigt war, nach der Pfeife von alten Siegern zu tanzen. Die beständige Notwendigkeit, nationale Ziele an einem – und das macht die Paradoxie aus: durchaus geteilten – supranationalen Bündnisanliegen mit eindeutiger Suprematie durch die USA zu relativieren, verfällt der Kritik; auch wenn man in der Vergangenheit vielleicht gar nicht gewußt hätte, worin sich der nationale von dem supranationalen Standpunkt in der realen Politik groß hätte unterscheiden sollen. Jetzt weiß man es. Dabei sind es gerade die Erfolge Deutschlands bei der dollargesponserten Entwicklung zum Exportweltmeister, die diese Sichtweise der Weltlage erst erlauben. Deutschland hat es nämlich im Bündnis zu jener politischen und ökonomischen Wucht gebracht, die es gestattet, neue Maßstäbe an Außen- und Innenpolitik anzulegen.

3. Es kehrt ein Standpunkt in die hiesige Politik ein, der kurz und bündig ›Deutschland‹ heißt. Er unterscheidet sich von jenem, mit dem eine Bundesrepublik als Nato-*Partner,* EG-*Mitgliedsstaat,* UNO-*Mitglied* und KSZE-*Teilnehmer* bisher seine Geschichte gemacht hat. Das Programm ›deutsche Nation‹ will die Befreiung von einer politischen Kalkulation vollbringen, die die Verfolgung des nationalen Interesses nur erlaubte, wenn es sich in die US-amerikanische Ausrichtung des kalten Ost-West-Krieges einpassen ließ. Der Standpunkt ›deutsche Nation‹ betrachtet nun die geschaffene Weltlage mit allen Ergebnissen eines halben Jahrhunderts Ost-West-Gegensatzes daraufhin, was sie ausschließlich deutscher Souveränität zu bringen vermag und wo sich der Mehrung deutscher Souveränität Hindernisse in den Weg stellen. Bündnisse taugen ab sofort nur noch soviel, wie sie sich für nationale Interessen benutzen lassen. Sie stehen damit für Deutschland auch zur *Disposition.* Einen NATO-Vorbehalt, der auf der Grundlage entschiedener Bündniskonkurrenz die politische und ökonomische Existenz Deutschlands mit der Einbindung in das Bündnis verknüpfte, gibt es nicht mehr. Auf diese Weise werden sich in der Staatenwelt neue *Freunde* und neue *Feinde* ergeben und so mancher Ausländer wird sich wundern, wie schnell er alle Sympathien beim deutschen Volk einbüßt oder neue gewinnt.

4. Nach Osten und Westen, nach Norden und Süden hin stellen sich diesem Deutschland neue Aufgaben, die es bereits mit Wucht angeht.
Nach *Westen* dringt es – und dies hat es sich in seiner neuen Grundgesetzpräambel geschworen – auf die zügige Verwirklichung des Projekts Europa. Kanzler Kohl geht die Unterwerfung der Gemeinschaft unter das Projekt nicht schnell genug und er erklärt alle »Zauderer« in der EG, die dem Programm, ein deutsch(-französisch) geführtes Europa auf die Weltmachtkonkurrenz mit Japan und den USA vorzubereiten, noch nicht die rechten nationalen Zugewinnne ablauschen können, zu »Chauvinisten«. Dabei gefällt es denen nur nicht, daß ihnen kaum etwas anderes übrig bleibt, als sich einem Europa zu deutschen Konditionen einzufügen. Aber genau das ist verlangt und gibt das neue Kriterium ab, nach welchem Deutschland seine EG-Partner nach *Freunden* und *Abtrünnigen* sortiert. Wenn der »EG-Zug« ohne Dänemark und Groß-Britannien losbraust, dann dürfen sich diese Staaten nicht wundern, sagt der Kanzler, wenn sie nur noch Zweite-Klasse-Europäer sind, also Ausländer, deren Wort nur noch die Hälfte gilt. Wenn

sie sich gar dem Projekt in den Weg stellen, dann werden sie erfahren, was ein Kohl meint, wenn er von »chauvinistischen Tendenzen« in Europa redet. Außer dem (französisch-)deutschen Nationalismus ist kein anderer mehr zur Führung befugt. Und wer sich nicht freiwillig dem Projekt beugt, darf sich ausmalen, daß Deutschland durchaus auch andere Wege zur Durchsetzung seiner Euro-Weltmacht kennt. Da werden aus *Abtrünnigen* schnell *Gegner*, wenn nicht gar Feinde – obwohl sie vielleicht ehemalige Siegermächte sind und keine Ähnlichkeit mit Kommunisten aufweisen, sondern nur dasselbe wollen wie Deutschland.

Nach *Osten* hin gebietet bereits die Geographie die Etablierung eines quasi natürlichen Betreuungsverhältnisses. In Polen, der Tschechischen Republik, in der Slowakei und in Rumänien, von Ungarn ganz abgesehen, harrt ein »Machtvakuum« seiner Füllung durch die dazu berufene Macht. Da gibt eine Altlast wie »bestehende Lieferverträge mit der DDR« sogar mal etwas her. Deutsche Minderheiten müssen geschützt werden, meinen auch die Polen und Tschechen, denen nichts anderes übrig bleibt, als sich zu Vollzugsorganen des deutschen Revanchismus machen zu lassen. Und für Flüchtlingsbewegungen, die Deutschland bei sich nicht haben will, trägt es nach neuestem Stand des Asylrechts in diesem Ausland durchaus die Verantwortung. Wer von den neugewonnenen Freunden im Osten das anders sieht, wird bald erleben, daß der Ärger, den man sich einfängt, wenn man sich die deutsche Gunst verscherzt, noch größer als jener ist, der als Gunstbeweis gilt. Die europäischen Ostblockstaaten sind dabei ihrerseits nur als das »Sprungbrett« Deutschlands gen Osten, also zur GUS und weiter in den euro-asiatischen Raum hinein vorgesehen. So verstehen sie sich im übrigen auch selbst und hoffen durch entsprechende Vorleistungen, vertraglich abgesichert, dauerhaft von Deutschland zu den *guten* Ausländern gezählt zu werden.

Nach *Süden,* in die 3. Welt hinein, kann sich die deutsche Sortierung der Welt immer freier machen von der Berücksichtigung nationaler Interessen. Diesen Staaten ist mit der Kapitulation der SU auch das letzte »Mittel« genommen, um im Westen Kredite zur Finanzierung von Staatsmacht loszueisen. Sie sind als Staaten mehrheitlich die faux frais des Kalten-Kriegs-Imperialismus, gemeinschaftlich ausgebeutet, verschuldet, ruiniert – also in jeder Hinsicht »abhängig«. Der Schein von Zugeständnissen und »Hilfe« ist völlig überflüssig. Einzig *Kontrolle* tut not, was sich dann wieder als Hilfe neuen Typs – ohne »Entwicklungs-« – deklarieren läßt. Bei der Kontrolle hat Deutschland dennoch Probleme; nicht mit dem Objekt der Beaufsichtigung, sondern mit anderen Weltmächten, die gleichfalls mit Geld und Gewalt zu rechnen verstehen. Alle unterscheiden sehr gründlich zwischen Maßnahmen zur gemeinsamen Verwaltung von Elendsdeponien, Schritten zur Schaffung von Exklusivzonen nationalen Einflusses und Demonstrationen des Inhalts, wem welche Entscheidung zusteht.

Nach *Norden,* hinsichtlich den USA, hängt alles von Erfolgen in der West-, Ost- und Süd-Politik ab. Denn wie immer ein Deutschland sein Verhältnis zu den USA definiert, wie sehr dem »lieben Freund George« der »liebe Freund Bill« folgen mag, alles was Deutschland *für sich* tut, für die DM, für den Ost-Aufschwung, für die Vereinigten Staaten von Europa, tut es *gegen* die Vereinigten Staaten von Amerika.

5. Deutschland mausert sich (neben Japan) also zu einer der *treibenden Kräfte* neuer und erstmals wieder freigesetzter, wenngleich immer noch in alten Bündnissen befangener *imperialistischer Konkurrenz.* Die *Erfolge* in dieser Konkurrenz hängen davon ab, inwieweit es Deutschland gelingt, dem Ausland Einbußen in seinen nationalen Bilanzen zuzufügen – das sich so etwas auch erst einmal gefallen lassen muß. Konkurrenz ist nämlich keinswegs – und das war sie noch nie – der fröhliche Wettbewerb, der *das* Geschäft belebt. Ihre Ergebnisse zeugen stets von Siegern, deren Geschäfte gelaufen sind, und von Verlierern, die sich nicht nur mit negativen Bilanzen herumschlagen müssen, sondern auch gleich noch die Geschäfts*bedingungen* für die folgendden Runden der Konkurrenz diktiert bekommen. Der ökonomische Vergleich zwischen den Wirtschaftsmächten mündet stets in einen Angriff auf die Souveränität anderer Staaten, weil er deren Reichtum und damit die »Handlungsfreiheit« untergräbt, die einen Souverän auszeichnet. Er fordert deshalb stets die geschädigten Nationen zum Einsatz ihrer außerökonomischen Machtmittel heraus; sobald eine Nation unter dem freien Welthandel leidet, ist sie darauf aus, die Freiheit in ihrem Sinne zurechtzurücken. Mit schlichtem Protektionismus in Bündnissen, die exklusive Handelsbedingungen herstellen; aber auch immer wieder durch praktische Neudefinitionen des Hoheitsgebiets pflegen Staaten ihren Anteil am Weltmarkt zu ihren Gunsten zu korrigieren. Und anderen, auf den Weltmarkt angewiesenen Mächten erlegen sie die imperialistische Güterabwägung auf, ob sie sich mit Gewalt der lästigen Konkurrenten entledigen oder sich den Regeln der wechselseitigen Respektierung fügen, unter deren Regime auch geschäftliche Nachteile in Kauf zu nehmen sind. Vor diese Alternative sehen sich heute auch die USA gestellt, die als Welt*macht* Nr. 1 *geld*mäßig überhaupt nicht gut abschneiden. Die Beseitigung der welthistorischen Schranke Sowjetunion zwingt die Weltmacht Nr. 1 in eine Rolle, die sie in der Ära des allseits vorrangigen antisowjetischen Bündniszwecks so nicht kannte. Sie muß sich schwerer *inner*imperialistischer Konkurrenz stellen, weil Nationen wie Deutschland sie jetzt betreiben. Diese Konkurrenz findet als ihr Material eine zugerichtete Welt vor, in der die 3. nichts mehr, die 2. noch nichts rechtes zu bieten hat und deswegen vor allem die 1. Welt, und was sich ihr an Schwellenländern zuordnet, Gegenstand der Konkurrenz sein wird. Die *Subjekte* der »neuen Weltordnung« bestreiten sich wechselseitig den Nutzen aus diesem Status quo und

suchen ihn zu ändern, damit sie auf ihre Kosten kommen. Deshalb gibt es keine »Friedensdividende«: Die Siegermächte des Kalten Kriegs – das gebietet ihnen ihre marktwirtschaftliche Staatsraison – machen sich untereinander ihre staatlichen Lebensmittel, die Benutzung der ganzen Welt, streitig.

6. Für Deutschland bedeutet diese neue Phase und Qualität der Konkurrenz, sich als Nation für alle Abteilungen diese Konkurrenz *siegfähig* zuzurichten. Dieses Programm heißt *Standortsicherung*. Es handelt sich um ein Programm, das dem weltweit freigesetzten Kapital einen neuen, einen nationalstaatlichen Auftrag erteilt. Die vergleichsweise bequeme Tour von kapitalistischen Staaten, gerade dadurch als Nation zu profitieren, daß man sich ganz dem Akkumulationsverlangen der Kapitale verpflichtet, ist vorbei. Jetzt findet der Dienst am Profit der Kapitale sein Maß in dem Anliegen, die Nation mit solchen Mitteln auszustatten, die ihre Geltung in der Konkurrenz unwiderstehlich machen. Das kann durchaus dem einen oder anderen Kapital schwer gegen den Strich gehen, da das Interesse an Verwertung des eigenen Kapitalvorschusses nicht vorab die Wirkung z.B. auf die Konkurrenz der Währungen bedenkt. Wenn der Profit stimmt, dann ist es nämlich dem Kapitalisten gleichgültig, ob er damit der DM oder dem Dollar zu Kursgewinnen verholfen hat. So ist z.B. jetzt der Stahlstandort Deutschland zu sichern, egal wieviel Arbeitsplätze und Kapitalpleiten dieses Programm erfordert. Daß die fernöstlichen Stahlkocher »uns« die Arbeitsplätze wegnehmen, das ist nicht mehr der Gegenstand einer Beschwerde. Denn nicht die Arbeitsplätze – ohnehin nur die Übersetzung für die Erhaltung eines hiesigen Betriebes oder die Sicherung einer Branche – sind das Thema, sondern der Beschluß, daß der Standort Deutschland eine weltweite konkurrenzfähige Stahlproduktion braucht, um die Nation zu stärken. Deswegen basteln Kapital, Gewerkschaft und Staat gemeinsam an einem Sanierungsprogramm, das Massenentlassung als nationalen Dienst zum ersten Programmpunkt erhebt. Denn es sind nicht bei Klöckner oder Thyssen Arbeitsplätze, sondern es ist *Deutschland als Arbeitsplatz* zu sichern.

Der ›Standort Deutschland‹ besteht zwar vornehmlich, aber nicht allein aus einer Ansammlung von akkumulationsfähigem Kapital aus aller Herren Länder, mit welchem auf dem Weltmarkt die Zahlungs- und Handelsbilanzen anderer Nationen saniert oder in Schwierigkeiten gebracht werden können. Standortsicherung schließt zugleich die Ausstattung mit *Sicherungen* aller Art ein, die dem Konkurrenzerfolg nachhelfen und erreichten Erfolg für den Fall absichern müssen, daß unterlegene Staaten ihn nicht zu akzeptieren gedenken. Dazu gehören Bündnisse und vertragliche Einbindungen anderer Staaten – was die Konkurrenten erneut durchsortiert – ebenso wie eine militärische Ausstattung, die gehobenen Ansprüchen freigesetzter Souveränität zu entsprechen hat.

Über Qualität und Quantität dieser Ausstattung gibt es gegenwärtig eine lebhafte internationale Auseinandersetzung. Dieser Streit ist mit dem ihm zugrundeliegenden Konsens nicht zu schlichten. Daß die Bundeswehr die »Aufrechterhaltung des freien Welthandels und des ungehinderten Zugangs zu Märkten und Rohstoffen in aller Welt im Rahmen einer gerechten Weltwirtschaftsordnung« (»Verteidigungspolitische Richtlinien der Bundeswehr«) zu gewährleisten hat, leuchtet noch jedem ein – auch wenn ihm da nichts anderes als ein harter Brocken marxistischer Imperialismustheorie einleuchtet.

Praktisch entschieden werden müssen schließlich einige Fragen von ziemlich untheoretischem Kaliber: Wen müssen wir am Hindern hindern? Wer will den freien Weltmarkt mit welchen Mitteln unterbinden, so daß unsere Gewaltmaschinerie ihn trotzdem »aufrechterhält«? Was ist gerecht, wenn es Deutschland nichts nützt? Wie stehen wir mit unserer, aus den Tagen des Kalten Krieges überkommenen Rüstung dar? Was für Verpflichtungen sind wir eingegangen, welche müssen wir behalten, welche loswerden? Und: Wie reagieren die anderen, wenn wir unsere Vorstellungen von einer gerechten Weltwirtschaftsordnung mit einer nationalen Truppe verbindlich machen wollen? Wie steht das *Kräfteverhältnis*, was wir natürlich in Termini des *Völkerrechts* beraten, das uns »bindet« an der einen Stelle und »verpflichtet« an der anderen? Mit wem und gegen wen müssen wir, können wir tätig werden?

Solche Fragen quälen die Führer der deutschen Nation so sehr, daß sie ganze Bundestagsdebatten abhalten über das Grundgesetz des deutschen Imperialismus. Ohne nur im geringsten den Einwand zu befürchten, der sich da aufdrängt – »es muß ja eine schöne Freiheit des Handels sein, die sich auf eine satte Anwendung nationaler Gewaltmittel stützt!« –, diskutieren Demokraten locker den Vergleich, in den sie ihre Nation mit anderen freiheitlichen Staatswesen schicken. Sie suchen nach der passenden Eingreiftruppe, die manchmal mit anderen, bisweilen ohne sie, aber immer im deutschen Interesse und eingedenk der Potenzen anderer (den »Zugang« behindernder) Nationen *die* Weltwirtschaftsordnung betreut!

7. Wo die Nation sich als Standort für den Erfolg in der Konkurrenz definiert und zurechtmacht, da werden nach *innen neue Maßstäbe* verkündet. Alle Abteilungen des politischen und ökonomischen, rechtlichen und sozialen Lebens haben sich ganz als Dienste an diesem Programm zu verstehen. Alles Störende muß abgebaut werden, egal ob es sich dabei um gewohnheitsmäßige soziale Rechte, um gewohnheitsmäßigen Freiheitsgebrauch oder um Hilfsprogramme für ganz arme und sehr reiche In- oder Ausländer handelt, die aus der Politik und der dazugehörigen Ideologie einer vergangenen Epoche deutscher Geschichte stammen.

Das Gelingen dieses Vorhabens hängt an nichts andcrem als an den innerstaatlichen Durchsetzungsmitteln, zu denen alle Abteilungen von Staatsgewalt gehören. Zusätzlich wird auf die Leistungen der ideologischen Stände immer noch sehr viel Wert gelegt, da sie den Einsatz von Gewalt durch Einsicht in die nationalen Notwendigkeiten partiell zu ersetzen vermögen; was immer dann gewisse Bequemlichkeiten des Regierens erlaubt, wenn das nationale Programm für das Volk mehrheitlich nur Opfer vorgesehen hat. Wenn das Volk begreift, daß ab sofort *Deutschland* sein *erstes Lebensmittel* ist, für das sich jedermann nach staatlicher Vorschrift anzustrengen hat, dann kann sich solche Politik auch getrost vom Volk zum anspruchsvollen nationalen Programm ermächtigen lassen. Richtig gefordert wird dieser Nationalismus des Volkes, wenn es praktisch und d.h. am eigenen Leibe erfährt, was es bedeutet, daß Konkurrenz der Nationen nur über das Ausbooten fremder Nationen verläuft. Einleuchten muß es dem Volk, daß das nationale Programm nicht darunter leiden darf, wenn andere Staaten sich weigern, eine drohende Konkurrenzniederlage zu akzeptieren; daß derjenige also auch bestraft werden muß, der die »Spielregeln« – also das Recht des Erfolgreichen auf Einfahren des Sieges – verletzt.

Das ist ein nationaler Kampfauftrag, der *demokratisch* ermittelt worden ist. Von einer Behinderung des *nationalen,* auf Kosten fremder Souveräne und ihrer Völkerschaften gehenden *Rechts* durch demokratische »Umstandskrämereien« kann in Deutschland nicht die Rede sein. Und was den Rechtsstaat im Inneren betrifft, hat sowieso niemand Zweifel daran, daß er den Erfordernissen der Nation zu entsprechen hat.

8. Zu den Problemen, die bei der Bereinigung des Standortes anfallen, zählt auch der Umgang mit den *Menschen,* die *überzählig* sind, d.h. die in der Ökonomie keinen Platz mehr finden, und zwar weder als angewandte Arbeit, noch als Reservearmee. Wo zur Bewegung immer größerer Massen von vergegenständlichter Arbeit – dem konstantem Kapital – immer weniger lebendige Arbeit nötig ist, da finden längst nicht nur Inländer, sondern vor allem große Teile jener Ausländer, die als Arbeitsimmigranten hierher gelotst worden sind, keine Einkommensquelle mehr. Gar nur als störend, also kaum noch am Maßstab eines Nutzens als Teil der Reservearmee meßbar, sind dann *Flüchtlinge,* die bereits in ihrer Heimat den Stempel bekommen haben, zum *weltweit* absolut überflüssigen Teil der Menschheit zu gehören. Sie und aktuell besonders die nach dem Kalten Krieg von politisch Verfolgten zu Scheinasylanten umgewidmeten Ostblockasylanten haben hier nichts zu suchen. Für sie gibt es in keiner nationalen Abteilung noch einen Dienst zu erledigen. Sie kosten nur noch und haben das Land zu verlassen; egal wie läppisch sich auch immer die zu ihrer Armutsernährung aufgewendeten DM-Beträge im Vergleich zu den Staatsschulden ausnehmen, die für den Aufbau

von Deutschland Ost aufgelegt werden. So trifft es sich gut, daß sie Ausländer sind und deshalb ohnehin eigentlich nicht zum originären Menschenmaterial des Standorts Deutschland gehören. Den Rest erledigt eine zu diesem Zweck besorgte Neufassung des Asylrechts.

9. Allerdings leisten sie Deutschland noch einen letzten, wenngleich wenig honorierten Dienst als Material einer notwendigen *Debatte über die nationale Frage.* Die wird als das, was sie zugleich immer ist, nämlich als eine *Ausländerfrage,* inszeniert. Sie lautet: Wie steht die deutsche Nation nach ihrer Stunde Null zum Ausland und zu Ausländern? Oder anders formuliert: Wie hat gewachsene deutsche Souveränität vom Ausland und von Ausländern respektiert zu werden? Oder: Was muß sich Deutschland eigentlich noch von anderen Staaten und ihren (flüchtenden oder heimischen) Massen bieten lassen und was nicht? Mit der Abschiebung von Asylbewerbern und mit Gesetzen, die die Schließung deutscher Grenzen gleich als Problem aller Anrainerstaaten definieren, stellt die nationale Führung zugleich klar, wie sie in der Zukunft ihr Verhältnis zu anderen Nationen gewertet wissen will. Die Mobilisierung deutscher Bürger für Abschiebungspolitik ist die Kampagne, in der das Programm, daß und wie die Nation ab sofort Hauptsache ist, bürgernah vortragen wird.

10. Die Mobilisierung in dieser Frage ist erfolgt und von so durchschlagendem, über das Ziel hinausschießendem *Erfolg* gekrönt, daß die deutsche Führung sich zu *korrigierenden Eingriffen* genötigt sieht. Sie stellt fest, über ein Volk von Patrioten zu verfügen, das jedoch noch nicht hinreichend nationalverträglich mit seinem Patriotismus umzugehen vermag. Es hat begriffen, daß es zunächst einmal zwischen Ausländern und Inländern nicht nur zu unterscheiden, sondern von einem unversöhnlichen Gegensatz zwischen ihnen auszugehen hat. Woran es bei einigen Deutschen jedoch noch hapert, das ist ihre Bereitschaft und Fähigkeit, ihren patriotischen Moralismus gemäß nationaler Anliegen zu dosieren. Daß der sehr prinzipiell aufgemachte Gegensatz zu allem Ausländischen immer noch einmal nach den aktuellen weltpolitischen Konstellationen hin von Deutschland begutachtet und in dem einen oder anderen Fall relativiert sein will, das haben sie noch intensiver zu lernen. Und zwar in der einzigen, der Sache angemessenen Weise: Sie haben jeweils darauf zu *hören,* wie sich am Stand der nationalen Angelegenheit das Ausland nach guten und bösen, nach brauchbaren und unbrauchbaren, nach gefälligen und nach widerspenstigen Ausländern nebst Führung sortiert.

Dabei müssen alte Feindschaften begraben und können neue eröffnet werden, da werden neue Freunde gewonnen und es geraten alte in Mißkredit, wie es der Stand der imperialistischen Konkurrenz verlangt. Da muß z.B. den Rechtsradikalen ausgetrieben werden, daß jedes Ausland und jeder Ausländer, weil nicht-deutsch, deswegen schon ein Anschlag auf deutsche Belange ist; von der ungehörigen Sortierung innerhalb der Deutschen nach lebenswerten und nicht lebenswerten Teilen des »Volkskörpers« ganz abgesehen.

Da muß aber auch ein Standpunkt zum europäischen Ausland korrigiert werden, der davon ausgeht, daß der Supranationalismus deutscher EG-Politik antinational sei. Diese selbstverantwortete Lüge muß aus dem Verkehr gezogen werden, jedoch ohne daß die europäischen »Freunde« an neuen deutschen Sprachregelungen entdecken, was sie ohnehin als deutschnationales Europainteresse zu spüren bekommen. Denn noch gilt der Standpunkt der Reps als verpönt – und sie selber deshalb als auszugrenzende Konkurrenz – , daß sich das Anliegen eines deutsch geführten Europas unmöglich von der Zustimmung der übrigen Europäer, lauter fremde Souveräne, abhängig machen kann. Noch hält die deutsche Führungsriege an dem widersprüchlichen Vorhaben eines deutsch geführten Zusammenschlusses konkurrierender Souveräne zu den Vereinigten Staaten von Europa fest. Denn Deutschland hält sich für so stark, d.h. europäisch dominant, daß es an die freiwillige Zustimmung von recht alternativlos gemachten »Partnern« glaubt.

Und da wird sich auch das Bild vom Überfreund USA die eine oder andere Retusche gefallen lassen müssen.

Deutsche Bürger haben also zu lernen, aus ihrem Nationalismus alle völkischen Übertreibungen, alle privaten Vor- oder Mißlieben gegenüber Ausländern und alle Völkerfreundschaftsideale zu verbannen. Der Standpunkt, daß die deutschnationale Sache bei ihnen oberste Priorität besitzt, schließt ab sofort eine sehr abstrakte Feindschafterklärung an Ausländisches ein. Der Tagespolitik soll es überlassen werden, sie jeweils zu konkretisieren.

Was sie dagegen nicht mehr lernen müssen, sondern bereits beherrschen, ist die Verwechslung einer *Vorzugsbehandlung* für *Deutschland* mit einer solchen für *alle Deutschen.*

Zusatz:

Alle, die in Bonn oder Berlin die Macht ergreifen wollen, haben sich diesem Programm verschrieben. Sie dienen der *Sache,* deren »Zwänge« sie beschwören – weil sie den Kapitalismus als einzig senkrechte Staatsraison verfechten. Daß ein bißchen Imperialismus dazugehört, macht die außenpolitischen Aufgaben so interessant wie geschichtsbildend. Wer Deutschland in den Grenzen von 1992, mit der Wirtschaftsverfassung der »freien Marktwirtschaft«, die ohne dauerhafte Reproduktion eines inländischen Gegensatzes von Armut und Reichtum nicht zu haben ist, mit dem erreichten europäischen Binnenmarkt, der deutsche »Verantwortung« für den Nationalkredit von halb Europa einschließt, die ohne beständige Blockerfolge auf dem Weltmarkt und in der

Währungskonkurrenz nicht getragen werden kann, und mit seiner Verantwortung für den Weltfrieden, die ohnehin nur für den Stand der international bereits durchgesetzten nationalen Anliegen steht, wer all dies *nur erhalten* will, nur diese Existenz Deutschlands sichern will, der ist bereits zum *Erfolg in der innerimperialistischen Konkurrenz »verdammt«* – und zwar mit allen politischen, ökonomischen und militärischen Abteilungen, ohne die diese Sorte Weltmachtkonkurrenz auf Dauer nicht läuft. Denn dies ist auch das Programm der anderen G 6. Wer das nicht will, der wird nicht umhin kommen, dieser nationalen Sache eine recht vollständige Absage zu erteilen...

Abkürzungen

Bul – Bulletin. Presse- und Informationsamt der Bundesregierung
Faz – Frankfurter Allgemeine Zeitung
FR – Frankfurter Rundschau
Pa – Das Parlament
SZ – Süddeutsche Zeitung
WK – Weser Kurier

Anmerkungen

[1] Vgl. zur Widerlegung besonders: F. Huisken, Anstiftung zum Unfrieden, Berlin 1984, S.51ff; aber auch ders., Ausländerfeinde und Ausländerfreunde. Eine Streitschrift gegen den geächteten wie den geachteten Rassismus, Hamburg 1987, 104ff; und ders., Die Wissenschaft von der Erziehung. Einführung in die Grundlügen der Pädagogik. Kritik der Erziehung Teil 1, Hamburg 1991, S. 93ff

[2] Vgl. P. Decker, K. Held, DDR kaputt – Deutschland ganz, Teil 1 und 2, München 1989 u. 1990

[3] R. Wassermann (Hg.), Alternativkommentare zum Grundgesetz für die Bundesrepublik Deutschland, Bd. 1, S. 1173 (Zuleeg), Neuwied 1989 (2.)

[4] Vgl. F. Huisken, Ausländerfeinde..., S. 79ff

[5] Vgl. Gegenstandpunkt 2/92, S. 3ff und Gegenstandpunkt 4/92, S. 175ff

[6] Parlamentarischer Rat. Verhandlungen des Hauptausschusses Bonn 1948/49, Bd. 2, Bonn o.J., S. 582

[7] Vgl. atom-Sondernummer, Kein schöner Land ... 1992, S. 30ff

[8] Aus: Abkommen über die Rechtsstellung der Flüchtlinge 1951, Art. 1, A.2; in: Menschenrechte – Ihr internationaler Schutz, München 1992, S. 145. Dies ist die durchgesetzte Formulierung, die in fast allen dieser Abkommen zu finden ist.

[9] Vgl. R. Wassermann (Hg.), Alternativkommentare..., S. 1170f

[10] Die näheren Umstände des sogenannten Bearbeitungsstaus in Zirndorf sprechen eine deutliche Sprache: Der Stau ist einerseits darauf zurückzuführen, daß das Bearbeitungspersonal vom zuständigen Ministerium so gekürzt worden ist, daß 70% aller Stellen unbesetzt sind; und andererseits darauf, daß die offiziellen Ausländerbeauftragten massenhaft gegen die Anerkennung von Asylanträgen durch Zirndorf Protest eingelegt und damit die Verfahren verlängert haben.

[11] Die 30 Mio. für »Ausbildungszentren in den Bereichen Holz-, Bau- und Elektrotechnik« sollen zur »Bekämpfung von Fluchtursachen« dienen: Durch sie »sollen Anreize geschaffen werden, in die Heimatländer zurückzukehren und dort zu bleiben« (Bul 26.9, 963). Sinti und Roma hat es in Rumänien also an einer beruflichen Qulifikation gefehlt! Abgehauen sind sie, weil sie mit ihrer beruflichen Ausbildung unzufrieden waren!

[12] Creifeld's Rechtswörterbuch, nach: Spiegel 45/92, 19

[13] Gegenstandpunkt 4/92, S. 3

[14] Vgl. dazu das Resümee am Ende: Nation als Lage, 10 Thesen..., S. 170ff

[15] Vgl. F. Huisken, Ausländerfeinde..., S. 127ff

[16] Vgl. F. Huisken, Ausländerfeinde..., S. 30ff

[17] J. Trittin, Rassismus ist kein Vorurteil, in: atom-Sondernummer..., S. 14

[18] W. Heitmeyer, Gesellschaftliche Desintegrationsprozesse als Ursachen von fremdenfeindlicher Gewalt und politischer Paralysierung, in: Aus Politik und Zeitgeschichte. Beilage zur Wochenzeitung Das Parlament, B2-3/93, S. 3ff
[19] Vgl. den Abschnitt: Auf zur neuen Nationalerziehung..., S. 159ff
[20] W. Heitmeyer, Gesellschaftliche..., S. 13
[21] Vgl. den Abschnitt: Ausländer und Inländer..., S. 36ff
[22] Vgl. dazu das Resümee am Ende: Nation als Lage. 10 Thesen..., S. 170ff
[23] Vgl. F. Huisken, Die Wissenschaft von der Erziehung..., S. 54-69; ders., Weder für die Schule noch für das Leben. Vom unbestreitbaren Nutzen unserer Lehranstalten, Kritik der Erziehung Teil 2, Hamburg 1992, S. 42ff
[24] Die SPD möchte dieser Vorlage jetzt so nicht zustimmen. Sie sagt gleich dazu, daß dies nicht an sachlichen Differenzen liegt. Sie möchte vielmehr dem deutschen Volk, allen Parteien und dem Auslsand etwas mehr Zeit geben, sich an dieses neue Deutschland mit seinen geplanten militärischen Optionen zu gewöhnen. Auf die Frage warum die SPD nicht zustimme, antwortet Klose: »Weil der SPD der Schritt von Null zur Bereitschaft, an friedensherstellenden Maßnahmen teilzunehmen, zu groß ist... das ist eine so große Veränderung, daß man das nicht machen könnte, ohne in der Bevölkerung darüber diskutiert oder um Zustimmung geworben zu haben. ... Wir sind doch frei, nach fünf oder 10 Jahren – ich will mich da nicht festlegen – zu entscheiden, ob wir dem ersten Schritt (Blauhelme) einen weiteren folgen lassen wollen« (SZ 5.2.93) – wenn Deutschland auch dafür gerüstet ist! Wofür die »Bevölkerung« wieder alles herhalten muß!

Anhang

Anhang 1: Deutsch-Rumänische Vereinbarung Zur Eindämmung der illegalen Einwanderung

»Der Bundesminister des Innern, Rudolf Seiters, gab zum Abschluß der Vereinbarung am 24. September 1992 folgende Erklärung ab:
›Der Vertragsabschluß ist ein großer Erfolg in meinen Bemühungen, abgelehnte Asylbewerber rasch in ihr Herkunftsland zurückzuführen. Immer mehr Asylbewerber behaupten, keine gültigen Ausweisdokumente zu besitzen. Auf diese Schutzbehauptung berufen sich inzwischen etwa 70 Prozent aller Asylbewerber.

Wesentlicher Vorteil der Vereinbarung ist deshalb, daß die Rückübernahme auch ohne gültige Ausweisdokumente möglich ist. In diesem Fall reicht es aus, daß die Staatsangehörigkeit des auszuweisenden Ausländers glaubhaft gemacht wird.

Die Vereinbarung ist ein bedeutender Schritt beider Länder zu einer wirkungsvollen Eindämmung der illegalen Einwanderung. Vor allem verspreche ich mir einen Abschreckungseffekt auf Schleuser und dadurch auch eine erhebliche Reduzierung der Zahl der illegal eingereisten Rumänen.

Rumänien zählt zu den Hauptherkunftsländern von Asylbewerbern. Seit 1989 sind folgende Zugangszahlen rumänischer Asylantragssteller festzustellen:
1989   3121 Asylbewerber (= 2,6 v.H. der Gesamtzahlen)
1990 30345 Asylbewerber (=18,3 v.H. der Gesamtzahlen)
1991 40504 Asylbewerber (=15,0 v.H. der Gesamtzahlen)
1992 Januar-August
    57446 Asylbewerber (=21,0 v.H. der Gesamtzahlen)
Die Zahlen zeigen eine steigende Tendenz bei den Asylbewerbern aus Rumänien. Demgegenüber liegt die Anerkennungsquote derzeit nur bei 0,2 Prozent.

Auch die illegale Einreise rumänischer Staatsangehöriger ist im Jahre 1992 stark angestiegen. Von den im ersten Halbjahr 1992 wegen illegaler Einreise an den Grenzen – vorwiegend zu Polen und ČSFR – aufgegriffenen rund 18000 Ausländern wurden allein 10351 Rumänen zurückgewiesen. Das sind fast 200 Prozent mehr im als Vorjahreszeitraum.

Die enorme Steigerung dieser Aufgriffszahlen ist auch Ausdruck effektiver polizeilicher Einsatz- und Überwachungsmaßnahmen. Die Aufgriffsbilanz belegt deshalb, daß die grenzpolizeilichen Maßnahmen wirksam sind...

Insgesamt ist die heute unterzeichnete Vereinbarung ein weiterer Meilenstein für eine erfolgreiche und breitgefächerte Zusammenarbeit zwischen beiden Ländern. Sie besteht im Kontext mit dem vom Bundesinnenministerium eingeleiteten Rückförderungs- und Reintegrationsprogramm zugunsten rumänischer Asylantragsteller, das aus der vom Bundeskabinett verabschiedeten Flüchtlingskonzeption zur Bekämpfung der Fluchtursachen resultiert.

Dieses Programm hat zum Ziel, durch Vermittlung einer qualifizierten Aus- und Weiterbildung in eigens dafür eingerichteten Schulungszentren die beruflichen Möglichkeiten der Menschen vor Ort zu verbessern. Auf diese Weise sollen Anreize geschaffen werden, in die Heimatländer zurückzukehren oder dort zu verbleiben...

Die Zusammenarbeit mit Rumänien auch auf diesem Gebiet ist ein Zeugnis der gutnachbarschaftlichen Beziehungen zwischen beiden Staaten. Alle genannten Maßnahmen zeigen, daß illegale Zuwanderung nur durch ein umfassendes Maßnahmenpaket bekämpft werden kann. Niemanden kann an den derzeit großen Wanderungsbewegungen gelegen sein. Sie führen letztlich zu Unstabilitäten der politischen Verhältnisse sowohl in der Herkunftsländern wie auch in den Aufnahmeländern.«『 (Bul 102, 963f)

Anhang 2:
Richard von Weizsäckers Rede in Berlin

»Es ist hohe Zeit, sich zur Wehr zu setzen

Warum haben wir uns heute hier versammelt? Weil uns unser Land am Herzen liegt. Und weil wir uns um Deutschland sorgen!
 Machen wir uns nichts vor! Was im Laufe dieses Jahres geschehen ist, das hat es bei uns bisher noch nie gegeben in der Nachkriegszeit. Es geht bösartig zu: Schwere Ausschreitungen gegen Ausländerheime; Hetze gegen Fremde; Anschläge auf kleine Kinder; geschändete jüdische Friedhöfe; Verwüstungen in den Gedenkstätten der KZs Sachsenhausen, Ravensbrück und Überlingen; brutaler Rechtsextremismus, wachsende Gewalt gegen die Schwachen, egal ob gegen Fremde oder Deutsche; Brandstifter und Totschläger sind unterwegs.
 Und was tun wir deutschen Bürger dagegen? Die Sache herunterspielen? Wegsehen? Uns an tägliche Barbareien gewöhnen? Alles allein den Politikern überlassen, dem Staat mit seinem Gewaltmonopol?
 Das dürfen wir niemals tun! Es ist doch unser eigener demokratischer Staat! Er ist so stark oder so schwach, wie wir selbst – jeder und jede von uns – aktiv für diese Demokratie eintreten.
 Das Gewaltmonopol des Staates ist notwendig. Aber es ist keine Wunderwaffe, die uns die Mitverantwortung abnimmt. Es hat den Zusammenbruch der Weimarer Republik nicht verhindert. Wir sollten nie vergessen, woran die erste Republik in Deutschland gescheitert ist: Nicht, weil es zu früh zu viele Nazis gab, sondern zu lange zu wenig Demokraten.
 Dazu darf es nie wieder kommen. Es ist hohe Zeit, sich zur Wehr zu setzen. Wir alle sind zum Handeln aufgerufen, alle, die hier versammelt sind, Frauen und Männer, Schülerinnen und Schüler, alt und jung, Arbeitnehmer, Betriebsräte und Unternehmer, Journalisten, Lehrer, Wissenschaftler, Künstler, Handwerker, Pfarrer, Politiker, Dichter, Sportler, Gläubige und Ungläubige, Ost und West und Nord und Süd, Deutsche und Ausländer.
 Natürlich können wir nicht immer reibungslos zusammenleben. Dennoch gibt es immer etwas ganz Entscheidendes, das uns über alle Konflikte hinweg verbinden muß. Die Absage an die Gewalt. Und die Zusage an die Würde des Menschen. Daß wir diese Übereinstimmung täglich durchleben, ist für unsere Demokratie absolut lebensnotwendig.
 Wir Deutschen haben es in einer langen Geschichte leidvoll erlebt, wohin das Faustrecht des Stärkeren oder die Diktatur führen. Immer ist die Humanität das Opfer. Aus dieser Erfahrung zieht unsere Verfassung die Lehre mit ihrem ersten Artikel: Die Würde des Menschen ist unantastbar. Sie steht jedem zu, unabhängig von Alter und Geschlecht, von Hautfarbe, Religion und Nationalität. Sie hängt nicht ab von Hautfarbe, Religion und Nationalität. Ob wir sie nun mit der Vernunft begründen oder als Christen sagen, der Mensch hat seine Würde als Ebenbild Gottes.
 Die Würde ist das Fundament des Grundrechtes. Aber leben kann sie nur davon, daß jeder von uns es als Verpflichtung versteht. Ich kann die Würde meines Nachbarn nicht

von meiner eigenen trennen. Und wenn ich ihm nicht helfe, seine eigene Würde zu schützen, dann beschädige ich auch meine. Der Schwache ist auf sie angewiesen, der sich nicht selber helfen kann, der Fremde, der mit den Verhältnissen nicht vertraut ist. Das sind Grundregeln des menschlichen Anstandes, zu denen wir zurückfinden müssen. Grundrechte unserer Zivilisation an denen die Lebensfähigkeit unserer Demokratie hängt. Ohne sie würden wir in die Barbarei zurückfallen. Aber wir haben in unserer Geschichte neben Recht und Unrecht auch eine gute Überlieferung. Jahrhunderte wurden bei uns von humanem Geist beeinflußt, von großen Sozialarbeitern. Menschliche Aufgeschlossenheit gegenüber allem Neuen, Fremden und Notleidenden hat eine starke Tradition bei uns. Und die ist unverändert lebendig.

Kein anderes Land hat nach dem Zweiten Weltkrieg so viele Menschen von draußen aufgenommen wie wir. Und es sind nicht zuletzt Millionen ausländischer Arbeitnehmer mit ihren Familien, mit denen wir friedlich zusammenleben. Und die den Wohlstand unseres Landes vermehren.

In zwei Stunden wird es dunkel. (...) Dann beginnt nach den Regeln des Alten Testaments der neue Tag. Es ist der 9. November, ein deutsches Schicksalsdatum. Mehrfach in unserer Geschichte wurde er zum Fanal für einen gewalttätigen Verlust unserer Freiheit (...), als die Juden beraubt, auf offener Straße gejagt und ihre Synagogen angezündet wurden. Dann kam vor drei Jahren am 9. November der Tag der Freiheit. Deutsche hatten mit dem unerschütterlichen Mut der Gewaltlosigkeit Schwerter zu Pflugscharen gemacht. Sie boten den Unterdrückern die Stirn, aber mit Herzen – nicht mit Gewalt. Sie setzten sich durch.

Überall in der Welt freute man sich mit dem deutschen Volk und lernte von neuem unser Land achten. Wir dürfen es niemandem erlauben, dies wieder aufs Spiel zu setzen. Und auch dies wollen wir nicht vergessen.

Wir verdanken es nicht nur uns selbst oder den Moskauer Reformen, sondern auch unserern alliierten Freunden, daß wir heute hier mitten in Berlin zu einer Demonstration uns versammeln können. Und gegen die Störer und Schreihälse werden wir uns in der ganz überwiegenden Mehrheit miteinander durchsetzen. Jetzt können wir mit den neuen Herausforderungen fertig werden. Mit der Zuwanderung und dem Asyl und andererseits mit der extremistischen Gewalt.

Hüten wir uns, beides einander gleichzusetzen. Die Gewalttäter reiben sich doch nur die Hände, wenn wir ihnen auch noch diesen Vorwand liefern, mit denen sie ihre jugendlichen Mitläufer ködern. In Wahrheit sind ihnen die Angriffsziele egal. Wenn sie keine Asylbewerber finden , dann suchen sie sich ganz andere Opfer. Sie vergreifen sich sogar an Behinderten, wie in Stendal geschehen. Wir haben die Pflicht zu einem humanen Umgang mit den Zuwanderern. Nach dem Ende des Kalten Krieges wollen wir keine Spaltung. Da die Grenzen offen sind, versuchen die Menschen, aus den Armutsgebieten zu uns zu kommen, wie es immer war in der Geschichte.

Nun haben wir noch keine brauchbaren Rechtsregeln dafür, sondern nur das Asyl. Und alles preßt sich durch dieses, dafür gar nicht geschaffene Asyl-Nadelöhr. Aber das gibt uns doch nicht das Recht, diese Ausländer als Asylbetrüger zu beschimpfen, wie es so oft geschieht. Vielmehr haben wir die dringliche Pflicht, ein System zu schaffen, daß die Zuwanderung steuert und begrenzt, und zugleich das wahre Asyl schützt. Eine alles umfassende rasche Gesamtlösung dürfen wir angesichts der großen Notlagen nicht erwarten. Aber mit allem Nachdruck ist zu verlangen, daß wir in der Politik die Kraft auf allen Seiten finden, nun gemeinsam den nächsten notwendigen Schritt zu tun: nach den Regeln der Verfassung und ohne die schrecklichen schrillen Töne, die uns keinen Schritt weiterbringen, sondern am Ende nur Wasser sind auf die Mühlen gewalttätiger Extremisten.

Die Organe des Staates haben die Pflicht, das deutsche Gemeinwesen handlungsfähig zu erhalten. Sie haben die Pflicht, bedrohte jüdische Friedhöfe nicht schlechter zu beschützen als die Verfassungsorgane. Sie haben die Pflicht, die Rechtsordnung strikt anzuwenden und der haarsträubenden Verbreitung rechtsradikaler Parolen und linksradikaler Schreihälse nicht länger zuzusehen. Sie haben auch die Pflicht, womöglich Gesetze zu verschärfen. Doch unsere Gewissen zu schärfen, ist jetzt noch wichtiger. Es reicht nicht, nur auf die Politik zu warten. Wir müssen unsere Augen aufmachen, um zu sehen, wo wir selbst die Menschenwürde vor der Gewalt bewahren können. Groß ist bei alledem die Verantwortung der Medien. Mit ihrer Präsenz und mit ihrer Information haben sie einen tiefwirkenden Einfluß. Niemand kann sie und vor allem niemand soll sie beaufsichtigen. Sie sind der eigenen Kontrolle unterworfen. Selbstbeherrschung nennt man das. Möge diese Selbstbeherrschung geübt werden.

Deutschland den Deutschen. Mit solchen Parolen ziehen Extremisten durch die Straßen. Was soll das heißen? Eine neue Verfassung? Nein! In unserem Artikel 1 steht ›Die Würde des Menschen ist unantastbar‹. Dabei bleibt es. Und käme es anders, dann wäre es um die Würde der Deutschen geschehen. Wer vorgibt im Interesse Deutschlands zur Gewalt zu greifen, der vergreift sich im Namen unserer Nation. Deutschland ist weder Schlagwort noch Schlagstock. Deutschland ist unser Land, das uns am Herzen liegt – aber nicht den Schreihälsen.

Wir haben die Trennung überwunden, nun wollen wir keine neuen Grenzen. Wir haben in Ost und West ein Schicksal, nicht zwei. Wir haben mit Schwierigkeiten im eigenen Land zu kämpfen. Aber wir wissen, wie viele Völker es weit schwerer haben als wir. Wir haben keinen Grund und kein Recht zur Furcht. Das heutige Deutschland ist nicht die Weimarer Republik. Aber es gibt gar nichts zu beschönigen. Diese Demonstration hier ist ohne Beispiel. Sie hat ihren Sinn nur darin, uns aufzurütteln.

Wozu haben wir denn durch Übung gelernt und in einer friedlichen Demonstration bewiesen, Demokraten zu sein? Darum, daß jetzt jeder und jede an ihrem Platz mitarbeiten, um unsere Zivilisation vor der Gewalt zu schützen. Daß wir alle zusammen für die Würde des Menschen einstehen, gegen Gewalttäter von allen Seiten, gegen die, denen es nur um ihren Krach geht und nicht um ihre Mitmenschen. Für Deutsche, für Fremde, für die Menschenwürde. Das ist unsere Verantwortung als freie Bürger.« (FR 10.11. und SZ 10.11.)

Anhang 3:
Der Asylkompromiß

»Das Ergebnis der Verhandlungen der vier Parteien zur Neuordnung des Asylrechts
Der Kompromiß soll ein versöhnendes Signal setzen

Ergebnisse der Verhandlungen zu Asyl und Zuwanderung
I. 1. Die Fraktionen stimmen überein, daß
– die Zuwanderung nach Deutschland begrenzt und gesteuert werden muß sowie
– der Mißbrauch des Asylrechtes verhindert und der Schutz tatsächlich politisch Verfolgter gewährleistet werden müssen.
2. Damit soll zugleich ein versöhnendes Signal gesetzt werden, denn Deutschland ist ein weltoffenes, tolerantes Land, und das soll so bleiben.
3. Wie jeder andere Staat muß auch Deutschland Zuwanderung steuern und begrenzen können. Ohne eine solche Möglichkeit werden Ängste und Unsicherheiten verstärkt, die für den inneren Frieden schädlich sind.
4. Wir brauchen aber auch ein System von Hilfen, das Fluchtursachen bekämpft und den Menschen ein Verbleiben in ihrer Heimat ermöglicht.
5. Wir wollen eine gemeinsame europäische Politik, die Fluchtursachen bekämpft und Asyl

und Zuwanderung regelt.

Die Fraktionen vereinbaren die nachfolgenden Regelungen zu
I.I Flüchtlinge vor Krieg und Bürgerkrieg
II. Asylrecht
III. Fragen der Einbürgerung und sonstige Fragen der Zuwanderung
IV. Aussiedler
V. Vertragsarbeitnehmer

Im einzelnen:

I. Flüchtlinge vor Krieg und Bürgerkrieg
Vereinbart werden:
1. es wird gesetzlich ein Status für Kriegs-Bürgerkriegsflüchtlinge festgelegt (analog zur Genfer Konvention),
2. die Aufnahme erfolgt inhaltlich (Krieg oder Bürgerkrieg) bedingt und zeitlich befristet, mit der Möglichkeit der Bildung von Aufnahmekontingenten,
3. die Aufnahme erfolgt unter auflösenden Bedingungen (s. Ziff. 2),
4. Die Herkunftsgebiete legt der BMI im Einvernehmen mit den Innenministern der Länder fest,
5. die Verteilung aufgenommener Flüchtlinge vor Krieg/Bürgerkrieg auf die Länder wird nach dem geltenden Verfahren unter Anrechnung schon aufgenommener Flüchtlinge vorgenommen,
6. während der nach Ziff. 2 erfolgten Aufnahme kann ein Asylantrag nicht gestellt werden. Danach wird ein entsprechender Antrag behandelt wie ein Asylfolgeantrag,
7. über Fragen der Aufteilung der sich daraus (Ziff. 1-6) ergebenden finanziellen Konsequenzen im Sinne einer Aufteilung zwischen Bund, Ländern und Gemeinden wird ein Einvernehmen im Zuge der Beratungen über die Bund-Länder-Finanzbeziehungen angestrebt.

II. Asylrecht
Art. 16 Abs. Satz 2 GG wird gestrichen. Folgender Art. 16 a GG wird eingefügt:
Art. 16a GG
1.) Politisch Verfolgte genießen Asylrecht.
2.) Asylrecht genießt nicht, wer aus einem Mitgliedstaat der Europäischen Gemeinschaft oder einem anderen Drittstaat einreist, in dem die Anwendung der GK und der EMRK sichergestellt ist. Die Staaten außerhalb der Europäischen Gemeinschaft, auf die die Voraussetzungen von Satz 1 zutreffen, werden durch Gesetz, das der Zustimmung des Bundesrates bedarf, bestimmt. In diesen Fällen können aufenthaltsbeendende Maßnahmen unabhängig von einem hiergegen eingelegten Rechtsbehelf vollzogen werden.
3.) Durch Gesetz, das der Zustimmung des Bundesrates bedarf, können Staaten bestimmt werden, bei denen auf Grund der Rechtslage, der Rechtsanwendung und der allgemeinen politischen Verhältnisse gewährleistet erscheint, daß in diesen Staaten politische Verfolgung oder unmenschliche oder erniedrigende Bestrafung oder Behandlung nicht stattfindet. Ein Ausländer aus einem solchen Staat gilt nicht als politisch verfolgt, es sei denn, er trägt Tatsachen vor, aus denen sich ergibt, daß er entgegen der Vermutung in Satz 1 politisch verfolgt wird.
4.) Die Vollziehung aufenthaltsbeendender Maßnahmen wird in den Fällen des Absatzes 3 durch das Gericht nur ausgesetzt, wenn ernstliche Zweifel an der Rechtmäßigkeit der Maßnahme bestehen. Gleiches gilt für aufenthaltsbeendende Maßnahmen in anderen Fällen offensichtlicher Unbegründetheit. Insoweit kann der Prüfungsumfang eingeschränkt werden und verspätetes Vorbringen unberücksichtigt bleiben. Das Nähere bestimmt ein Gesetz.

Zu der Formulierung des Art. 16a sind sich die Fraktionen über folgende ergänzende Vereinbarung einig:
1. Es besteht Einigkeit darüber, daß nach heutiger Sachlage (u.a) für Polen, die ČSFR, Österreich und die Schweiz die Feststellung gilt, daß sie sichere Drittstaaten sind. Um nicht einzelne Länder durch die Feststellung als verfolgungssicherer Drittstaat mit den Auswirkungen von Wanderungsbewegungen insbesondere aus Osteuropa unverhältnismäßig zu belasten, tritt die Bundesrepublik Deutschland für eine europäische Lastenverteilung ein. Sie wird im Vorgriff auf eine solche Regelung unverzüglich mit Polen und der CSFR Gespräche aufnehmen.

Grundlage dieser Gespräche wird ein Angebot Deutschlands sein über:
– administrative und finanzielle Hilfe zur Bewältigung der Flüchtlingsprobleme
– Regelungen zur Lastenverteilung bei der Aufnahme von Flüchtlingen in besonderen Situationen
– Festlegung von Zuständigkeitsregelungen entsprechend dem Dubliner Abkommen.An den Verhandlungen werden die Bu-Länder beteiligt.
2. sonstige offensichtlich unbegründete Asylanträge im Sinne des Abs. 4 Satz 2 liegen insbesondere vor bei schweren Straftaten und der Verletzung von Mitwirkungspflichten im Verfahren.

Folgeanträge
Es besteht Einigkeit darin, daß die mißbräuchliche Stellung von Asylfolgeanträgen weiter einzudämmen ist. Dabei soll geprüft werden, ob die Frist des § 71 Asylverfahrensgesetz von einem auf drei Jahre ausgedehnt werden kann.

Altfälle
1. Anhängige Verfahren werden grundsätzlich nach dem neuen Recht weitergeführt. Es erfolgt eine entsprechende Klarstellung im Gesetz.
2. Durch die bereits ergriffenen Maßnahmen sollen die Altfälle beschleunigt abgearbeitet werden.
3. Es wird eine Bleiberechtsregelung für Asylbewerber aus Ländern mit hoher Anerkennungsquote geschaffen, soweit deren Anträge länger als zwei Jahre anhängig sind.

Verfahren des einstweiligen Rechtsschutzes bei offensichtlich unbegründeten Asylanträgen
1. Verfahrensrechtliche Maßnahmen
a) Das Bundesamt für die Anerkennung ausländischer Flüchtlinge (BAFl) übersendet dem zuständigen Verwaltungsgericht vorsorglich die Entscheidung und eine Kopie des Akteninhalts, und zwar zugleich mit der Zustellung an die Beteiligten.
b) Das Verfahren auf Gewährung des einstweiligen Rechtsschutzes ist in der Regel als schriftliches Verfahren und getrennt vom Hauptsacheverfahren durchzuführen.
c) Tatsachen und Beweismittel, die die Beteiligten nicht angegeben haben, können unberücksichtigt bleiben; der Amtsermittlungsgrundsatz wird insoweit eingeschränkt.
d) In der gerichtlichen Entscheidung kann ohne weitere Begründung auf die Entscheidung des Bundesamtes Bezug genommen werden.
e) Die Verfahren nach § 80 Abs. 5 VwGO sollen grundsätzlich von Einzelrichtern entschieden werden.
2. Organisatorische Maßnahmen
Zur Durchführung insbesondere der beschleunigten Asylverfahren werden in den Ländern die personellen, organisatorischen und sächlichen Voraussetzungen geschaffen.

Im Asylverfahren entscheiden Verwaltungsrichter, die überwiegend mit Asylverfahren befaßt sind und für deren Tätigkeit auch zusätzliche Anreize geschaffen werden können.

Die ZASten und die für Asylverfahren zuständigen Gerichte sollen in enger räumlicher Nähe angesiedelt sein. In beschleunigten Verfahren über offensichtlich unbegründete Fälle wird die Prüfung der asyl- und ausländerrechtlichen Fragen und Bleibegründe in der Hand des Bundes zusammengefaßt, soweit ein Asylbewerber nicht berechtigt die ZASt oder die Gemeinschaftsunterkunft verlassen hat.

Gesetz über die Regelung des Mindestunterhalts von Asylbewerbern
Mindestunterhalt während des Asylverfahrens wird gesetzlich eigenständig geregelt mit dem Ziel, daß
– eine deutliche Absenkung der bisherigen Leistung erfolgt
– bei Aufenthalten in zentralen Anlaufstellen oder Gemeinschaftsunterkünften grundsätzlich Sachleistungen gewährt werden
– bei Aufenthalte außerhalb von zentralen Anlaufstellen/Gemeinschaftsunterkünften ein Vorrang für Sachleistungen gilt.

Nach einer positiven Entscheidung im Verwaltungsverfahren oder einer positiven Entscheidung über ein Bleiberecht werden Leistungen nach dem Bundessozialhilfegesetz gewährt.

III. Fragen der Einbürgerung und sonstige Fragen der Zuwanderung
Staatsangehörigkeitsrecht
1. Die Einbürgerung von Ausländern soll gegenüber der bestehenden Rechtslage weiter erleichtert werden.
2. Der in den §§ 85 und 86 Ausländergesetz gewährte Regelanspruch wird in einen Rechtsanspruch umgewandelt. Die Befristung in § 86 wird aufgehoben.
3. Im Zuge einer Neuregelung des Staatsangehörigkeitsrechts soll die automatische Vererbbarkeit der deutschen Staatsangehörigkeit bei fehlendem Bezug zum Staatsgebiet eingeschränkt werden.

Zuwanderungsregelung
Die Fraktionen stimmen darüber überein, daß die Möglichkeit einer Regelung zur Begrenzung und Steuerung der Zuwanderung auf nationaler Ebene geprüft und Verhandlungen hierzu auf europäischer Ebene fortgesetzt werden.

Bericht über die Lage der Ausländer
Die Beauftragte der Bundesregierung für die Belange der Ausländer erstattet dem Deutschen Bundestag jährlich einen Bericht über die Lage der Ausländer in Deutschland.

IV. Aussiedler
Der Zuzug von Aussiedlern muß gesteuert werden. Dazu ist sicherzustellen:
1. das Bundesverwaltungsamt erteilt künftig grundsätzlich pro Jahr nicht mehr Aufnahmebescheide, als Aussiedler im Durchschnitt der Jahre 1991 und 1992 zugezogen sind. Das Bundesverwaltungsamt kann hiervon bis zu 10 % nach oben oder unten abweichen.
2. Ein Antragsausschlußtermin wird nicht festgesetzt.
3. Spätaussiedler kann nicht mehr werden, wer nach dem Inkrafttreten des Kriegsfolgenbereinigungsgesetzes geboren wird.
4. Bei Antragstellern aus der ehemaligen Sowjetunion wird das Kriegsfolgenschicksal widerleglich vermutet; Antragsteller aus anderen Ländern haben es glaubhaft zu machen.
5. Hinsichtlich der Prüfung der deutschen Volkszugehörigkeit verbleibt es beim Bundestagsbeschluß; jedoch soll durch Richtlinien des Bundes und der Länder eine Konkretisierung hinsichtlich der Herkunftsgebiete erfolgen, für die die Regelung § 6 Abs. 2 des Bundesvertriebenengesetzes gilt (Erschwernisse in der Vergangenheit, sich zum Deutschen Volkstum

zu bekennen).
6. Wir setzen uns für eine einvernehmliche Regelung der Eingliederungsleistungen im Zusammenhang mit dem laufenden Gesetzgebungsverfahren zum Kriegsfolgenbereinigungsgesetz ein.

V. Vertragsarbeitnehmer
Werksvertragsarbeitnehmer
Die Fraktionen stimmen darin überein, daß
– durch Anpassung laufender Verträge und Abkommen mit anderen Staaten die Zahl der Werkvertragsarbeitnehmer auf 100.000 p.a. begrenzt und die vereinbarten Kontingente strikt eingehalten werden sollen.
– Daß die Bekämpfung der illegalen Beschäftigung durch stärkere Überwachung zu erfolgen hat. Die Bundesanstalt für Arbeit kann ohne Anfangsverdacht in Betrieben und auf Arbeitsstätten prüfen, ob Arbeitnehmer ohne Arbeitserlaubnis beschäftigt sind.

Vertragsarbeitnehmer
Die Regierungschefs von Bund und Länder werden gebeten, sich mit der Lage der Vertragsarbeitnehmer der ehemaligen DDR zu befassen, um eine humanitäre Lösung unter Berücksichtigung der Aufenthaltsdauer und der tatsächlich erreichten Integration dieses Personenkreises zu finden.« (Faz 8.12.)

Anhang 5:
Bonner Blauhelm-Kompromiß

»Im Blickpunkt: Bonner Blauhelm-Kompromiß

Der Bonner Koalitionsentwurf lautet:
›Streitkräfte des Bundes können unbeschadet des Artikel 87a eingesetzt werden
1. bei friedenserhaltenden Maßnahmen gemäß einem Beschluß des Sicherheitsrates oder im Rahmen von regionalen Abmachungen im Sinne der Charta der Vereinten Nationen, soweit ihnen die Bundesrepublik angehört.
2. bei friedensherstellenden Maßnahmen aufgrund der Kapitel VII und VIII der Charta der Vereinten Nationen gemäß einem Beschluß des Sicherheitsrates
3. in Ausübung des Rechtes zur kollektiven Selbstverteidigung gemäß Artikel 51 der Charta der Vereinten Nationen gemeinsam mit anderen Staaten im Rahmen von Bündnissen und anderen regionalen Abmachungen, denen die Bundesrepublik Deutschland angehört.

Diese Einsätze bedürfen in den Fällen der Nummern 1 und 2 der Zustimmung der Mehrheit, im Falle der Nummer 3 der Zustimmung von zwei Dritteln der Mitglieder des Bundestages.‹«
(FR 27.1.93)

Freerk Huisken bei VSA

Freerk Huisken
Die Wissenschaft von der Erziehung
Einführung in die Grundlügen der Pädagogik · Kritik der Erziehung, Teil 1
293 Seiten; DM 20,-
ISBN 3-87975-558-2

Freerk Huisken
Weder für die Schule noch fürs Leben
Vom unbestreitbaren Nutzen unserer Lehranstalten · Kritik der Erziehung, Teil 2
328 Seiten; DM 24,80
ISBN 3-87975-608-2

»Der als streitbarer Geist bekannte Autor bietet dem Leser auf vergnügliche Weise einen starken Anreiz zum Nachdenken über Pädagogik, über Sinn und Unsinn von Erziehung, über das Verhältnis von pädagogischer Theorie und Praxis.«
(Pädagogik und Schulalltag)

»Das Buch läßt kein gutes Haar am pädagogischen Betrieb vom dreigliedrigen Schulsystem bis zur Berufsbildung – inklusive reformpädagogischer Alternativen«
(Direct Köln)

Freerk Huisken
Ausländerfeinde und Ausländerfreunde
Eine Streitschrift gegen den geächteten wie den geachteten Rassismus
212 Seiten; DM 19,80
ISBN 3-87975-415-2

VSA-Verlag
Postfach 50 15 71
Stresemannstr. 384a
W-2000 Hamburg 50

VSA: Politische Theorie

Pierre Bourdieu
Die Intellektuellen und die Macht
Herausgegeben von Irene Dölling
128 Seiten; Franz. Broschur; DM 24,80

Joachim Bischoff/Michael Menard
Weltmacht Deutschland?
192 Seiten; DM 28,00

Michael Brie/Dieter Klein (Hrsg.)
Zwischen den Zeiten
Ein Jahrhundert verabschiedet sich
240 Seiten; DM 34,80

Joachim Hirsch
Kapitalismus ohne Alternative?
Postfordismus und Möglichkeiten
sozialistischer Politik heute
220 Seiten; DM 26,80

Joachim Hirsch/Roland Roth
Das neue Gesicht des Kapitalismus
Vom Fordismus zum Post-Fordismus
260 Seiten; DM 29,80

Sabine Kebir
**Antonio Gramscis
Zivilgesellschaft**
240 Seiten; DM 38,-

Antonio Gramsci
Marxismus und Kultur
Herausgegeben von Sabine Kebir
350 Seiten; DM 29,80

VSA-Verlag
Postfach 50 15 71
Stresemannstr. 384a
W-2000 Hamburg 50

Pierre Bourdieu
**Die verborgenen Mechanismen
der Macht**
Herausgegeben von Margareta Steinrücke
176 Seiten; Franz. Broschur; DM 29,80

Frank Deppe/Sabine Kebir u.a.
**Eckpunkte moderner
Kapitalismuskritik**
Mit weiteren Beiträgen von Bischoff, Brie,
Hess, Hirsch, Jung, Klein, Zinn u.a.
220 Seiten; DM 28,-

Außerdem bei VSA:

★ **Regional- und Freizeitführer**
★ **Städte zu Fuß**
★ **StadtReiseBücher**
★ **Reisebücher**

Reiseführer »neuen Stils« (DER SPIEGEL)